ENZYKLOPÄDIE
DEUTSCHER
GESCHICHTE
BAND 65

ENZYKLOPÄDIE
DEUTSCHER
GESCHICHTE
BAND 65

HERAUSGEGEBEN VON
LOTHAR GALL

IN VERBINDUNG MIT
PETER BLICKLE
ELISABETH FEHRENBACH
JOHANNES FRIED
KLAUS HILDEBRAND
KARL HEINRICH KAUFHOLD
HORST MÖLLER
OTTO GERHARD OEXLE
KLAUS TENFELDE

KULTUR, BILDUNG UND WISSENSCHAFT IM 20. JAHRHUNDERT

VON

FRANK-LOTHAR KROLL

R. OLDENBOURG VERLAG
MÜNCHEN 2003

Bibliografische Information der Deutschen Bibliothek

Die Deutsche Bibliothek verzeichnet diese Publikation in der Deutschen Nationalbibliografie; detaillierte bibliografische Daten sind im Internet über <http://dnb.ddb.de> abrufbar.

Rosenheimer Straße 145, D-81671 München
Internet: http://www.oldenbourg.de

Umschlaggestaltung: Dieter Vollendorf
Gedruckt auf säurefreiem, alterungsbeständigem Papier (chlorfrei gebleicht)
Gesamtherstellung: R. Oldenbourg Graphische Betriebe Druckerei GmbH, München

ISBN 3-486-55002-0 (brosch.)
ISBN 3-486-55003-9 (geb.)

Vorwort

Die „Enzyklopädie deutscher Geschichte" soll für die Benutzer – Fachhistoriker, Studenten, Geschichtslehrer, Vertreter benachbarter Disziplinen und interessierte Laien – ein Arbeitsinstrument sein, mit dessen Hilfe sie sich rasch und zuverlässig über den gegenwärtigen Stand unserer Kenntnisse und der Forschung in den verschiedenen Bereichen der deutschen Geschichte informieren können.

Geschichte wird dabei in einem umfassenden Sinne verstanden: Der Geschichte in der Gesellschaft, der Wirtschaft, des Staates in seinen inneren und äußeren Verhältnissen wird ebenso ein großes Gewicht beigemessen wie der Geschichte der Religion und der Kirche, der Kultur, der Lebenswelten und der Mentalitäten.

Dieses umfassende Verständnis von Geschichte muss immer wieder Prozesse und Tendenzen einbeziehen, die säkularer Natur sind, nationale und einzelstaatliche Grenzen übergreifen. Ihm entspricht eine eher pragmatische Bestimmung des Begriffs „deutsche Geschichte". Sie orientiert sich sehr bewusst an der jeweiligen zeitgenössischen Auffassung und Definition des Begriffs und sucht ihn von daher zugleich von programmatischen Rückprojektionen zu entlasten, die seine Verwendung in den letzten anderthalb Jahrhunderten immer wieder begleiteten. Was damit an Unschärfen und Problemen, vor allem hinsichtlich des diachronen Vergleichs, verbunden ist, steht in keinem Verhältnis zu den Schwierigkeiten, die sich bei dem Versuch einer zeitübergreifenden Festlegung ergäben, die stets nur mehr oder weniger willkürlicher Art sein könnte. Das heißt freilich nicht, dass der Begriff „deutsche Geschichte" unreflektiert gebraucht werden kann. Eine der Aufgaben der einzelnen Bände ist es vielmehr, den Bereich der Darstellung auch geographisch jeweils genau zu bestimmen.

Das Gesamtwerk wird am Ende rund hundert Bände umfassen. Sie folgen alle einem gleichen Gliederungsschema und sind mit Blick auf die Konzeption der Reihe und die Bedürfnisse des Benutzers in ihrem Umfang jeweils streng begrenzt. Das zwingt vor allem im darstellenden Teil, der den heutigen Stand unserer Kenntnisse auf knappstem Raum zusammenfasst – ihm schließen sich die Darlegung und Erörterung der Forschungssituation und eine entsprechend gegliederte Auswahlbibliographie an –, zu starker Konzentration und zur Beschränkung auf die zentralen Vorgänge und Entwicklungen. Besonderes Gewicht ist daneben, unter Betonung des systematischen Zusammenhangs, auf die Abstimmung der einzelnen Bände untereinander, in sachlicher Hinsicht, aber auch im Hinblick auf die übergreifenden Fragestellungen, gelegt worden. Aus dem Gesamtwerk lassen sich so auch immer einzelne, den jeweiligen Benutzer besonders interessierende Serien zusammenstellen. Ungeachtet dessen aber bildet jeder Band eine in sich abgeschlossene Einheit – unter der persönlichen Verantwortung des Autors und in völliger Eigenständigkeit gegenüber den benachbarten und verwandten Bänden, auch was den Zeitpunkt des Erscheinens angeht.

Lothar Gall

Inhalt

Zur Erinnerung an Heinrich Lützeler (1902–1988),
den akademischen Lehrer und väterlichen Freund

Vorwort des Verfassers

Ein Band der „Enzyklopädie deutscher Geschichte", der es unternimmt, auf 148 Druckseiten den Entwicklungsgang von Kultur, Bildung und Wissenschaft im Deutschland des 20. Jahrhunderts einschließlich des ihm jeweils zugeordneten Forschungsstandes und der entsprechenden wissenschaftlichen Kontroversen zu skizzieren, wird sich, stärker noch als manche andere Titel der Reihe, dem Vorwurf einer Nichtberücksichtigung wesentlicher Gesichtspunkte zu stellen haben. Angesichts der Fülle des auszuwertenden Materials waren von vorneherein Auswahl und Schwerpunktsetzung unvermeidlich – nicht zuletzt auch, um dem Leser ein Mindestmaß an Lektürefreundlichkeit zu garantieren.

Im Mittelpunkt der Erörterungen stehen, den Forschungsinteressen des Verfassers entsprechend, vornehmlich die Motive, Intentionen und Inhalte der Kultur-, Bildungs- und Wissenschaftsentwicklung, weniger dagegen deren gesellschaftliche Funktionen, Wirkungen und Folgen. Der Kulturbegriff findet dabei in einem weit gesteckten Verständnis des Wortes Verwendung, das sich den „klassischen" Manifestationen der Hochkultur in Literatur, Bildender Kunst und Musik ebenso zuwendet wie den vom Aufkommen neuartiger Mechanismen der Massenkommunikation getragenen und in diesem Sinne für das 20. Jahrhundert typischen Erscheinungsformen der Alltags-, Populär- und Medienkultur. Die auf dem Gebiet der Wissenschaftskultur erforderliche Auswahl orientiert sich am Fundus jener vornehmlich geistes- und kulturwissenschaftlich geprägten Fachrichtungen, die auch im 20. Jahrhundert ihre traditionelle Funktion als akademisch-gesellschaftliche Leitdisziplinen und Mittelpunkte gelehrtenpolitischen Engagements noch lange Zeit aufrechterhalten konnten: Geschichtswissenschaft, Nationalökonomie und Staatsrechtslehre, Soziologie, Philosophie und Germanistik. Eine weitgehende Marginalisierung mathematisch-technischer und naturwissenschaftlicher Fachzweige wird dabei notwendigerweise in Kauf genommen.

Dass bei alledem nicht etwa eine Binnengeschichte einzelner Wissenschaftsdisziplinen oder Kultursektoren angestrebt wird, versteht sich im Rahmen eines den lebensweltlichen Verflechtungen von Kultur, Bildung und Wissenschaft nachgehenden Erkenntnisinteresses beinahe von selbst. Auch in der Gliederung orientieren sich Darstellung und Forschungsbericht an den Großepochen und -einschnitten der politischen Entwicklung. Der Zeitrahmen umfasst dabei die späten Jahre des Kaiserreichs und die Epoche des Ersten Weltkriegs ebenso wie die Weimarer Republik, das Dritte Reich und die Ära der staatlichen Teilung der Nation in Bundesrepublik Deutschland bzw. Deutsche Demokratische Republik bis zu deren Vereinigung 1989/90. Allerdings entspricht den Zäsuren im staatlichen Leben Deutschlands im 20. Jahrhundert kein vergleichbar radikaler Traditionsbruch im kulturellen und wissenschaftlichen Milieu. Künstlerische Transformationsprozesse gehen – wie in den Jahren vor 1914 – den nachfolgenden politischen Erschütterungen voraus; staatliche Umbrüche – wie jene von 1933 oder von 1945 – bewirken nicht unbedingt einen gleichzeitigen Paradigmenwechsel des wissenschaftlichen Stils. Wenn hier gleichwohl die Wendepunkte der politischen Geschichte als Orientierungsmarken für die Stoffeinteilung dienen, so geschieht dies in der Hoffnung, im differenzierten Blick auf die fünf unterschiedlichen, zwischen 1900 und 1989/90 in Deutschland etablierten staatlich-gesellschaftlichen Ordnungssysteme das Wechselverhältnis von Kultur und Politik sowie das komplexe Beziehungsgefüge von Staat, Bildung und Wissenschaft noch am ehesten veranschaulichen zu können.

Bei der Fertigstellung des Bandes hat der Verfasser Zuspruch und Unterstützung von vielen Seiten erfahren. Dank dafür gebührt an vornehmlichster Stelle meiner Chemnitzer Mitarbeiterin Rosemarie Hippius, die den Text als erste gelesen, erfasst und überhaupt durch vielfältige Hilfestellungen auch im atmosphärischen Bereich dessen Realisierung ermöglicht hat. Die kritische Lektüre von Michael Hascher, Jelena Schmitt und Sylvia Taschka kam der definitiven Manuskriptfassung sehr zugute. Lydia Bergner half mit großem Engagement beim Anfertigen der Bibliographie und des Registers. Horst Möller als der verantwortliche Reihenherausgeber begleitete den mehrfach von anderen zwingenden Verpflichtungen unterbrochenen Entstehungsweg des Buches mit Geduld und fachkundigem Rat. Seiner und des Verlages sorgfältiger Lektorierung – namentlich Cordula Hubert – verdankt es seine endgültige Gestalt.

Chemnitz, im Juli 2002 Frank-Lothar Kroll

I. Enzyklopädischer Überblick

1. Kultur, Wissenschaft und Bildung im Kaiserreich 1900–1918

1.1 Tendenz und Entwicklung des deutschen Kulturlebens bis zum Ausbruch des Ersten Weltkriegs

Kulturelle Wandlungsprozesse um 1889/90

Wer am 1. Januar 1900, anlässlich der Jahrhundertwende, eine Bilanz des kulturellen und wissenschaftlichen Lebens in Deutschland gezogen hätte, dem wäre ein von ungemeiner Regsamkeit und innovativer Kraft geprägtes Erscheinungsbild entgegengetreten, dessen Konturen sich ein Jahrzehnt zuvor indes noch keineswegs abgezeichnet hatten. Das die „Gründerjahre" nach 1871 zunächst weitgehend beherrschende Klima künstlerischer Stagnation hatte sich erst seit Beginn der 1890er Jahre zusehends verflüchtigt und zugunsten einer „progressiven" Neuformierung des zeitgenössischen deutschen Kulturlebens verschoben. Auf dem Gebiet der Literatur manifestierte sich diese Entwicklung im Durchbruch des Naturalismus (1889 Uraufführung von G. Hauptmanns Drama „Vor Sonnenaufgang") sowie im etwa zeitgleichen Aufkommen einer ästhetizistisch-eskapistischen, zwischen Symbolismus und Neuromantik oszillierenden L'Art-pour-l'art-Dichtung (St. George, H. von Hofmannsthal, R. M. Rilke). Im Bereich der Bildenden Kunst hatte sich, gleichfalls um 1890, die Abkehr der impressionistisch orientierten Neuerer um M. Liebermann, L. Corinth und K. Kollwitz von der traditionellen neoklassizistischen Historienmalerei („Secession" von 1892) vollzogen. Diese seinerzeit innovativen Tendenzen in Literatur und Bildender Kunst – Naturalismus, L'Art pour l'art, Impressionismus – erwiesen sich auch zu Beginn des neuen Jahrhunderts im deutschen Kulturleben als vorherrschend, und sie dominierten noch nach der Jahrhundertwende für geraume Zeit.

Medienkultur

Die solche Tendenzen flankierende Medienkultur des späten Kaiserreichs war geprägt vom Aufkommen stark personenbezogener Großverlage (E. Diederichs, seit 1896; S. Fischer, seit 1886; Insel, seit 1902; A. Langen, seit 1893; E. Rowohlt, seit 1908; K. Wolff, seit 1913), deren Buchproduktion das Schaffen und Wirken der literarischen Moderne unterstützte. Daneben konkurrierten, vor allem in Berlin, verstärkt finanzkräftige Pressekonzerne (Mosse, Scherl, Ullstein) um die Gunst des Lesepublikums, dessen Lektüreinteresse durch renommierte Tageszeitungen (z.B. „Berliner Tageblatt") und kulturell anspruchsvolle Periodika (z.B. „Deutsche Rundschau") ebenso befriedigt wurde wie durch die seinerzeit populäre, einen Massenmarkt bedienende Gattung der Familienzeitschriften (z.B. „Gartenlaube"). Bemerkenswert waren bei alledem die Vielfalt des Informationsangebots und die kritikfreudige, nur selten durch Zensurmaßnahmen behelligte pluralistische Form der Berichterstattung vor allem der großen liberalen Blätter, die dem Klischeebild vom obrigkeitsstaatlich deformierten Charakter des deutschen öffentlichen Lebens vor 1914 widersprachen.

Epochenzäsur von 1910

Für den kulturellen Bereich im engeren Sinne bildete das Epochenjahr 1900 keinen Einschnitt. Die stilprägende Zäsur erfolgte hier erst ab 1910, also in den Jahren unmittelbar vor Ausbruch des Ersten Weltkriegs. Die nun in Literatur und Bildender Kunst gleichermaßen machtvoll einsetzende Bewegung des Expressionismus richtete sich ihrerseits gegen die mittlerweile arrivierten und als steril empfundenen Auffassungen der Neuerer von 1890. Naturalismus und Impressionismus galten jetzt als Manifestationsformen bürgerlichen Kunstgeschmacks. Demgegenüber erblickten die Vertreter der expressionistischen Avantgarde von 1910, deren Bewegung für etwa ein Jahrzehnt bestimmend werden sollte, im Kunstwerk ein ästhetisches Erzeugnis individueller Kreativität, ohne jeden Anspruch auf Reproduktion oder Sinndeutung der gesellschaftlichen Realität.

Abstraktion in der Bildenden Kunst

In der Bildenden Kunst kamen derartige Tendenzen – vorbereitet durch die seit etwa 1895 um die Schaffung eines dekorativ-ästhetisierenden „Neuen Stils" bemühten Repräsentanten des Jugendstils – am frühesten zum Durchbruch. Die in verschiedenen deutschen Großstädten entstandenen Künstlervereinigungen („Die Brücke" um E. L. Kirchner, E. Heckel, K. Schmidt-Rottluff 1905 in Dresden; „Neue Secession" um E. Nolde und M. Beckmann 1910 in Berlin; „Der Blaue Reiter" um F. Marc und W. Kandinsky 1911 in München) bemühten sich um Unmittelbarkeit des seelischen Ausdrucks in subjektiv-emotionaler und rückhaltlos individualistischer Gestaltung. Als Manifestation solchen Kunstverständnisses entstand 1911 W. Kandinskys erste rein abstrakte Bildkomposition.

Sprengung der Form in der Literatur

Auch dem literarischen Expressionismus ging es in seinen Formschöpfungen nicht um Beschreibung oder Aneignung von Wirklichkeit, sondern um deren fundamentale Infragestellung auf der Suche nach dem „Neuen Menschen" in der „Neuen Kunst". Der Intensität dieses

Erneuerungsstrebens entsprach die Radikalität des Wortes. Sprengung der Form, Zertrümmerung des Satzes, Lösung der Sprache aus allen logischen Bindungen wurden zum Markenzeichen einer sich am konsequentesten in Drama (W. Hasenclever) und Lyrik (G. Heym, E. Stadler, A. Stramm, G. Trakl, F. Werfel) realisierenden Ausdruckskunst.

Zwölftonmusik

Nimmt man zu diesen bildkünstlerischen und literarischen Entwicklungstendenzen noch die zeitgleich erfolgenden Formwandlungen innerhalb der modernen Musik – ab 1908 entwickelte A. Schönberg („Drei Klavierstücke", 1908; „Harmonielehre", 1911) sein „Zwölftonsystem" –, so offenbart der Blick auf die künstlerische Avantgarde in den Jahren vor 1914 gleichsam einen doppelten kulturgeschichtlichen Epocheneinschnitt: Die Kunst der Avantgarde um 1910 spiegelte zunächst das Ende der Vorherrschaft *bürgerlicher* Normen und Wertvorgaben, welche die Kultur des 19. Jahrhunderts maßgeblich geprägt hatten. Die neuen Inhalte boten nun geradezu ein Kontrastprogramm zum bildungsbürgerlichen Publikumsgeschmack. Sie verwiesen mit ihrer Wissenschafts-, Fortschritts- und Zivilisationsskepsis, ihrer Sehnsucht nach neuen Lebensformen, ihren Endzeit- und Untergangsvisionen bereits auf das bevorstehende Ende der von bürgerlichen Ordnungsbegriffen geprägten alteuropäischen Kulturwelt in den Verheerungen des Ersten Weltkriegs.

Doppelter Epochensprung

Auflösung abendländischer Traditionszusammenhänge

Darüber hinaus besaß die Kunst der Avantgarde um 1910 aber auch insofern Epochenqualität, als viele ihrer Werke den Traditionsboden abendländischen Kunstverständnisses verließen. Im Unterschied zu den Kunstschöpfungen des späten 19. Jahrhunderts, die sich noch mühelos in den Überlieferungszusammenhang europäischer Malerei, Dichtung und Musik eingliedern ließen, offenbarten die nur kurze Zeit später entstandenen avantgardistischen Werke mit ihren Dissonanzen und Verwerfungen in Form, Wort und Ton eine völlige Neu- und Andersartigkeit zu allem jahrhundertelang Vorangegangenen. Der Verzicht auf gegenständliche Darstellung, auf sprachlogische Gestaltung, auf tonale Melodiosität deutet an, dass in allen Künsten nahezu zeitgleich kein bloßer Stilwechsel, sondern ein fundamentaler Epochensprung stattgefunden hatte. Die künstlerische Avantgarde um 1910 nahm damit Entwicklungen des 20. Jahrhunderts als eines Zeitalters größter Umbrüche und Erschütterungen vorweg.

1.2 Bildung und Wissenschaft in den letzten Jahren des Kaiserreichs

Ausbau des deutschen Bildungswesens

Gemessen an den epochalen Wandlungen des kulturellen Lebens bewegten sich Bildung und Wissenschaft vor 1914 in ruhigeren Bahnen. Ausbau und Verbesserung eines leistungsstarken und zunehmend differenzierteren Schul- und Universitätswesens waren bereits im ersten Jahrzehnt des Kaiserreichs mit Entschiedenheit betrieben und seither kontinuierlich weiterverfolgt worden. Zwischen 1861 und 1913 stiegen die staatlichen Ausgaben in den Bundesstaaten und im Reich für Schulen und Universitäten um 450% pro Absolvent an. Die Finanzierung der Volks- und Mittelschulen trugen seit dem Schulunterhaltsgesetz von 1908 weitgehend, die der höheren Schulen etwa zu einem Drittel die Gemeinden. Bei alledem blieb die Summe der Schüler an höheren Schulen gering; 1911 besuchten nur etwa 5% aller Schüler ein Gymnasium.

Volksschule

Das Volksschulwesen erlebte in der Spätphase des Wilhelminischen Reiches von allen Schularten den wohl größten Expansions-, Investitions- und Modernisierungsschub. Symptome des damit verbundenen Aufschwungs waren eine verbesserte Lehrerbesoldung, gesteigerte Sachaufwendungen, vermehrte Lehrerstellen und niedrigere Klassenfrequenzen. Allerdings führte das in fast allen deutschen Bundesstaaten herrschende Stadt-Land-Gefälle hier zu einer starken regionalen Differenzierung, d.h. zu einer qualitativen Benachteiligung der Landgemeinden und kleineren Kommunen gegenüber den Großstädten. Auf dem Land machte sich auch die konfessionelle Struktur des niederen Schulwesens (Bekenntnisschule, Schulaufsicht der Geistlichen) am nachhaltigsten bemerkbar.

Gymnasium

Im Bereich des höheren Schulwesens war das Klassische Gymnasium zu Jahrhundertbeginn noch stark von den Ideen des Neuhumanismus bestimmt. Es sah in der Pflege altsprachlicher, philologisch-historischer Kenntnisse und antiken Bildungsguts, nicht unbedingt hingegen in der Vermittlung praktischer Fertigkeiten und naturwissenschaftlicher Kenntnisse, das weiterhin vorrangige Ausbildungsziel. Die damit gegebene Lücke wurde allmählich von den Realgymnasien mit überwiegend neusprachlichem und naturwissenschaftlichem Lehrangebot gefüllt. Eine im Jahr 1900 durchgeführte Schulkonferenz hatte, unter persönlicher Beteiligung Wilhelms II., das bisher herrschende Monopol der altsprachlichen Gymnasien für die Ausbildung zum Universitätsstudium beseitigt und den Realgymnasien wie auch den Oberrealschulen hierin volle Gleichberechtigung gebracht (Erlass vom 26. 11. 1900). Nur die Theologen, seit 1900 konstant etwa 10% aller Studierenden, hielten am Monopol des humanistischen Gymnasiums fest. Dementsprechend verschob sich die relative Absolventenquote zwischen Gymnasien und Realgymnasien von 59% zu 14% im Jahr 1900 auf 39% zu 27% im Jahr 1918. Das Prinzip zweckfreier klassischer Bildung geriet seitdem zugunsten eines auf Professionalität und

Realgymnasium

Pragmatismus gerichteten Systems der Wissensvermittlung immer stärker in die Defensive. Dabei spielten auch die auf Kreativitäts-, Persönlichkeits- und Charakterschulung zielenden, eine „Erziehung vom Kinde aus" propagierenden Bemühungen der nach 1900 überaus einflussreichen „Reformpädagogik" (G. Kerschensteiner, B. Otto) eine Rolle.

Hochschulen

Vergleichbare Entwicklungen zeigten sich im Bereich des Hochschulwesens. Hier waren den akademisch traditionell führenden Universitäten im letzten Drittel des 19. Jahrhunderts in den Technischen Hochschulen starke Konkurrenten erwachsen. Beflügelt vom steigenden Ansehen der Naturwissenschaften und von den Erfolgen der modernen Technik, zugleich gestützt vom Interesse der Wirtschaft an anwendungsorientierter Forschung und Lehre, erlangten die Technischen Hochschulen, maßgeblich, vor allem mittels Neugründungen (Danzig 1904, Breslau 1910) gefördert durch Wilhelm II., mit der Verleihung des Promotionsrechts zum Dr.-Ing. (1899/1900) auch formell Ranggleichheit mit den Universitäten.

Strukturwandel der Wissenschaft

Bedroht wurde die wissenschaftliche Monopolstellung der deutschen Universitäten aber auch durch den sich seit Jahrhundertbeginn abzeichnenden Funktions- und Strukturwandel von Bildung und Wissenschaft überhaupt. War die an den Universitäten gepflegte „objektive" Wissenschaft bisher stets auch als Beitrag zur subjektiven geistig-sittlichen Bildung und zur umfassenden personalen Selbstverwirklichung des wissenschaftlich Tätigen gewertet worden, so wurde dieser menschenbildnerische Aspekt der Wissenschaften mit deren fortschreitender Professionalisierung zusehends in Frage gestellt. Wissenschaft galt nun, gemäß der oft zitierten Erkenntnis M. Webers, nicht mehr als Mittel individueller Bildung, sondern als Beruf. Ihrer wachsenden Versachlichung und Rationalisierung, Entpersönlichung und Spezialisierung entsprach die Ablösung des universal gebildeten Gelehrten durch den Fachmann. Das Humboldtsche Ideal voraussetzungslosen Forschens einer in „Einsamkeit und Freiheit" auf sich allein gestellten Persönlichkeit schien angesichts der rasanten Differenzierung des Wissenschaftsbetriebs zusehends obsolet.

Studenten im Kaiserreich

Dieser Umwandlungs- bzw. Funktionalisierungsprozess wurde begleitet von einer annähernden Verdoppelung der Studentenzahlen vom Sommersemester 1901 (44832) bis zum Wintersemester 1913/14 (79019), unter letzteren etwa 6,7% Frauen. 1900 hatten in Baden auch die Absolventinnen der höheren Mädchenschule (Lyzeum) die Zugangsberechtigung zum Universitätsstudium erhalten, Bayern folgte 1903, Württemberg 1904, Sachsen 1906 und Preußen 1908. Die männlichen Studierenden waren größtenteils in Verbindungen und Vereinen zusammengeschlossen (Corps, Burschenschaften, Landsmannschaften, Turnerschaften, evangelische und katholische Korporationen, Verein deutscher Studenten, Freistudentenschaft), die im späten Kaiserreich zusehends eine antisemitische, antisozialistische und völkisch-imperialistische Prägung erhielten.

Die Universitäten reagierten auf die gesteigerten Anforderungen nicht zuletzt durch eine wachsende Verlagerung von Lehre und Forschung auf die Nichtordinarien und Privatdozenten (an der Universität Berlin 1910 bereits über 50% des Lehrkörpers). Effizienter war indes die Wissenschaftsförderungspolitik des preußischen Staates, welche mit der Gründung neuer, vor allem physikalisch-chemischer und medizinisch-naturwissenschaftlicher Lehrstühle und Forschungsinstitute sowie mit dem Ausbau von Laboratorien, Kliniken und Bibliotheken der deutschen Forschung gerade in den letzten Friedensjahren zu einer Spitzenstellung im internationalen Vergleich verhalf. Treibende Kraft dieser staatlichen Wissenschaftsförderung war der Ministerialdirektor im preußischen Kultusministerium F. Althoff.

Staatliche Wissenschaftsförderung

Wachsende Bedeutung außeruniversitärer Forschung

Auch der Bereich außeruniversitärer Forschung profitierte vor 1914 zunehmend von solchen staatlichen Fördermaßnahmen. Mit dem Ziel, hoch qualifizierte Wissenschaftler vom Lehrbetrieb zu entlasten und durch eine Intensivierung anwendungsorientierter, praxisbezogener Grundlagenarbeit den steigenden Anforderungen moderner Großforschung institutionell gerecht zu werden, war 1911, wiederum unter maßgeblicher Beteiligung Wilhelms II., die „Kaiser-Wilhelm-Gesellschaft zur Förderung der Wissenschaften“ (Auflösung 1946, Neugründung 1948 als „Max-Planck-Gesellschaft zur Förderung der Wissenschaften“) gegründet worden (erster Präsident: A. von Harnack). Finanziert aus Mitteln der Privatwirtschaft mit Unterstützung des Staates, unterhielt diese Institution in der Folgezeit verschiedene selbständige naturwissenschaftliche Forschungseinrichtungen (u.a. für Biologie, Kohleforschung, Physikalische Chemie), deren Aktivitäten nicht zuletzt einer Stärkung der wirtschaftlichen Konkurrenzfähigkeit des Reiches auf dem Weltmarkt zugute kommen sollten. Wissenschaftsförderung diente hier indirekt der Forcierung weltpolitischer Ansprüche.

„Kaiser-Wilhelm-Gesellschaft“ 1911

Geistes- und Naturwissenschaften

Nicht alle Wissenschaften waren indes von dem skizzierten Wandlungsprozess gleichermaßen betroffen. Anders als die naturwissenschaftlich-technischen Fächer blieben die Geisteswissenschaften überwiegend personengebundene Deutungsdisziplinen, in denen weiterhin der einzelne Forscher und die von ihm vertretene Schulrichtung das allgemeine Erscheinungsbild bestimmten. H. Rickert und W. Windelband hatten den verdeckten Gegensatz zwischen Natur- und Geisteswissenschaften zeitgenössisch durch die Begriffsantithese „nomothetisch – ideographisch“ zu problematisieren versucht. So sollte das nach Entdeckung allgemeingültiger Gesetzmäßigkeiten strebende Erkenntnisinteresse der Naturwissenschaften von den auf verstehendes Erfassen individueller Besonderheiten ausgerichteten Zielen der Kulturwissenschaften differenziert werden.

Schlüsselwissenschaften: Physik und Psychoanalyse

Die Lage der Naturwissenschaften war um die Jahrhundertwende vor allem geprägt durch zwei in der Folgezeit entscheidend weiterweisende Entwicklungsmomente: die im Rahmen der „Neuen Physik“ vollzogene Totalrevision der konventionellen Vorstellungen von Raum und Zeit bzw. von Energie und Materie einerseits (M. Planck, „Quantentheorie“, 1900; A. Einstein, „Spezielle Relativitätstheorie“, 1905) sowie andererseits die Formierung der Psychoanalyse als einer weit über die Medizin hinausgehenden, natur- wie auch kulturwissenschaftliche Methoden gleichermaßen integrierenden Disziplin (S. Freud, „Die Traumdeutung“, 1900; „Zur Psychopathologie des Alltagslebens“, 1904).

Geschichtswissenschaft

„Ideographisch“ im Sinne Rickerts und Windelbands hingegen waren um 1900 vor allem die Geschichtswissenschaften. Ihnen kam, der Wertschätzung historischen Denkens im Bildungsgut der Zeit entsprechend, auch weiterhin die Leitfunktion unter den kulturwissenschaftlichen Disziplinen zu. Einer geschichtsgläubigen Öffentlichkeit galt historisches Wissen unverändert als erprobtes Mittel zur politisch-gesellschaftlichen Daseinsorientierung. Allerdings galt die Dominanz einer an der Idee der Nation orientierten, primär politikgeschichtlich argumentierenden Historiographie in der Nachfolge L. von Rankes nicht mehr unangefochten. Herausforderungen erwuchsen den damaligen Neo-Rankeanern (F. Meinecke, O. Hintze, E. Marcks, M. Lenz) vor allem seitens der von K. Lamprecht verfochtenen Konzeption von „Kulturgeschichte“, welche die Totalität der sozialen, ökonomischen, geistigen und politischen Formgebungen einer Zeit zu erfassen suchte. Sie bediente sich dabei partiell naturwissenschaftlicher, auch psychologischer Methoden (W. Wundt, „Völkerpsychologie“, ab 1900).

Philosophie

In der Philosophie konkurrierten seit der Jahrhundertwende mehrere Richtungen miteinander, deren Erscheinungsvielfalt auf eine mit Macht einsetzende, nach Kriegsende dann voll zum Durchbruch gelangende Wandlung des philosophischen Selbstverständnisses verwies. Der Neukantianismus (W. Windelband, H. Rickert) verstand sich als Versuch, angesichts zunehmender einzelwissenschaftlicher Spezialisierung die angefochtene akademische Führungsstellung der Philosophie durch deren Neuformierung im Sinne einer wertbezogenen Erkenntnislehre zu restituieren. Die Lebensphilosophie (G. Simmel, L. Klages) verfocht eine irrationalistische und antiintellektualistische Fundamentalkritik an den Konventionen bürgerlicher Bildung und Zivilisation. Die Phänomenologie (E. Husserl) bot eine Methode voraussetzungsloser Analyse intentionaler Erlebnisakte mit dem Ziel der Ausschaltung aller dogmatisch-metaphysischen Setzungen zwecks Konstituierung der Philosophie als „strenger Wissenschaft". Die philosophische Hermeneutik schließlich (W. Dilthey) bemühte sich um nacherlebendes Verstehen geistiger Individualitäten.

Vorrang der hermeneutischen Interpretation

Die anti-positivistische und zugleich stark historisierende Grundhaltung der deutschen Geisteswissenschaften war dafür verantwortlich, dass sie sich – verglichen mit Frankreich, Großbritannien oder den USA – erst spät, in der Zeit der Weimarer Republik, modernen Trends der empirischen Feldforschung öffneten. Dies galt für die Soziologie jener Jahre (G. Simmel, M. Weber) ebenso wie für die Nationalökonomie (G. von Schmoller, L. Brentano) oder die Rechts- und Staatswissenschaften (P. Laband, O. von Gierke). Alle diese Disziplinen blieben, teilweise noch für lange Zeit, insofern „ideographisch" bestimmt, als sie sich ihren zu Kulturphänomenen erhobenen Forschungsgegenständen in hermeneutischer Interpretation widmeten. Gleichwohl, oder vielleicht gerade deshalb, besaß die deutsche Wissenschaft in den letzten Jahren vor Kriegsausbruch Weltgeltung, was nicht zuletzt der rege, von Wilhelm II. persönlich geförderte Professoren- und Studentenaustausch mit den Vereinigten Staaten dokumentierte.

1.3 Kultur und Wissenschaft im Ersten Weltkrieg

Kriegsbegeisterung der intellektuellen Avantgarde

Der Kriegsausbruch im August 1914 wurde von der überwältigenden Mehrheit der kulturellen Elite wie auch vom größten Teil der Bevölkerung Deutschlands enthusiastisch begrüßt. Die meisten Repräsentanten der literarischen und künstlerischen Avantgarde des Kaiserreichs ließen sich von der allgemeinen Aufbruchstimmung im Solidaritätsgefühl mit dem Schicksal der eigenen Nation mitreißen. Sie erwarteten zudem paradoxerweise – vielfach übrigens schon in den Jahren des Friedens – von einem „großen Krieg" die Überwindung der als steril und erstarrt empfundenen kulturellen Situation der Vorkriegszeit. Befreiung, Reinigung und Erneuerung der Kunst und des Lebens mittels Etablierung einer einheitlichen deutschen Nationalkultur, welche die Vielfalt individualistischer Formgebungen vor 1914 überwinden würde – in solchen Hoffnungen verdichteten sich die deutlich positiv besetzten Kriegsprojektionen der deutschen Kulturelite. Pazifistische Gesinnungen waren gegenüber dieser nahezu einhellig artikulierten Kriegsbejahung seitens der Schriftsteller und Bildenden Künstler zunächst in der absoluten Minderheit und vermochten sich nur in einzelnen nonkonformistischen Zeitschriften („Die Aktion“, „Weiße Blätter“) zu artikulieren.

Wachsende Distanz zum Kriegsgeschehen

Vor allem für viele Bildende Künstler (M. Beckmann, O. Dix, O. Kokoschka) bot die Erfahrung des Krieges im Erlebnis von Extremsituationen eine zumindest vorerst als faszinierend wahrgenommene und intensiv genutzte Möglichkeit zur Erweiterung des künstlerischen Horizontes und zur Steigerung der ästhetischen Kreativität. Angesichts der Schreckensfülle und nicht absehbaren Fortdauer der Kampfhandlungen stellten sich indes ab Ende 1916 zunehmend Ernüchterung, Desillusionierung und Trauer ein. Diese zeigten sich zunächst in Form einer distanziert-resignativen, fatalistisch grundierten Hinnahme des Unvermeidlichen, später dann in entschiedener Frontstellung gegen die Weiterführung des als sinnlos empfundenen Ringens. Bei zahlreichen Bildenden Künstlern verbanden sich mit dieser Haltung eine motivische Abkehr vom aktuellen Kriegsgeschehen und ein forcierter Rückzug in die Innerlichkeit, vereinzelt auch eine rigoros-provokatorische Ablehnung der bürgerlichen Gesellschaft und aller ihrer bisherigen Kunstäußerungen (Künstlervereinigung „Dada“ ab 1916 in Zürich, ab April 1918 in Berlin, mit H. Arp, H. Ball, R. Huelsenbeck). Neben einem damit einhergehenden radikalen Pazifismus fanden sich bei manchen Autoren der literarischen Moderne (G. Landauer, E. Mühsam, E. Toller) jetzt wachsende Sympathien für die sozialistisch-revolutionäre Linke. Aufs Ganze gesehen spiegelte die Positionsbestimmung der Avantgardekünstler damit erneut, wie im August 1914, die inzwischen gewandelte nationale Befindlichkeit der deutschen Gesamtbevölkerung wider.

Friedenssehnsucht ab 1916

Die Antithese „Kultur – Zivilisation“

Auch die deutsche Wissenschaft wurde 1914 von der Welle allgemeiner Kriegseuphorie erfasst. War das politische Spektrum der deutschen Hochschullehrer im Kaiserreich ohnehin weitgehend auf die bürgerliche Mitte und Rechte beschränkt, so erblickten Professorenschaft und akademische Elite ihre Hauptaufgabe nun in der Rechtfertigung der kaiserlichen Kriegführung im Sinne eines Verteidigungskampfes deutscher *Kultur* gegen westliche *Zivilisation*. Der in allen großen Tageszeitungen des Reiches veröffentlichte Aufruf „An die Kulturwelt!“ (4. Oktober 1914), unterzeichnet von 93 der prominentesten Vertreter des geistigen und wissenschaftlichen Lebens in Deutschland (u.a. G. Hauptmann, M. Liebermann, M. Planck, W. C. Röntgen, U. von

Wilamowitz-Moellendorff) versuchte dieser Aufgabe ebenso gerecht zu werden wie die „Erklärung der Hochschullehrer des Deutschen Reiches“ (16. Oktober 1914) mit mehr als 3000 namentlich aufgeführten Unterzeichnern – fast der gesamten Hochschullehrerschaft der 53 deutschen Universitäten und Technischen Hochschulen.

Deutsche Gelehrtenmanifeste

Die Gelehrtenmanifeste stimmten darin überein, dass im Weltkrieg die Gegensätzlichkeit zweier politisch-sozialer und zugleich geistig-kultureller Ordnungssysteme zum Austrag gelange. Der westeuropäischen, d.h. vor allem französischen und britischen Traditionen verpflichteten Idee einer demokratisch-egalitär verfassten Gesellschaft wurde ein politisches Alternativprogramm als eigenwertig gegenübergestellt, das in einer straffen monarchischen Führung und in der Herrschaft überparteilicher Fachleute die beste Gewähr für die Sicherung der geographisch exponierten Mittellage des Reiches erblickte: Während in den parlamentarischen Systemen des Westens materielles Profitstreben und egoistischer Parteihader dominierten, erwachse die „deutsche Freiheit“ aus dem Prinzip freiwilliger Unterordnung aller Individualinteressen unter die Bedürfnisse des Staates und der Gemeinschaft als Ausdrucksformen des kollektiven Wohls.

Folgewirkungen des „Augusterlebnisses“ von 1914

Diese „Ideen von 1914“, mit großem publizistischen Aufwand von führenden deutschen Gelehrten (z.B. J. Plenge, M. Scheler, G. Simmel) und nicht zuletzt von Th. Mann („Betrachtungen eines Unpolitischen“, 1918) postuliert und in teilweise kulturmissionarischem Gestus (W. Sombart, A. Weber) propagiert, entwickelten erhebliche Strahlkräfte und Folgewirkungen bis weit in die 1920er und 1930er Jahre hinein. Ihnen gegenüber hatten die seit Anfang 1917 auch im akademischen Milieu an Resonanz gewinnenden liberalen Forderungen nach einer grundlegenden Reform des deutschen politischen Systems im Sinne parlamentarischer Neuordnung (M. Weber, F. Meinecke, F. Naumann, E. Troeltsch) einen schweren Stand. Am Ausgang des Kaiserreichs erwiesen sich die Kultur- und Bildungseliten Deutschlands, ganz im Gegensatz zu den Erwartungen vom August 1914, als zerklüfteter denn je. Einer zum Arrangement mit den demokratischen Tendenzen der Zeit bereiten Gruppierung traten jene entgegen, denen die sich etablierende neue Ordnung als inakzeptable Konsequenz einer als schmachvoll und zudem unverschuldet empfundenen Kriegsniederlage erschien. Das geistig-kulturelle Leben der Weimarer Republik beinhaltete so von Beginn an eine kaum aufzuhebende Dichotomie.

2. Kultur, Wissenschaft und Bildung in der Weimarer Republik 1918–1933

2.1 „Moderne", „Andere Moderne" und „Antimoderne"

Relativierung des Umbruchs von 1918/19

Der politische Umbruch von 1918 brachte im kulturellen Bereich weitaus weniger spektakuläre Veränderungen als von vielen Zeitgenossen zunächst vermutet oder erhofft. Zwar war der literarischen und künstlerischen Avantgarde von 1910, deren Repräsentanten den neuen demokratischen Staat mehrheitlich bejahten oder sich mit ihm arrangierten, nun ein von allen offiziellen staatlichen Bevormundungsversuchen freies Betätigungs- und Wirkungsfeld eröffnet. Doch kamen mit dieser Etablierung der Moderne letztlich nur jene Strömungen zur vollen Entfaltung, die ihren eigentlichen Durchbruch bereits in den späten Jahren des Kaiserreichs erlebt hatten. Der „Stil von Weimar" war, sofern er sich nicht auf das neuartige Phänomen der Massenkultur bezog, keine genuin mit diesem Staat verknüpfte Neuschöpfung, sondern das Resultat eines schon in der Zeit der Monarchie erfolgten Paradigmenwechsels. Die Epochenzäsur der Jahre um 1910 war auch für die Kultur der Republik die maßgebliche Bezugsgröße.

„Kulturelle Enteignung" des Bildungsbürgertums

Gleichwohl besaß der Umbruch von 1918 für das geistig-kulturelle Gesamtklima insofern eine Bedeutung, als er das Bildungsbürgertum eines Großteils seiner institutionellen bzw. mentalen Verankerungen beraubte. Das kaiserliche Deutschland hatte es, bei aller Problematik seiner kulturpolitischen Anachronismen, dem Bildungsbürgertum dennoch ermöglicht, sich in der Rolle des Kulturträgers gesellschaftlich einzurichten. Pflege, Vermittlung und Verwaltung von Kunst und Bildungswissen galten als sein Monopol. Die Republik hingegen, die sich etwa im Bereich der Schulpolitik sehr bewusst darum bemühte, bisher weitgehend vom Bürgertum besetzte Bildungsideale größeren Bevölkerungskreisen zugänglich zu machen, schien das tradierte Selbstverständnis des Bürgertums als Kultur- und Bildungselite zugunsten der breiten Massen konterkarieren zu wollen. Nimmt man zu diesen kulturellen Enteignungsängsten noch den 1923 bzw. 1929 erlebten materiellen Substanzverlust hinzu, so wird erklärlich, warum große Teile der bildungsbürgerlichen Eliten Distanz zum republikanischen Staat wahrten – zumal die avantgardistische Prägung weiter Bereiche des Weimarer Kulturbetriebs den ästhetischen Urteilsmaßstäben und dem Durchschnittsgeschmack bürgerlicher Kunstkonsumenten vielfach nicht entsprach.

Literarische Trends der 1920er Jahre

Die Literatur der 1920er und frühen 1930er Jahre zeichnete sich durch einen ausgesprochenen Formenpluralismus aus. Dominierten in der Anfangszeit der Republik noch deutlich die ekstatisch-visionären, irrational-pathetischen, revolutionär-aufgeregten Gestaltschöpfungen des Expressionismus (W. Hasenclever, G. Kaiser, E. Toller), so erfolgte ab etwa 1925 (Th. Mann, „Der Zauberberg“, 1924) eine verstärkte Hinwendung zu einem nüchtern-realistischen, auf Präzision und Klarheit des Wortes zielenden Ausdrucksstil unter Rückbezug auf die Sprach- und Formmittel der Jahrhundertwende. Die Werke der Autoren dieser „Neuen Sachlichkeit“ (B. Brecht, A. Döblin, H. Fallada, J. Wassermann, A. Zweig) waren zeitnah, kritisch und eminent politisch. Teilweise (z.B. A. Döblin, „Berlin Alexanderplatz“, 1929) waren sie auch in der literarischen Form innovativ, vielfach, besonders in den letzten Jahren der Republik (z.B. B. Brecht, „Die Maßnahme“, 1931; „Die Heilige Johanna der Schlachthöfe“, 1932) von propagandistisch-agitatorischer Tendenz und spiegelten damit bereits die innenpolitische Polarisierung und Radikalisierung jener Zeit wider. Eigene, neuartige Genres bildeten die zahlreichen Kriegsromane, die das Fronterlebnis des Ersten Weltkriegs literarisch verarbeiteten (E. Jünger, „In Stahlgewittern“, 1920; E. M. Remarque, „Im Westen nichts Neues“, 1929), sowie die aktuelle politisch-soziale Gegenwartsfragen spiegelnden Zeitromane (L. Feuchtwanger, „Erfolg“, 1930; H. Fallada, „Kleiner Mann – Was nun?“, 1932), charakterisiert durch die Tendenz zur Faktizität und Authentizität in gesellschaftskritischer Absicht.

Die „andere Moderne“

Neben den die „Moderne“ verkörpernden Autoren der „Neuen Sachlichkeit“ standen in den 1920er Jahren jene (z.B. R. Borchardt, St. George, H. Hesse, H. von Hofmannsthal, R. M. Rilke), denen es nicht um Innovation, sondern um Traditionswahrung, nicht um Forcierung einer Gegenmoderne, sondern um Akzentuierung einer anderen, eigenen Form zeitgenössischer Modernität ging. Denn auch diese Autoren teilten die Krisenerfahrung der Zeit mit ihren Entfremdungs- und Bedrohungspotenzialen angesichts einer zunehmend von Bindungslosigkeit und Entwurzelung geprägten Fragmentierung der individuellen Existenz. Aber die Autoren dieser „anderen“ Moderne suchten die Zeitkrise nicht, wie die Repräsentanten der „klassischen“ Moderne, durch individualistische, kollektivistische oder gar nihilistische Bewältigungsstrategien zu lösen. Vielmehr sollte durch bewusste Anknüpfung an abendländische Traditionsbestände und durch deren produktives Nacherleben dem Einzelnen die Möglichkeit transpersonal verantworteter Rückbindung an einen wertestiftenden kulturellen Überlieferungsfluss verschafft werden. Mit dieser Vermittlung neuer, überpersönlicher Geborgenheiten ging das Bemühen um formale Strenge und sprachliche Meisterschaft des dichterisch überhöhten Wortes einher.

Völkische Zivilisationskritik und Antimodernismus

Die Werke eines solchen schöpferischen Konservativismus unterschieden sich deutlich von den im Weimarer Literaturleben gleichfalls stark präsenten Bekundungen einer bewusst antimodernistisch-zivilisationskritischen, die Krisenerfahrung der Gegenwart ausblendenden, naiv rückwärts gewandten und vielfach völkisch-nationalistisch verengten Denkhaltung. Das antimodernistische Ressentiment der an Leitbegriffen wie „Heimat“ und „Volk“, „Mythos“ und „Erde“ orientierten Autoren dieser Richtung (z. B. H. Grimm, E. G. Kolbenheyer, A. Miegel) verband sich mit einer oftmals schon vor 1933 virulenten Nähe zum Nationalsozialismus.

Stilpluralismus in der Bildenden Kunst

In den Bereichen der Bildenden Kunst und der Architektur war der Siegeszug der Moderne nach 1918 von weitaus weniger gegenläufigen Tendenzen begleitet als auf dem Feld der Literatur. Expressionismus und Futurismus, Dadaismus und Kubismus, Konstruktivismus und Magischer Realismus waren die hier in den ersten Jahren der Republik dominierenden Stilrichtungen. Bei aller Unterschiedlichkeit hatten sie ein antibürgerliches, von utopischem Veränderungsgestus und weitgehend abstrakter Formensprache bestimmtes Kunstverständnis gemeinsam, das allerdings, ähnlich wie im Falle der Literatur, ab etwa 1925 vom Streben nach einer „Neuen Sachlichkeit“ abgelöst wurde. Das nun in Stil und Inhalt gesuchte größere Maß an Realismus, Nüchternheit und Wirklichkeitsnähe fand seine repräsentative Verkörperung im Bauhaus (W. Gropius, L. Mies van der Rohe; ab 1919 in Weimar, ab 1925 in Dessau, ab 1932 in Berlin). Dessen Streben nach einer alle bildkünstlerischen Gattungen einbeziehenden Verbindung von ästhetischer Formgebung und zweck- bzw. funktionsgerechter Nutzung vor allem im Bereich der Gestaltung von Alltagsgegenständen (Gebrauchskunst, Industrie- und Produktdesign) sowie auf architektonischem Gebiet zeigte große Wirkungen und verlieh dem „Stil von Weimar“ international anerkanntes Niveau. Ähnliches galt von den um Funktionalität bemühten Manifestationen des „Neuen Bauens“, mit denen sich auf manchen Feldern, etwa dem der Stadtplanung (F. Schumacher), der Fabrikarchitektur (B. Taut) oder des Wohnungsbaus (E. Mendelsohn), der Anspruch auf eine umfassende moralische und gesellschaftliche Erneuerung verband.

Musik und Theater

Relativ unangefochten dominierte die Moderne auch im Theater- und Musikleben der Weimarer Republik. Stärker noch als im kaiserlichen Deutschland war nun Berlin die weitgehend maßgebliche Metropole. Andere großstädtische Bühnen- und Konzertzentren, wie z.B. München oder Dresden, verloren demgegenüber stark an Ausstrahlungskraft, nicht zuletzt infolge des Wegfalls ihrer Residenzfunktion nach dem Sturz der einzelstaatlichen Dynastien. Bis zur großen Theaterkrise von 1930/31 als Folge der wirtschaftlichen Depression wetteiferten an über 40 Häusern der Reichshauptstadt so bedeutende Regisseure wie M. Reinhardt (Deutsches Theater) und L. Jessner (Staatliches Schauspielhaus) um eine publikumsnahe Inszenierung klassischer sowie zeitgenössischer Dramatik (z.B. G. Kaiser, C. Sternheim, E. Toller, C. Zuckmayer). Das Bühnenschaffen wurde begleitet von einer überaus regen Theaterkritik (H. Ihering, A. Kerr, A. Polgar) und flankiert von einer Vielfalt alternativer dramaturgischer Konzeptionen, von denen die Projekte eines „epischen Theaters“ (B. Brecht) bzw. einer proletarisch-revolutionären Agitpropkunst (E. Piscator) am umstrittensten gewesen sein dürften. Parallel zu alledem bewegte sich eine gleichfalls stark durch die Rezeption der zeitgenössischen Moderne (P. Hindemith, R. Strauß) geprägte hauptstädtische Konzert- und Opernkultur von Weltrang (W. Furtwängler, O. Klemperer, B. Walter).

Theaterkritik

„Links-Rechts-Polarisierung“ der kulturellen Avantgarde nach 1918

Es war charakteristisch für das Kulturleben der Weimarer Republik insgesamt, dass sich dessen führende Repräsentanten in zwei einander entgegenstehende Lager spalteten, deren Fronten, dem politischen Schematismus einer Links-Rechts-Polarisierung zwischen „Moderne“ und „Gegenmoderne“ folgend, am Ende der Republik in unversöhnlicher Feindschaft verharrten. Beide Seiten, linke und rechte Intelligenz gleichermaßen, verachteten die Republik und zeigten keine Bereitschaft, sich mit der bürgerlich-liberalen Demokratie und ihren Institutionen zu identifizieren oder sich gar für sie zu engagieren, obwohl die pluralistische Weimarer Ordnung beste und freie Rahmenbedingungen für die Entfaltung geistig-künstlerischer Energien bot. Das galt nicht nur von den Vertretern der unter dem Sammelbegriff „Konservative Revolution“ firmierenden antiparlamentarischen Rechten (z.B. O. Spengler, „Preußentum und Sozialismus“, 1919; A. Moeller van den Bruck, „Das Dritte Reich“, 1923), denen an einer autoritären, stark antikapitalistisch grundierten staatlichen Neuordnung Deutschlands gelegen war (Zeitschriften „Die Tat“, „Der Ring“), sondern auch für die führenden Weimarer Linksintellektuellen, allen voran C. von Ossietzky und K. Tucholsky. Sowohl die Anhänger eines undogmatischen (z.B. K. Korsch, „Marxismus und Philosophie“, 1923; G. Lukács, „Geschichte und Klassenbewußtsein“, 1923) als auch die Verfechter eines eher prosowjetischen Marxismus (z.B. E. Bloch, „Geist der Utopie“, 1918/23) empfanden den bürgerlichen Klassenstaat, unter Einschluss seiner sozialdemo-

Antidemokratische Grundhaltungen

kratischen Amtsträger, als Ärgernis (Zeitschriften „Linkskurve“, „Die Weltbühne“), dem grundsätzlich und ausschließlich mit destruktiver Fundamentalkritik zu begegnen sei und begegnet worden ist.

2.2 *Populärkultur der Zwanziger Jahre*

Weimarer Massenkultur

Von dieser politischen Polarisierung und Radikalisierung weitgehend verschont blieb ein Phänomen, das zum charakteristischen Erscheinungsbild der Weimarer Republik gehörte: die Massenkultur als Summe der zumeist großstädtisch geprägten modernen Freizeitangebote für ein breites Publikum, besonders im Bereich der durch neue Medien intensivierten Massenkommunikation sowie der populären Unterhaltung. War die Kunst der Weimarer Avantgarde, gleich welcher Provenienz, ein Elite- bzw. Intellektuellenphänomen und als solches in seiner Ausstrahlungskraft auf die größere Öffentlichkeit, trotz aller volkspädagogischen Bemühungen (Volkshochschulbewegung, Arbeiterbildungsvereine), relativ eng begrenzt, so erstreckten sich Einfluss und Wirkung der sich nach 1918 rasch entwickelnden Populärkultur prinzipiell auf alle Bevölkerungsschichten. Sie war Ausdruck eines allgemeinen Trends zur Demokratisierung der Kultur, Zeichen für die auch auf ästhetischem Sektor virulente Forderung der Massen nach Emanzipation und Gleichberechtigung und insofern ein geradezu idealtypisches Spiegelbild des Lebensgefühls der Zwischenkriegszeit.

Rundfunk

Von den zahlreichen Manifestationen der Weimarer Massenkultur besaßen Rundfunk und Film das größte Innovationspotenzial. Der am 29. Oktober 1923 erstmals reichsweit zu empfangende Rundfunk war in seiner Programmgestaltung zunächst stark auf Bildung und Belehrung fixiert. Die von der Reichsregierung beauftragten staatlichen Rundfunkgesellschaften arbeiteten im Dienst einer überparteilichen Kulturvermittlung, teilweise unter engagierter Förderung neuer Gattungen (z.B. Hörspiel), trugen jedoch zusehends auch den Publikumswünschen nach leichter, vor allem musikalischer Unterhaltung Rechnung. Immerhin stieg die Zahl der Rundfunkteilnehmer zwischen 1924 und 1932 von 10000 auf 4 Millionen. Im letzten Jahr der Weimarer Republik verfügte jeder vierte deutsche Haushalt über ein Radiogerät.

Film

Eine ähnlich rasante Entwicklung nahm die deutsche Filmindustrie. Der noch im Kaiserreich (1917) gegründete Ufa-Konzern („Universum Film-AG“) produzierte in den 1920er Jahren mehr Filme als die Filmgesellschaften aller anderen europäischen Staaten zusammengenommen. Zunächst dominierten expressionistische Streifen phantastisch-spukhaften (R. Wiene, „Das Kabinett des Dr. Caligari“, 1920;

F. Lang, „Dr. Mabuse, der Spieler", 1922; F. W. Murnau, „Nosferatu. Eine Symphonie des Grauens", 1922) oder utopischen Inhalts (F. Lang, „Metropolis", 1926). Parallel zur Trendwende in Literatur und Bildender Kunst herrschte dann seit etwa 1925 die Tendenz zu einer „Neuen Sachlichkeit" vor, teils mit sozialkritischen Zielvorgaben (G. W. Pabst, „Die freudlose Gasse", 1925), teils mit realistisch-dokumentarischem Einschlag (W. R. Ruttmann, „Berlin. Die Symphonie einer Großstadt", 1927). Der 1929 erfolgte Übergang vom Stummfilm zum Tonfilm schuf neue Möglichkeiten künstlerischer Gestaltung und verlieh dem Kinobesuch endgültig den Rang eines Massenvergnügens.

Unterhaltungsindustrie

Auch andere Erscheinungsformen der Weimarer Populärkultur bestimmten bzw. veränderten das Alltags- und Freizeitverhalten breiter Bevölkerungsschichten nachhaltig. Neuartige Presseerzeugnisse (Illustrierte Zeitschriften, Boulevardblätter, Romanhefte), neue Formen der Bühnennutzung (Revue, Varieté, Kabarett) bzw. der Unterhaltungsmusik (Schlager, Jazz, Chanson) und nicht zuletzt eine gewandelte Einstellung zum Körper (Sport, Tanz) waren die weithin sichtbaren Zeugnisse eines nun massenhaft betriebenen, auch kommerziell folgenreichen Konsums von „Kultur". Viele Vertreter eines eher traditionellen, auf Hochkultur fixierten Kunstverständnisses erblickten darin allerdings nicht etwa eine produktive Horizonterweiterung, sondern eine unerträgliche Geschmacksnivellierung, und reagierten mit teilweise heftigen, zumeist auch die Weimarer Ordnung als Ganzes einbeziehenden Abwehrgebärden.

2.3 Wissenschaft und Bildung im Deutschland der Weimarer Republik

Akademische Elite und republikanische Ordnung

In einer prinzipiellen Abwehrhaltung gegenüber der republikanischen Weimarer Ordnung verharrte auch die Mehrheit der an Schulen und Universitäten tätigen Bildungselite. Von den für einen Großteil der akademischen Führungsschicht weiterhin maßgeblichen „Ideen von 1914" führte keine wirkliche Brücke der Verständigung zu den parlamentarisch-demokratischen Prinzipien des neuen Staates, bestenfalls dessen notgedrungene, aus „vernunftrepublikanischen" Erwägungen erfolgende Akzeptanz.

Schulreformpläne

Die Reform des Bildungs- und Erziehungswesens, in den Anfangsjahren der Republik verstärkt im Sinne einer Verbesserung der schulischen und beruflichen Aufstiegschancen der Jugend unabhängig von Herkunft und Vermögen betrieben, kam über erste bescheidene Ansätze kaum hinaus. Zwar mangelte es nicht an entsprechenden Bemühungen und an intensiv geführten bildungstheoretischen bzw. bildungspolitischen Diskussionen (Reichsschulkonferenz von 1920), zumal die Weimarer Reichsverfassung in Artikel 148 der Förderung der Erwachsenenbildung Verfassungsrang zugesprochen hatte. Doch die meisten der 1919/20 mit großen Erwartungen gegründeten Volkshochschulen mussten ihre Tätigkeit im Lauf der Inflationsjahre wieder einstellen. Und das so sehr erstrebte einheitliche Reichsschulgesetz scheiterte an länderspezifischen Besonderheiten sowie, nicht zuletzt, am hartnäckigen Widerstand des politischen Katholizismus gegen die geplante Aufhebung der Konfessionsschule und die Abschaffung des Religionsunterrichts als verbindlichen Lehrfachs. Lediglich in zwei Bereichen führten die bildungspolitischen Reformbemühungen der 1920er Jahre zu konkreten Ergebnissen: das Grundschulgesetz vom 28. 4. 1920, das den vierjährigen obligatorischen Volksschulbesuch für Kinder aller Sozialschichten reichseinheitlich regelte und längerfristig dazu beitrug, dass sich die Zahl der den gymnasialen Bildungsweg einschlagenden Volksschulabsolventen deutlich vermehrte (1910: 8,9%; 1928: 17,6%), sowie die Reform der Volksschullehrerausbildung, die auf Initiative des preußischen Kultusministers C. H. Becker, zumindest für das Land Preußen, an die seit Mitte der 1920er Jahre sukzessive errichteten Pädagogischen Akademien als Nachfolgeeinrichtungen der bisherigen Lehrerseminare („Präparandenanstalten") verlegt wurde.

Universitäten

Das deutsche Universitätsleben stand in den ersten Jahren der Weimarer Republik ganz unter dem Eindruck des als nationale Katastrophe empfundenen Zusammenbruchs von 1918, den die Mehrheit der Professorenschaft in einen kausalen Zusammenhang zur Installierung des parlamentarisch-republikanischen Regierungssystems zu bringen geneigt war. Die aktiven Anhänger der neuen demokratischen Ordnung, organisatorisch seit 1926 in der „Vereinigung verfassungstreuer Hochschullehrer" zusammengeschlossen, bildeten eine zahlenmäßig relativ kleine Gruppe, deren ohnehin geringes Gewicht sich angesichts der zunehmenden politischen Polarisierung seit den frühen 1930er Jahren noch weiter verminderte. Demgegenüber fanden republikkritische Stimmen unter den 2363 ordentlichen Professoren (Sommersemester 1925; ca. 35% des gesamten Lehrpersonals) erheblich stärkere Resonanz. Die mehrheitlich antidemokratische Ausrichtung der Weimarer Hochschullehrerschaft hatte im Übrigen – wie bei zahlreichen Angehörigen der deutschen akademischen Bildungsschichten nach 1918 überhaupt – nicht nur politische, sondern vor allem auch sozialpsychologische Gründe. Sozialprestige und gesellschaftlicher Führungsanspruch der „Gebildeten" schienen durch die sich abzeichnende Demokratisierung der Bildungschancen prinzipiell in Frage gestellt –

zumal akademische Bildung angesichts des rapide fortschreitenden fachwissenschaftlichen Differenzierungs- bzw. Professionalisierungsprozesses kaum noch handlungsorientierende Funktionen bei der Bewältigung aktueller lebensweltlicher Herausforderungen zu besitzen schien.

Studentenschaft nach 1918

Noch weniger als die Integration der Hochschullehrer in die Weimarer Demokratie gelang jene der Studentenschaft. Die Zahl der an den insgesamt 23 deutschen Universitäten Studierenden unterlag zwischen 1919 und 1933 erheblichen Schwankungen. Nach einer kriegsbedingt sprunghaften Zunahme der Studentenzahlen bis 1923 war 1925 der Vorkriegsstand wieder erreicht. Eine erneute Konjunktur führte im Sommersemester 1931 zur Höchstzahl von 138 000 Immatrikulierten; danach sanken die Studentenzahlen drastisch. Obwohl der neue Staat die von der Generation der Kriegsstudenten 1919 geschaffene studentische Selbstverwaltung („Allgemeine Studentenausschüsse/ASTA" als Vertretungskörperschaften der jeweiligen örtlichen Studentenschaft) durch Verordnung vom 18. 9. 1920 offiziell sanktionierte, hielt die Mehrzahl der deutschen Studierenden von Anfang an Distanz zur republikanisch-demokratischen Ordnung. Der 1926 gegründete „Nationalsozialistische Deutsche Studentenbund" errang seit Wintersemester 1928/29 bei den Studentenschaftswahlen wachsende Erfolge und erreichte bereits 1931 die absolute Mehrheit (51%) aller abgegebenen Stimmen.

Geschichtswissenschaft nach 1918

Unter den gesellschaftspolitisch relevanten Fächern nahm nach 1918 die Geschichtswissenschaft, zumindest im eigenen Selbstverständnis, weiterhin den Rang einer akademischen Leitdisziplin ein. Einer stark diplomatiegeschichtlich, an den außenpolitischen Entwicklungslinien des preußisch-deutschen Machtstaates orientierten Schule trat jetzt die vor allem von F. Meinecke repräsentierte ideengeschichtliche Sichtweise zur Seite, die sich um die Herausarbeitung geistiger Bestimmungsfaktoren des staatlichen Lebens bemühte. – Endgültig erfolgte in jenen Jahren die Emanzipation der Kunstgeschichtsforschung von ihrem historischen Entstehungsumfeld und ihre Etablierung als eigenständige geisteswissenschaftliche Disziplin, teilweise unter starker, befördernder Teilnahme an der Durchsetzung der zeitgenössischen Moderne. – Als charakteristisch für die Universitätsphilosophie der Zwischenkriegszeit erwies sich, hierin eine Tendenz der Vorkriegsjahre fortführend, die starke Differenzierung in einzelne akademische „Schulen". Spezifische Neuprägungen jener Jahre waren die aus der Phänomenologie erwachsende Existenzphilosophie, derzufolge der Mensch in der Erfahrung existenzieller Lebenswiderstände mittels gesteigerter

Kunstgeschichte

Philosophie

Bewusstseinswahrnehmungen in Grenzsituationen zu seinem „wahren Sein“ gelange (M. Heidegger, „Sein und Zeit“, 1927), sowie die Philosophische Anthropologie, welche als „deutsche Besonderheit“ (H. Schnädelbach) in ihren Hauptrepräsentanten M. Scheler („Die Stellung des Menschen im Kosmos“, 1928) und H. Plessner („Die Stufen des Organischen und der Mensch“, 1928) die Wesensverfassung des Menschen in nicht nur empirisch-humanbiologischer, sondern zugleich auch interpretatorisch-sinnstiftender Fragehaltung zu ergründen suchte. – Die Soziologie hingegen, in Deutschland bisher stark philosophisch und kultur- bzw. geisteswissenschaftlich orientiert („Wissenssoziologie“ um M. Scheler und K. Mannheim), begann sich in den 1920er Jahren allmählich von ihrer primär hermeneutischen Fixierung zu lösen und zunehmend empirisch-statistische Untersuchungsmethoden in ihren Forschungshorizont zu integrieren, teilweise unter Adaption von Positionen der marxistischen Sozialphilosophie („Institut für Sozialforschung“, ab 1923/24 in Frankfurt mit Th. W. Adorno, M. Horkheimer, H. Marcuse). – Der Rückgriff auf marxistische Denkinhalte hatte nach 1918 auch in anderen wissenschaftlichen Disziplinen Konjunktur, etwa in der Psychologie bzw. der rasch an Popularität gewinnenden Psychoanalyse, deren Gesichtsfeld sich dadurch allerdings von den weiträumigen Perspektiven im Spätwerk S. Freuds („Das Unbehagen in der Kultur“, 1930) zu oftmals sehr verkrampft wirkenden Konstrukten (z.B. W. Reich, „Massenpsychologie des Faschismus“, 1933) verengte. – Eine bewusste Hinwendung zur sozialen Problematik erfolgte während der Weimarer Jahre, dem antikapitalistischen Affekt der Zeit entsprechend, auch in der Evangelischen Theologie im Kreis um P. Tillich („Die sozialistische Entscheidung“, 1933). Gegenläufige Bestrebungen, wie etwa die „dialektische Theologie“ K. Barths mit ihrer christozentrischen Betonung der „schlechthinnigen Abhängigkeit“ des Menschen von der Gnade Gottes und dessen biblischem Offenbarungsgut („Römerbrief“, 1919 bzw. 1922), gelangten erst nach 1945 zu voller Wirkung.

Soziologie

Psychologie und Psychoanalyse

Theologie

Krisenbewusstsein und Krisenerfahrung

Charakteristisch für die meisten dieser wissenschaftlichen Strömungen und Tendenzen war, jenseits aller fachspezifischen Differenzen, die fundamentale Infragestellung tradierter Formen und Inhalte der jeweiligen Disziplinen im Erlebnis der eigenen Zeit als einer Epoche äußerster krisenhafter Verdichtung der geistig-kulturellen Erlebnisräume ebenso wie der politisch-gesellschaftlichen Geschehenszusammenhänge. Nach dem weltwirtschaftlichen Desaster von 1929 erfasste die akademisch so vielfach bespiegelte „große Krise“ zu Beginn der 1930er Jahre dann auch ganz konkret weite Bereiche des wissenschaftlichen, kulturellen und bildungspolitischen Lebens in Deutschland und führte zur Kürzung öffentlicher und privater Subventionen für wissenschaftliche Forschungseinrichtungen, zur Schließung zahlreicher Theater und Opernhäuser sowie zu einer massiven Einschränkung des allgemeinen Kulturkonsums infolge dramatisch verknappter Finanzmittel. Das kulturelle und wissenschaftliche Leben im Deutschland der Weimarer Republik war an einen Kulminationspunkt gelangt, als es von der nationalsozialistischen Machtergreifung eingeholt wurde.

3. Kultur, Wissenschaft und Bildung im nationalsozialistischen Deutschland 1933–1945

3.1 Kulturpolitik in der Diktatur

„Polykratie“ in der NS-Kulturpolitik

Die Kulturpolitik des nationalsozialistischen Deutschlands wurde von unterschiedlichen, zum Teil gegenläufigen ideologischen Strömungen bestimmt. Sie war niemals einheitlich, entsprach vielmehr dem für den Staat Hitlers generell charakteristischen „polykratischen“ Herrschaftsstil und wurde personell wie institutionell von einem konfliktreich geführten Konkurrenzkampf mehrerer Hauptträger des Regimes geprägt.

„Reichskulturkammer“: J. Goebbels

Grundsätzlich unterstanden alle zum Bereich der Kulturpolitik gehörenden Fragen nach 1933 dem Reichsministerium für Volksaufklärung und Propaganda unter J. Goebbels. Durch Gesetz vom 22. 9. 1933 wurde darin die „Reichskulturkammer“ mit Goebbels als dirigistisch agierendem Präsidenten geschaffen. Sie diente als berufsständisch strukturierte Körperschaft des Öffentlichen Rechts der Lenkung und Kontrolle des gesamten Kulturlebens im Sinne der nationalsozialistischen Ideologie. Gegliedert in Reichskammern für Schrifttum, Presse, Rundfunk, Theater, Musik, Film und Bildende Künste zählte sie infolge der gebotenen Zwangsmitgliedschaft aller im kulturellen Bereich Berufstätigen – ausübende Künstler ebenso wie Techniker oder Materiallieferanten – bereits 1935 über 100000 Mitglieder. Voraussetzung für die Mitgliedschaft war neben der deutschen Staatsangehörigkeit die „arische Abstammung“. Nichtmitgliedschaft bzw. Ausschluss bedeuteten in der Regel ein Berufsverbot.

„Amt Rosenberg“

Die „Reichskulturkammer“ dominierte den Kulturbetrieb des Dritten Reiches jedoch nicht unumschränkt. Eine Art konkurrierende Instanz bildete das am 24. 1. 1934 geschaffene „Amt für die Überwachung der gesamten geistigen und weltanschaulichen Schulung und

Erziehung der NSDAP“ unter A. Rosenberg, der bereits seit 1927/28 mit dem „Kampfbund für deutsche Kultur“ ein Instrument zur Durchsetzung völkisch-nationalsozialistischer Kunstvorstellungen und Weltanschauungsinhalte besaß. Institutionell und personell weitaus weniger durchstrukturiert als die Reichskulturkammer, erwies sich das „Amt Rosenberg“ im innerparteilichen Macht- und Richtungskampf den Aktivitäten des Reichspropagandaministers zwar schon nach kurzer Zeit als unterlegen, beanspruchte aber, zumindest bis 1939/41, Mitspracherechte in fast allen Fragen der Kulturpolitik und trug so im Sinne eines Konkurrenzorgans zu deren „polykratischer“ Zersplitterung bei.

„Kraft durch Freude“: R. Ley

Letzteres galt auch für die Aktivitäten der zur Deutschen Arbeitsfront gehörenden „NS-Gemeinschaft Kraft durch Freude“, die seit ihrer Gründung am 27. 11. 1933 unter R. Ley die staatliche Organisierung, Normierung und Indoktrinierung kollektiver Freizeitgestaltung vor allem durch kulturelle, sportliche und touristische Massenaktivitäten für Berufstätige aller Sozialschichten betrieb.

Kulturpolitische Kontroversen in der Frühzeit des Regimes

Den aus alledem resultierenden Kompetenzstreitigkeiten der verschiedenen, mit „Kultur“ befassten Institutionen entsprachen unterschiedliche kunstpolitische Konzeptionen ihrer jeweiligen Träger, die besonders in den Anfangsjahren des Regimes aufeinander trafen. Rosenbergs antimodernistische Diffamierung der künstlerischen und literarischen Avantgarde wurde von dem hier weniger ideologisch fixierten Goebbels nicht ausnahmslos geteilt. Zwar trug auch er die nach 1933 einsetzenden Säuberungsaktionen zur Beschlagnahmung „entarteter Kunst“ und „unerwünschter Literatur“ maßgeblich mit. Gleichwohl schien der Reichspropagandaminister eine Zeitlang jenen Anhängern der modernen Kunst innerhalb der NSDAP Gehör zu schenken, denen an einer Rehabilitierung vor allem der expressionistischen Malerei als spezifisch „nordischer“ Kunstäußerung gelegen war. Ausstellungen entsprechender Werke konnten jedoch trotz Goebbels'scher Protektion nicht verhindern, dass sich ab 1935 die „völkische“ Linie Rosenbergs durchzusetzen begann, zumal Hitler in seinen Nürnberger Parteitagsreden von 1934 und 1935 gegen die Arbeiten moderner „Kunstverderber“ ausdrücklich polemisiert hatte. Die 1935 in Nürnberg, 1937 in München gezeigten Ausstellungen „Entartete Kunst“ dokumentierten, ebenso wie die sie flankierenden Maßnahmen zur Konfiszierung und Veräußerung entsprechender Kunstwerke – bei nahezu zeitgleich erfolgender Präsentation systemkonformer Malerei im „Haus der Deutschen Kunst“ in München – den endgültigen Triumph der modernitätsfeindlichen Ausrichtung nationalsozialistischen Kunstgeschmacks.

Keine „Monokratie"

Dennoch verblieb nach 1933 auf zahlreichen kulturellen Betätigungsfeldern eine zwar begrenzte, aber doch deutlich ausmessbare Bandbreite geduldeter öffentlicher Äußerungsformen, die mit den Weltanschauungsinhalten der nationalsozialistischen Ideologie keineswegs nahtlos übereinstimmten, dem Bild von einem monolithisch strukturierten Führerstaat vielmehr deutlich widersprachen.

Pressepolitik

Von den wirkungsvollsten Instrumenten nationalsozialistischer Kulturpolitik – den Massenmedien Presse, Film und Rundfunk – bot das Pressewesen die vergleichsweise größten nach 1933 fortexistierenden Teilfreiheiten. Zwar waren Lenkung und Kontrolle der Presse im nationalsozialistischen Sinn durch gesetzliche Beseitigung der Presse- und Meinungsfreiheit („Verordnung zum Schutze des deutschen Volkes", 4. 2. 1933; „Verordnung zum Schutz von Volk und Staat", 28. 2. 1933) sowie durch Knüpfung jeglicher Redaktionstätigkeit an politische und rassische Voraussetzungen („Schriftleitergesetz", 4. 10. 1933) generell gesichert. Die dadurch bewirkte Konzentration im Verlagswesen ließ bis 1939 den Eher-Verlag, Zentralverlag der NSDAP mit ca. 35 000 Beschäftigten in 150 angeschlossenen Verlagen und über 80%igem deutschen Marktanteil, zum größten Pressekonzern der Welt aufsteigen. Zugleich verminderte sich die Zahl der im Reich erscheinenden Zeitungen und Zeitschriften bis Kriegsbeginn um nahezu die Hälfte. Für die verbliebenen Organe wurden auf täglichen Pressekonferenzen der Reichsregierung in jeweiligen „Sprachregelungen" und „Tagesparolen" ideologische Vorgaben für die Berichterstattung formuliert.

Begrenzter Pluralismus im Zeitungswesen

Trotzdem blieben im Pressewesen, zumindest bis Kriegsausbruch, Elemente einer begrenzten Nonkonformität bestehen. Tageszeitungen wie die „Frankfurter Zeitung" (bis 1943) oder das „Berliner Tageblatt" (bis 1936), Zeitschriften wie die „Deutsche Rundschau" (Herausgeber: R. Pechel), „Die Hilfe" (Herausgeber: Th. Heuss) oder „Hochland" (Herausgeber: C. Muth) vermochten ein gewisses Maß an kritisch-distanzierter Eigenständigkeit zu bewahren. Sie erfüllten damit freilich zugleich, ganz im Sinne der nationalsozialistischen Führung, eine letztlich systemstabilisierend wirkende Ventilfunktion nach innen und eine Alibifunktion für die ausländische Öffentlichkeit. Auch fremdsprachige Presseerzeugnisse, jedenfalls solche des westlichen Auslandes, waren bis zum Beginn des Krieges in den deutschen Großstädten präsent. Selbst manche unmittelbar vom Regime verantwortete Blätter, etwa die Wochenzeitschrift „Das Reich" (Herausgeber: J. Goebbels), suggerierten durch die Duldung qualitativ anspruchsvoller Beiträge jüngerer nichtnationalsozialistischer Autoren ein Maß an Urbanität, das angesichts der real gegebenen politischen Unterdrückungsmechanismen allerdings illusionären Charakter besaß.

Film

Illusionen anderer Art vermittelte die nach 1933 staatlicher Kontrolle unterworfene und von Goebbels dominierte Filmproduktion des Dritten Reiches. Gegenüber politischen Propagandafilmen ausgesprochen nationalsozialistischen Inhalts (V. Harlan: „Jud Süß“, 1940) überwog klar das Genre „heiterer“ Unterhaltungsstreifen, die von den etwa 1100 zwischen 1933 und 1945 in Deutschland produzierten Spielfilmen 50% ausmachten („ernste“ Filme: 27%; „politische“ Filme: 14%; Propagandafilme: 11%). Dass auch die vordergründig unpolitischen Komödien-, Musik- und Unterhaltungsfilme einen durchaus politischen, später sogar „kriegswichtigen“ Zweck zu erfüllen hatten – den der Verbreitung optimistischer Gesinnung angesichts einer seit 1939 zusehends als drückend empfundenen Alltagstristesse –, unterstrich einmal mehr die Entlastungs- bzw. Ablenkungsfunktion von „Kultur“ im Dienst einer Stabilisierung diktatorischer Macht.

Rundfunk

Auch der Rundfunk bot nur in den Anfangsmonaten des Regimes das Bild eines sich durch massive Propaganda decouvrierenden kulturpolitischen Herrschaftsinstruments. Der ursprünglich auf dem Prinzip der Parität und Pluralität gesellschaftlicher Gruppeninteressen beruhende Staatsrundfunk der Weimarer Zeit wurde zwar monopolisiert. Doch ab Ende 1933 überwogen auch hier politikferne Entspannungs- und Unterhaltungssendungen (nach Kriegsbeginn durchweg ca. 80%), deren Tendenz zur Vorspiegelung einer harmonisch verklärten Scheinwelt fiktive gesamtgesellschaftliche Identifikationsmöglichkeiten bot. Die seit 1933 massenweise produzierten „Volksempfänger“ – ein seit 1936 in Planung befindlicher „Fernseh-Volksempfänger“ gelangte kriegsbedingt nicht mehr zur Herstellung – ließen den schon am Ende der Weimarer Republik beträchtlichen Anteil der Hörer weiter in die Höhe schnellen.

„Massenkultur“ als Ideologie

Einen ideologisch stärker die Vorgaben des Regimes spiegelnden Charakter trugen hingegen die von der „NS-Gemeinschaft Kraft durch Freude“ („Amt Feierabend“, seit 1936) organisierten und kontrollierten Maßnahmen im Bereich der Freizeitkultur. Ihre Bandbreite reichte von Kunstausstellungen, Konzerten und Theateraufführungen über Varietés, Tanzvergnügungen und Erwachsenenbildungskursen bis zu Reiseveranstaltungen und „völkisch“ ausgerichteter Brauchtumspflege. Erklärtes Ziel dieser ein Millionenpublikum einbeziehenden und ab 1939 durch Einrichtung von Truppenbetreuungsstellen noch einmal gebündelten Aktivitäten war die kulturelle Integration der Arbeiterschaft in die zu formierende „Volksgemeinschaft“. Diese Intention lag auch den

Unternehmungen des von A. Speer geleiteten, eine Ästhetisierung des Arbeitsalltags betreibenden „Amt Schönheit der Arbeit" zugrunde. Hier griff das Dritte Reich auf Bestrebungen der Zeit vor 1933 („Bauhaus") bzw. vor 1914 („Deutscher Werkbund") zurück, in deren Umfeld bereits intensiv an einer Versachlichung der Arbeitsatmosphäre mittels funktionsbezogener Produktästhetik und zweckorientierter Industriearchitektur gearbeitet worden war.

NS-Erziehungswesen

Im Bereich des Erziehungswesens schließlich übernahm seit März bzw. Mai 1934 das preußische Kultusministerium als „Reichs- und Preußisches Ministerium für Wissenschaft, Erziehung und Volksbildung" unter B. Rust von den Ländern die Aufgaben einer zentralen Schulbehörde des Reiches. Doch auch sein Wirkungsradius wurde durch erziehungspolitische Aktivitäten von Parteidienststellen konterkariert. Konkurrenz erwuchs den staatlichen Normalschulen dabei vor allem durch die „Nationalpolitischen Erziehungsanstalten", die „Adolf-Hitler-Schulen" und die „Ordensburgen", die der politischen Auslese und Herausbildung einer nationalsozialistischen Führungselite dienten. Hier herrschte – wie auch in der im Dezember 1936 als Pflichtorganisation aller Jugendlichen zwischen zehn und achtzehn Jahren installierten „Hitlerjugend" mit ihren Untergliederungen „Jungvolk", „Jungmädelbund" und „Bund deutscher Mädel" – der unbedingte Primat weltanschaulicher Indoktrination, während im Normalschulunterricht zahlreiche bildungsbürgerliche Traditionselemente weiterwirkten, die eine partiell durchaus ideologiefreie Wissensvermittlung ermöglichten. Lehrpläne und Schulbücher aus der Zeit der Weimarer Republik blieben noch bis in die frühen 1940er Jahre gültig. Ein „gespaltenes Bewußtsein" (H.-D. Schäfer), nicht totalitäre Uniformität, erweist sich so als charakteristisches Merkmal nahezu aller Felder und Bereiche nationalsozialistischer Kulturpolitik.

„Hitlerjugend"

3.2 *Universitätsleben und Wissenschaften*

Kompetenzenpluralismus in der nationalsozialistischen Wissenschaftspolitik

Ähnlich wie im kulturpolitischen Sektor konkurrierten auch auf wissenschaftspolitischem Gebiet nach 1933 verschiedene Institutionen miteinander im Bemühen um die Durchsetzung der nationalsozialistischen Lehre – neben dem „Reichsministerium für Wissenschaft, Erziehung und Volksbildung" (Leiter: B. Rust) vor allem der „Nationalsozialistische Deutsche Dozentenbund" (Leiter: W. Schultze) sowie das „Amt Wissenschaft" der Dienststelle Rosenberg (Leiter: A. Bäumler). Hinzu kamen sektoral tätige Einrichtungen einzelner Parteigliederungen wie beispielsweise die SS-Forschungsgemeinschaft „Ahnenerbe e.V." (Präsident: H. Himmler) oder das „Reichsinstitut für Geschichte des neuen Deutschlands" (Präsident: W. Frank), die in ihrem Ringen um personalpolitische Einflussnahme auf Universitäten, Technische Hochschulen und Pädagogische Akademien der Wissenschaftspolitik des Dritten Reiches einen äußerst heterogenen, von Machtkämpfen und Kompetenzstreitigkeiten geprägten Charakter verliehen. Einer zielbewussten Lenkung von Forschung und Lehre im Sinne der nationalsozialistischen Ideologie waren damit Grenzen gesetzt.

„Parteilichkeit" der Wissenschaften

Gleichwohl verfochten alle diese Institutionen, unabhängig von sachlichen und inhaltlichen Differenzen, ein spezifisches Wissenschaftskonzept, in dessen Mittelpunkt nicht mehr die Forderung nach Voraussetzungslosigkeit, Wertfreiheit und Wahrheitsstreben stand, sondern das Postulat einer programmatischen Ausrichtung aller Forschungsinteressen im Sinne der NSDAP. Statt „Objektivität" war jetzt Parteilichkeit gefragt, d.h. Indienstnahme sämtlicher Disziplinen gemäß den ideologischen Vorgaben des Regimes, orientiert an den Schlüsselwörtern „Rasse", „Führertum", „Volksgemeinschaft". Einer solchen Wissenschaftspolitik galten die Universitäten nur noch bedingt als Stätten ernsthafter Forschung und Wissensvermittlung. Vorrangig kam ihnen nun die Aufgabe weltanschaulicher Erziehung und Indoktrination zu.

Organisatorische Maßnahmen seit 1933

Der Durchsetzung dieser Zielvorgaben diente eine Reihe organisatorischer Maßnahmen, mittels derer die nationalsozialistische Führung eine weitgehende „Gleichschaltung" des akademischen Lehrkörpers zu erreichen hoffte. Das am 7. 4. 1933 erlassene „Gesetz zur Wiederherstellung des Berufsbeamtentums" bot die Handhabe zur Entlassung jüdischer und politisch missliebiger Professoren bzw. Dozenten, von denen bis zum Wintersemester 1934/35 1145 – etwa 15% der gesamten deutschen Hochschullehrerschaft, darunter 20 Nobelpreisträger – aus dem Universitätsdienst entfernt wurden. Bis 1939 waren ca. 2000 Professoren amtsenthoben und damit im Vergleich zu 1933, allerdings auch infolge von Emeritierungen, ca. 45% des akademischen Lehrkörpers ausgewechselt. – Der Aufhebung inneruniversitärer Autonomie diente die von den Kultusministern am 28. 10. 1933 verfügte Übertragung des „Führerprinzips" auf das Hochschulwesen („Vorläufige Maßnahmen zur Vereinfachung der Hochschulverwaltung" bzw. „Richtlinien zur Vereinheitlichung der Hochschulverwaltung", 1. 4. 1935). Dadurch, dass der Rektor als „Führer" der Universität nun nicht mehr von seinen einem örtlichen „Dozentenbundführer" unterstellten Professorenkollegen gewählt, sondern staatlicherseits eingesetzt wurde und aus eigener Entscheidung die Dekane der einzelnen Fakultäten er-

Durchsetzung des „Führerprinzips" an den Universitäten

nannte, entfiel die traditionelle korporative Selbstverwaltungsstruktur der Universität. – Die Reichshabilitationsordnung vom 13. Dezember 1934 schließlich band die Möglichkeit zur Habilitation an die Voraussetzung vorher einzulösender Arbeitsdienstpflicht, weltanschaulicher Schulungskurse mit „Charakterbeurteilung" und „politischer Überzeugungsprüfung" in „Dozentenlagern", wodurch die akademischen Karrierechancen massiv von außerwissenschaftlichen Faktoren bestimmt wurden.

Restriktionsmechanismen

Trotz derartiger Maßnahmen gelang die angestrebte Politisierung bzw. Ideologisierung des Universitätslebens nach 1933 nur begrenzt. Zwar gab es einzelne Disziplinen, die für eine Indienstnahme seitens der rassistischen und antisemitischen Vorgaben des Regimes besonders anfällig waren – Volkskunde und Germanistik etwa, aber auch Biologie und Geschichtswissenschaft –, und es profilierten sich in nahezu allen Fächern, zumindest zeitweise, prominente Verfechter einer Anpassung an das nationalsozialistische System – so in der Philosophie (z.B. M. Heidegger, E. Rothacker), der Geschichtswissenschaft (z.B. K. A. von Müller), der Kunstgeschichte (z.B. W. Pinder), der Soziologie (z.B. H. Freyer, A. Gehlen), der Rechtswissenschaft (z.B. E. R. Huber, C. Schmitt), der Klassischen Altertumskunde (z.B. H. Berve, F. Altheim) oder auch der Physik (z.B. Ph. Lenard, J. Stark). Doch tonangebend waren diese anpassungsbereiten und gleichschaltungsbeflissenen Stimmen nicht. Sie repräsentierten zahlenmäßig nur eine Minderheit des Professorenstandes, dessen weit überwiegender Teil eine dezidierte Ideologisierung des Wissenschaftsbetriebs ablehnte und weiterhin fachlich qualifizierte Spezialforschung auf hohem Niveau betrieb.

Unterschiedliche Formen der Indienstnahme von Wissenschaften

Zwischen „Anpassung" und „Abwehr": fließende Grenzen

Allerdings waren die Grenzen hier in mehrfacher Hinsicht fließend. Prinzipiell hatte sich an der eher distanzierten Haltung, mit der die deutschen Hochschullehrer dem Nationalsozialismus vor 1933 mehrheitlich begegnet waren, wenig geändert. Das von führenden Repräsentanten der NSDAP lautstark artikulierte anti-intellektualistische Ressentiment war für dieses distanzierte Verhältnis ebenso mitverantwortlich wie die Tatsache, dass die traditionell national-konservative Orientierung der meisten deutschen Universitätsprofessoren der Radikalität und Rigorosität vieler nationalsozialistischer Weltanschauungspostulate nur bedingt zu folgen vermochte. Anders als unter den Studenten, von denen sich schon in der Spätphase der Weimarer Republik große Teile dem Nationalsozialismus zugewandt hatten, war die Zahl der sich durch Parteimitgliedschaft offen zur NSDAP Bekennenden in den Reihen der Hochschullehrer, abgesehen von einigen jüngeren Assistenten und Privatdozenten, zunächst denkbar gering. Und auch wenn

Distanzwahrung

der Zustrom von Wissenschaftlern in die Gliederungen der Partei seit der Machtübernahme kontinuierlich anstieg – zuletzt, 1945, zählten ca. 70% der Universitätslehrer zur NSDAP –, verharrte die Professorenschaft mehrheitlich in einer Haltung passiver Hinnahme bzw. situationsbedingter Konzessions- und Indienstnahmebereitschaft, ohne dabei eine rückhaltlose Identifizierung mit den Zielen des Regimes zu offenbaren. Andererseits boten sich auch schon vor 1933 immer wieder Berührungspunkte und Affinitäten zwischen nationalkonservativen und nationalsozialistischen Vorstellungswelten, so dass sich, besonders in den geisteswissenschaftlichen Disziplinen, eine vielfach ambivalente, im Einzelnen zumeist nur schwer zu differenzierende Gemengelage ergab. Jedenfalls bestanden zahlreiche Möglichkeiten, sich den totalitären Zumutungen nationalsozialistischer Wissenschaftsideologie unter Nutzung akademischer Nischen zu entziehen. Selbst in einer politisch so sensiblen Disziplin wie der Geschichtswissenschaft mischten sich Opportunismus in der Terminologie, der Themenwahl und den Bewertungsgrundsätzen einerseits oftmals mit einem begrenzten Nonkonformismus andererseits, und aufs Ganze gesehen gelang die intendierte Etablierung einer spezifisch nationalsozialistischen Geschichtswissenschaft nicht. Dies veranschaulicht einmal mehr die bereits vermerkte Diskrepanz zwischen Anspruch und Wirklichkeit des totalitären Führerstaates. Ein monolithischer Block ist das Dritte Reich auch auf wissenschaftspolitischem Sektor bis zuletzt nicht gewesen.

Affinitäten

Wissenschaft als „Nische"?

3.3 Exil, Kollaboration und „Innere Emigration"

Künstler und Nationalsozialisten

Dieser Befund bestätigt sich mit Blick auf das künstlerische Leben in Deutschland nach 1933. Obwohl vom Anspruch her eine totale Lenkung und Kontrolle der gesamten Kulturwelt angestrebt wurde, vermochte die nationalsozialistische Führung auch hier nicht zu verhindern, dass vor allem auf literarischem Gebiet zahlreiche Residuen für eine nichtsystemkonforme künstlerische Artikulation bestanden, teilweise vom Regime sogar bewusst toleriert wurden. Grundsätzlich boten sich für die in Deutschland tätigen Repräsentanten des geistigen und künstlerischen Lebens *drei* Optionen im Umgang mit der nationalsozialistischen Herausforderung: (a) der Gang ins Exil; (b) die partielle oder vollständige Identifikation mit dem Regime; (c) der Versuch, trotz Verbleibens in Deutschland ein möglichst hohes Maß an moralischer Integrität, ideologischer Nonkonformität und ästhetischer Qualität zu bewahren. Die erste Option war eindeutig. Zwischen der zweiten und der dritten hingegen gab es zahlreiche Überschneidungen, die eine klare Trennung „systemkonformer“ und „regimekritischer“ bzw. nichtnationalsozialistischer künstlerischer Artikulation im Dritten Reich erschweren.

Emigration und Exil

(a) Die Hauptvertreter der avantgardistischen und linksorientierten Richtung des Weimarer Kulturlebens waren überwiegend bereits kurz nach Hitlers Machtantritt emigriert. Auf dem Gebiet der Bildenden Kunst traf dieses Schicksal vor allem die Exponenten der nun als „entartet“ diffamierten Abstrakten Malerei, des Expressionismus, Verismus und Surrealismus. Zu den ins Exil Getriebenen zählten zahlreiche angesehene Repräsentanten der modernen Malerei (z. B. M. Beckmann, G. Grosz, P. Klee, O. Kokoschka) und Architektur (z. B. W. Gropius, L. Mies van der Rohe), von denen es manchen gelang, in ihren jeweiligen Exilländern dauerhaft Fuß zu fassen. Andere führende Künstler der Weimarer Avantgarde hingegen blieben in Deutschland, so die Maler O. Dix, E. Nolde, K. Schmidt-Rottluff, der Bildhauer E. Barlach, der Architekt P. Behrens. In der Regel mussten sie auf eine öffentliche Präsentation ihrer Werke verzichten, vielfach erhielten sie Mal- bzw. Ausstellungsverbot. Der Wirkungsradius nichtkonformer Bildender Künstler im Dritten Reich war damit äußerst gering, im Unterschied zur Lage der Schriftsteller, denen sich partielle Rückzugs- bzw. Ausweichsmöglichkeiten boten.

Bildende Künstler

Schriftsteller

Gleichwohl besaß die kulturelle Emigration nach 1933 im Bereich der Literatur einen besonderen Schwerpunkt. Von den Autoren, die Deutschland verließen, hatten bereits damals viele einen internationalen Ruf, so B. Brecht, A. Döblin, St. George, H. und Th. Mann, J. Roth, F. Werfel, St. Zweig, C. Zuckmayer. Anders als die meisten exilierten Bildenden Künstler haben die emigrierten Schriftsteller ihre exilspezifische Lage vielfach ausdrücklich thematisiert und problematisiert, so dass der Begriff „Exilliteratur“, bei aller inhaltlichen Heterogenität der ihr zuzurechnenden Autoren, im Blick auf die Beschreibung der äußeren Existenzbedingungen eine feste Größe in der deutschen Dichtung des 20. Jahrhunderts bezeichnet. Zahlreiche exilbedingte Besonderheiten und Herausforderungen erwiesen sich hier als formprägendes Moment – von der erschwerten Rezeptionsmöglichkeit infolge eines drastischen Rückgangs der Leserschaft über die teilweise äußerst angespannten materiellen Existenzbedingungen vieler Autoren bis hin zu deren verstärkter Auseinandersetzung mit tagespolitischen Problemen bei gleichzeitigem Zurücktreten des innovativen künstlerischen Gestaltungswillens. Eine haltungsmäßige Einheit der Exilschriftsteller gab es infolge weltanschaulicher Richtungskämpfe indes nicht.

Für die emigrierten Vertreter der Darstellenden Künste, etwa Komponisten wie P. Hindemith und A. Schönberg, Dirigenten wie O. Klemperer und B. Walter, Regisseure wie F. Lang und M. Reinhardt oder Schauspieler wie M. Dietrich und Th. Giese brachten die Exiljahre wieder andere Erfahrungen, weil hier die in der Regel weniger textgebundene Form künstlerischer Artikulation weitaus bessere Kommunikationsmöglichkeiten mit dem potenziellen Publikum des jeweiligen Gastlandes bot.

Darstellende Kunst

(b) Nach der gewollten und bewusst betriebenen Ausschaltung großer Teile der Weimarer Avantgardekunst blieben der nationalsozialistischen Führung auf kulturellem Gebiet als mögliche Kooperationspartner vor allem jene, die sich bereits in den Jahren der Republik mehr oder weniger stark als Verfechter einer völkisch-nationalen „Erneuerung" zu profilieren versucht hatten und 1933 ihre Ziele für erreicht hielten. Während prominente Repräsentanten der modernitätskritischen Avantgarde, bei partiell gegebenen Überschneidungen mit einzelnen Ideologiesegmenten der NSDAP, trotz versuchter Vereinnahmung (z.B. E. Jünger) bzw. kurzfristigen Zusammengehens (z.B. G. Benn) zum Dritten Reich auf Distanz gingen, fanden die meisten Vertreter der Weimarer „Antimoderne" zu einem dauerhaften Arrangement mit dem Nationalsozialismus.

„Systemkonforme" Kunst

Von einer originär nationalsozialistischen Literatur kann gleichwohl nur in Ausnahmefällen, etwa bei der Parteilyrik oder der versuchten Schaffung eines „Saga"-Stils, gesprochen werden. Als typische Form systemaffirmativer Dichtung erwiesen sich vielmehr jene Werke bzw. Werkgruppen, deren Inhalte mit einzelnen Komponenten nationalsozialistischer Ideologie und Politik übereinstimmten: Romane und Erzählungen, die der Welt industrieller Zivilisation das Bild einer in „Heimat", „Erde" und „Natur" wurzelnden, von den irrationalen Kräften des „Blutes" und der „Rasse" gespeisten ländlich-bäuerlichen Existenzform entgegensetzten (z.B. H. Grimm, A. Miegel); Romane und Dramen, die der nordisch-germanischen Vorzeit oder der deutschen Vergangenheit ganz allgemein eine im Dienst des „Volkstums" und der „Volksgemeinschaft" wirksame Entwicklungstendenz unterstellten (z.B. H. F. Blunck, H. Johst, E. G. Kolbenheyer); Prosa und Lyrik, die eine Verherrlichung des Soldatisch-Heldenhaften betrieben und damit die Nation zu Kampf und Opfer stimulieren wollten (z.B. W. Beumelburg, H. Zöberlein).

Nationalsozialistische Literatur

Für die nach 1933 mit dem Regime kooperierenden Bildenden Künstler war die Erlangung öffentlicher Anerkennung und staatlicher Förderung verbunden mit dem weitgehenden Verzicht auf den An-

Bildende Kunst im Dritten Reich

schluss an internationale Standards, deren Maßstäbe nun nicht zuletzt von den aus Deutschland Emigrierten und Vertriebenen gesetzt wurden. Dies galt besonders für die im Dritten Reich offiziell favorisierte Malerei, die einem naiven gegenständlichen Realismus bzw. Naturalismus unter Bevorzugung bäuerlicher bzw. „wehrhafter" Sujets huldigte (z. B. W. Peiner). In der Plastik dominierte das Streben nach pathetischer Heroisierung und ästhetischer Stilisierung des menschlichen Körpers (z. B. A. Breker), in der Architektur ein allerdings auch außerhalb Deutschlands weit verbreiteter Hang zu neoklassizistisch grundierter Monumentalität (z. B. A. Speer), bei partiellem Fortbestand moderner funktionaler Stilprinzipien, vor allem im Wohnsiedlungsbau und in der Industriearchitektur (z. B. P. Behrens).

Musik

Auf dem Gebiet der Musik schließlich hielten sich unter den in Deutschland Gebliebenen die Vertreter traditionalistischer (z. B. H. Pfitzner, R. Strauss) und gemäßigt modernistischer Kompositionsweise (z. B. W. Egk, C. Orff) im Gleichgewicht.

Die Rolle der „Inneren Emigranten"

(c) In einer schwierigen Situation befanden sich jene Künstler, vor allem Schriftsteller, die sich der Alternative „Emigration oder Kollaboration" entzogen, d.h. in Deutschland blieben, ohne auf öffentliches Wirken zu verzichten, und dennoch eine Kontrastposition zu den weltanschaulichen Vorgaben des Regimes zu beziehen versuchten. Wie auf den Feldern des Pressewesens und der Wissenschaften bot sich auch im literaturpolitischen Bereich nach 1933 trotz aller staatlichen Repressions- und Zensurmaßnahmen einiger Spielraum für eine begrenzte Vielfalt der dichterischen Aussage. Die Spannweite der damit gegebenen Möglichkeiten zur „Inneren Emigration" reichte von verhaltener Kompromiss- und Anpassungsbereitschaft (z. B. H. Carossa) über distanzwahrendes Ausweichen in die unverbindlich-unpolitischen Genres der Naturlyrik oder der Reiseliteratur bis hin zu verhaltener Regimekritik (z. B. W. Bergengruen, R. Schneider, E. Wiechert). Vielfach erfolgte solcher Widerspruch in chiffrierter Form, etwa durch Präsentation historisch verkleideter Gegenwelten, deren moralische Intaktheit als Spiegelbild zur totalitär deformierten Gegenwart erschien. Dass paradoxerweise gerade die Existenz derart eindeutig nonkonformistischer, begrenzt widerständiger Tendenzen im literarischen Leben Deutschlands zwischen 1933 und 1945 auch systemstabilisierende Wirkung haben konnte – Ablenkungsfunktion nach Innen, Alibifunktion für das Ausland –, bezeichnet einmal mehr die Chancen und Grenzen künstlerischer Opposition im Nationalsozialismus. Jedenfalls trug nicht zuletzt die Literatur der „Inneren Emigration" zur Aufrechterhaltung eines Grundbestandes ethischer Normen und unanfechtbarer humaner Standards angesichts der Herausforderung durch den Totalitarismus bei. Sie konservierte, hierin durchaus der Exilliteratur verwandt, ein unbeschädigtes Bild vom Menschen, an dessen Schattenrisse diejenigen anknüpfen konnten, die sich nach dem Zusammenbruch von 1945 um einen geistigen Wiederaufbau bemühten.

4. Kultur, Wissenschaft und Bildung in der Bundesrepublik Deutschland 1945/49–1990

4.1 Wiederaufbau und Konsolidierung: 1945–1960

Kommunale Kulturpflege nach 1945

Das sich nach dem Zusammenbruch des Dritten Reiches erstaunlich rasch regenerierende kulturelle Leben Deutschlands fand zunächst vor allem im lokalen und regionalen Raum seinen Mittelpunkt. Die Kommune als kleinste, 1945 allein noch einigermaßen funktionierende Verwaltungseinheit wurde zum wichtigsten Ort der Kulturentfaltung und -vermittlung. Städtischen Initiativen – besonders im Bereich des Bibliothekswesens, des Theater-, Musik- und Ausstellungslebens sowie der Erwachsenen- und Jugendbildung – verdankte die Kulturlandschaft der Trümmerzeit einen Großteil ihrer vierjährigen Blüte bis zur Währungsreform (20. 6. 1948), die, zumindest in den drei westlichen Besatzungszonen, einen drastischen Rückgang des Interesses an nahezu allen Äußerungsformen des kulturellen Lebens zugunsten einer nun wieder verstärkt möglichen Befriedigung materieller Konsumbedürfnisse zur Folge hatte.

Alliierte „Re-education“

Im Rahmen des Umerziehungs- und Demokratisierungskonzepts der alliierten Besatzungsmächte („Re-education“) kam der Konsolidierung des geistig-kulturellen und bildungsmäßigen Sektors herausragende Bedeutung zu. Durch Einrichtung von „Kulturhäusern“ in fast allen westdeutschen Großstädten („Amerika-Haus“, „British Centre – Die Brücke“, „Centre Culturel – Französisches Institut“) sollte der akute Informationsbedarf des deutschen Publikums an bisher weitgehend unzugänglichem Kulturgut des Auslands vor allem mittels Imports literarischer Erzeugnisse aus dem internationalen Sprachbereich befriedigt werden.

Umstrukturierung des Pressewesens

Parallel dazu liefen die Bemühungen der Westalliierten um eine Neuformierung des deutschen Pressewesens im Sinne eines Aufbaus demokratisch-pluralistischer Medienstrukturen. Die Übertragung des zunächst bei den Besatzungsmächten liegenden Informationsmonopols auf deutsche Lizenznehmer für Zeitungen, Zeitschriften und Bücher erfolgte in der britischen und amerikanischen Zone unter der Bedingung einer in Deutschland bisher, auch vor 1933 nicht üblichen Trennung zwischen Nachrichtenteil und redaktionellem Kommentar. Auf diesem Weg entstanden ab Mitte 1945 – neben den eigenen Organen der Alliierten („Tägliche Rundschau“, „Die Neue Zeitung“, „Die Welt“) – zahlreiche deutsche Tages- (z. B. „Süddeutsche Zeitung“) und Wochenblätter (z. B. „Die Zeit“, 1946; „Der Spiegel“, 1947) sowie auf geistig-moralische Fundamentalerneuerung zielende Kulturzeitschriften von teilweise beachtlichem Niveau (z. B. „Die Sammlung“, „Merkur“, „Die Wandlung“), von denen freilich die meisten ihr Erscheinen nach kurzer Zeit wieder einstellen mussten. Nach Aufhebung des Lizenzzwanges (21. 9. 1949) kam es zu einer rasanten Expansion im Pressewesen, vor allem durch die Gründung von publikumsbezogenen Illustrierten („Stern“, „Quick“), modischen Jugendzeitschriften („Bravo“) und programmbegleitenden Hörfunk- bzw. Fernsehzeitschriften („Hör zu“, „Funkuhr“).

Neuformierung des Rundfunks

Die Installierung eines öffentlich kontrollierten und föderalistisch strukturierten Rundfunksystems seitens der Alliierten in den Westzonen erfolgte nach unterschiedlichen Prinzipien. Während Briten und Franzosen jeweils nur einen Sender für ihre gesamte Zone schufen („Nordwestdeutscher Rundfunk“ in Hamburg bzw. „Südwestfunk“ in Baden-Baden), gründeten die Amerikaner verschiedene Sendeanstalten („Bayerischer Rundfunk“, „Süddeutscher Rundfunk“, „Hessischer Rundfunk“, „Radio Bremen“), was zu einer starken Dezentralisierung des Hörfunks in der Bundesrepublik führte. Diese Tendenz wurde durch die Einrichtung zusätzlicher Anstalten („Sender Freies Berlin“, 1953; „Westdeutscher Rundfunk“, 1954) noch verstärkt. Große Bedeutung gewann der Rundfunk in der Folgezeit nicht nur als Transportmedium für leichte Unterhaltung („Schlager“), sondern auch als Vermittler anspruchsvoller Literatur im Hörspiel (z. B. F. Dürrenmatt, G. Eich, M. Frisch), bevor sich dann ab Mitte der 1950er Jahre das Fernsehen als maßgebliches Unterhaltungs-, Bildungs- und Informationsmedium durchzusetzen begann. Nach Schaffung der organisatorischen Grundlage („Arbeitsgemeinschaft der öffentlich-rechtlichen Rundfunkanstalten Deutschlands/ARD“, 1950) und Beginn eines regelmäßigen Sendebetriebs (25. 12. 1952) stiegen die Programm-Teilnehmerzahlen rapide (1953: 11 658; 1961: 5 887 530). Ein 1961 auf Initiative der Bundesregierung gegründetes „Zweites Deutsches Fernsehen/ZDF“ ging ab 1. 4. 1963 bundesweit auf Sendung.

Anfänge des Fernsehens

„Demokratisierung des Bildungswesens“

Einen zentralen Bereich alliierter Reorganisationsbemühungen in Deutschland bildete das Erziehungswesen, dessen Strukturen (Lehrpersonal, Lehrpläne, Lehrmittel) von den Entnazifizierungsmaßnahmen zunächst am stärksten betroffen waren. Jede Besatzungsmacht verfolgte dabei unter dem Leitmotto einer „Demokratisierung des Bildungssystems“ in ihren Zonen unterschiedliche, an den jeweils eigenen Bildungs- und Schultraditionen orientierte Ziele. Strebte das französische Besatzungsregime nach Etablierung eines auf soziale Auslese und Elitebildung gerichteten Schulsystems, so bevorzugten Briten und Amerikaner das Modell einer die Kinder aller Sozialschichten zusammenführenden sechsjährigen Einheitsschule. In der Bundesrepublik setzte sich nach 1949 das überlieferte dreigliedrige Schulsystem (Volksschule, Realschule, Gymnasium) auf föderalistischer, d.h. länderspezifischer und zunächst auch konfessioneller Grundlage (Wiederherstellung der Bekenntnisschulen) gegenüber dem gleichfalls stark diskutierten Projekt eines die getrennten Schularten integrierenden Ausbildungssystems durch. Die bildungspolitischen Zielsetzungen beim Wiederaufbau im Westen blieben bei alledem vom Prinzip gesellschaftlicher, politischer, konfessioneller und regionaler Pluralität bestimmt.

Wiedereinführung des dreigliedrigen Schulsystems

Universitäten im Wiederaufbau

Der Lehrbetrieb der Universitäten war 1944/45 in West und Ost gleichermaßen zum Erliegen gekommen. Obgleich sich auch hier die Besatzungsmächte bemühten, ihre spezifischen bildungspolitischen Vorstellungen zur Geltung zu bringen, knüpfte die Erneuerung des Hochschulwesens im Westen während der bis Ende der 1950er Jahre dauernden Wiederaufbauphase an die Universitätstraditionen der Weimarer Zeit an. Infolge der ausgebliebenen Strukturreform dominierte weiterhin die Rolle des Ordinarius (Lehrstuhlinhaber bzw. Institutsleiter) als Vertreter seiner Wissenschaft in Forschung und Lehre sowie als Hauptträger der akademischen Selbstverwaltung, deren innere Autonomie (Fakultäten, Senat, Rektor) auch gegenüber den Ländern als den für Unterhalt und Ausbau der Hochschulen wie für Bildung, Wissenschaft und Kunst insgesamt zuständigen staatlichen Stellen erhalten blieb. Der Bund war vorerst nur konsultativ durch den 1957 als gemeinsames Beratungsgremium von Bund und Ländern gegründeten „Wissenschaftsrat“ an den Planungen zur Hochschulentwicklung beteiligt.

Einzelne Wissenschaften

Inhaltlich herrschten in fast allen Disziplinen der westdeutschen Wissenschaftslandschaft vorerst die Methoden, Schulen und Denkrichtungen aus der Zeit der Weimarer Republik vor, vielfach unter bewusster Wiederaufnahme mancher seit 1933 abgebrochener Traditionen, wenngleich sich die Zahl der nach 1945 aus dem Exil zurückgekehrten jüdischen Remigranten in West und Ost gleichermaßen in Grenzen hielt. Existenzphilosophie (M. Heidegger, K. Jaspers) und Philosophische Anthropologie (A. Gehlen, H. Plessner), eine stark geisteswissenschaftlich argumentierende Pädagogik (W. Flitner, Th. Litt, E. Spranger), Soziologie (R. König, H. Schelsky) und Politische Wissenschaft (Th. Eschenburg, D. Sternberger), eine um Erkenntnis „universaler" Zusammenhänge bemühte Kunst- (H. Lützeler, H. Sedlmayr) und Religionswissenschaft (G. Mensching, H.-J. Schoeps) bestimmten den akademischen Diskurs der 1950er Jahre ebenso nachhaltig wie der Wille zu interdisziplinären Brückenschlägen auf zahlreichen Feldern der Naturwissenschaften (W. Heisenberg, C. F. von Weizsäcker). Viele Fachrichtungen wurden in der frühen Bundesrepublik zudem durch Gelehrte geprägt, denen an einer Sichtbarmachung der geistigen Einheit Europas in humanistisch-abendländischer Perspektive gelegen war – von der Altphilologie (W. Schadewaldt) bis zur Romanistik (E. R. Curtius).

Kulturelle Trends nach 1945

Das kulturelle Leben nach 1945 bewegte sich im Westen gleichfalls in den Bahnen betont „abendländischer" Vorstellungshorizonte.

Literatur

Vor allem im Bereich der Literatur prägten zunächst die auf ein christlich-humanistisches Ethos rekurrierenden, an vertrauten Sprachformen und konservativen Erzählmustern orientierten traditionellen Autoren der „Inneren Emigration" die literarische Szene (z. B. St. Andres, W. Bergengruen, G. Fussenegger, E. Langgässer, G. von le Fort, E. Schaper, R. Schneider, E. Wiechert). Auch in den maßgeblichen Werken der jüngeren Schriftstellergeneration, deren Repräsentanten (z. B. I. Bachmann, H. Böll, G. Gaiser, K. Krolow, W. Schnurre) sich in der „Gruppe 47" zusammenfanden, standen, von einigen wenigen Ausnahmen abgesehen (W. Koeppen, „Das Treibhaus", 1953; G. Grass, „Die Blechtrommel", 1959), die konkrete Auseinandersetzung mit aktuellen politisch-gesellschaftlichen Gegenwartsfragen und die in großem Stil erfolgende Aufarbeitung der Zeit des Nationalsozialismus vorerst nicht unbedingt im Vordergrund. Gepflegt wurde in der Regel stattdessen die Besinnung auf überzeitliche Werte und Existenzfragen in oftmals zivilisationskritischer bzw. kulturpessimistischer „innerer Schau".

Bildende Kunst

Stärker als in der Literatur gelangte in der frühen Bundesrepublik auf dem Gebiet der Bildenden Kunst und der Musik die Moderne zu einer maßvollen öffentlichen Akzeptanz – trotz eines ihr aus kulturkonservativer Sicht noch immer vielfach unterstellten „Verlusts der Mitte" (H. Sedlmayr). Abstrakte, nichtgegenständliche Malerei (z. B. W. Baumeister, G. Meistermann, E. W. Nay) erschien in ihrer sublimierten Vergeistigung und Verdichtung oftmals als zeitgemäßer und angemessener Ausdruck künstlerischer Bewältigung einer aus den Fugen geratenen Gegenwartswelt.

Moderne Musik

Und die Vertreter der zeitgenössischen Musik (z. B. H. W. Henze, P. Hindemith, C. Orff) fanden nicht nur Eingang in das aktuelle Rundfunk-, Konzert- und Opernrepertoire, sondern, durch den Aufschwung der Schallplattenindustrie, auch im privaten Bereich Verbreitung.

Architektur und Städtebau nach 1945

Eine begrenzte Rezeption der Moderne vollzog sich schließlich auch in Architektur und Städtebau der Nachkriegszeit. Der Wiederaufbau bombenzerstörter Städte erfolgte im Westen vielfach in bewusster Abkehr von der Monumentalbaukunst des Dritten Reiches bei ebenso bewusster Anknüpfung an den funktionalistischen Stil der architektonischen Avantgarde vor 1933. „Einfachheit", „Offenheit" und „Transparenz" als vorherrschende Gestaltungsprinzipien sollten die „Demokratie als Bauherrn" (A. Arndt) auch in der Form sinnbildlich visualisieren. Einer in diesem Sinne durch blockartige Hochhausbauten, geometrisch strukturierte Flächen und betonte Glasfronten geprägten Neubaukonzeption vieler westdeutscher Großstädte (z. B. Frankfurt am Main) stand allerdings eine auf Wiederherstellung alter Stadtkerne gerichtete historisierende bzw. rekonstruierende Tendenz (z.B. Nürnberg) gegenüber.

4.2 Umbruch und Neuformierung: 1960–1975

Vom Anti-Totalitarismus zur Renaissance des Marxismus

Seit Beginn der 1960er Jahre trat im geistig-kulturellen und politischen Gesamtklima der Bundesrepublik ein grundlegender Wandel ein. Die bisher innerhalb der intellektuellen Elite des Westens weitgehend herrschende Einigkeit in der negativen Beurteilung des Kommunismus als totalitären Gegenentwurfs zum parlamentarisch-demokratischen Verfassungsstaat zerbrach angesichts einer Renaissance des marxistischen Denkens, das nun diesen Verfassungsstaat zusehends unter „Faschismusverdacht" stellte. Die in solchen Zusammenhängen vorgebrachte Kritik richtete sich nicht nur gegen die Schattenseiten der westdeutschen Wohlstands- und Konsumgesellschaft, sondern intendierte darüber hinaus einen revolutionären Totalumsturz des als restriktiv empfundenen bürgerlich-kapitalistischen Systems. Sie kulminierte im studentischen Milieu und entlud sich 1967/68 im gewaltsamen Fundamentalprotest.

Bildungspolitik als Bildungsreform

Reformdefizite im Bildungs- und Erziehungswesen waren von bildungswissenschaftlicher Seite schon 1964 konstatiert worden (G. Picht, „Die deutsche Bildungskatastrophe", 1965; R. Dahrendorf, „Bildung ist Bürgerrecht", 1965). Die Politik hatte diese Kritik keineswegs nur dilatorisch behandelt (Einrichtung des „Deutschen Bildungsrates" zur Koordination der Schul- und Hochschulpolitik, 1965). Die ideologisch stark aufgeladene Bildungsreformdiskussion der 1960er und frühen 1970er Jahre beschäftigte sich in erster Linie mit Fragen der

Gleichheit der Bildungschancen, der Errichtung neuer Schultypen (Integrierte Gesamtschule, Fachoberschule) und der Forcierung neuer erziehungswissenschaftlicher Konzepte („Emanzipationspädagogik") in gesellschaftskritischer, antiautoritärer und systemverändernder Absicht. Einen weithin sichtbaren Höhepunkt erreichte der Reformwille der 1960er Jahre in der Regierungserklärung W. Brandts (28. 10. 1969), in welcher Bildung, Wissenschaft und Forschung als die primären Felder künftiger staatlicher Reformtätigkeit genannt wurden. In diesem Sinne hatte die Bildungspolitik auch in den Planungen der öffentlichen Haushalte schon vorher Priorität gewonnen: Die entsprechenden staatlichen bzw. kommunalen Ausgaben verdreifachten sich im Laufe von neun Jahren (1965: 15,7 Milliarden; 1973: 44,6 Milliarden D-Mark). Der parallel dazu betriebenen Errichtung eines „Bundesministeriums für Bildung und Wissenschaft" (1969) sowie einer „Bund-Länder-Kommission für Bildungsplanung und Forschungsförderung" (1970) folgte eine Reihe bildungspolitisch relevanter Gesetze, so das Berufsbildungsgesetz (1969), das Hochschulbauförderungsgesetz (1969), das Bundesausbildungsförderungsgesetz (1971) und das Hochschulrahmengesetz (1976), bevor die Reformeuphorie dann Mitte der 1970er Jahre erlosch.

Ausbau der Universitäten

Vom starken Ausbau des Bildungswesens nach 1960 profitierten in erster Linie die Universitäten. Gab es während des ersten Nachkriegsjahrzehnts nur vereinzelte Hochschulneugründungen (Mainz 1947, Saarbrücken 1948, FU Berlin 1948, Gießen 1957), so entstanden nun, zwischen 1960 und 1980, insgesamt 24 neue Universitäten in der Bundesrepublik, teilweise (z.B. in Bielefeld, Bochum, Bremen, Konstanz) mit Modellcharakter für die Reform von Forschung und Lehre.

Neue Hochschultypen

Zugleich wurden neue Hochschultypen erprobt: seit 1968/69 berufsbildungsbezogene Fachhochschulen, seit 1972 in den Bundesländern Hessen und Nordrhein-Westfalen ausbildungsübergreifende Gesamthochschulen, 1975 eine das Fernstudium ermöglichende „Fernuniversität" (in Hagen), daneben, vor allem in Bayern, stark regionsbezogene Universitäten (z.B. in Bamberg, Bayreuth, Passau, Regensburg). Die der Grundschullehrerausbildung dienenden Pädagogischen Hochschulen erhielten seit 1958 gleichfalls Hochschulstatus, später dann auch Promotions- und Selbstverwaltungsrechte nach universitärem Vorbild. Parallel zu alledem und begleitet von der sich seit 1965 formierenden und 1968, ausgehend von West-Berlin, in nahezu allen westdeutschen Universitätsorten ihren Höhepunkt erreichenden studentischen Protestbewegung – mit Störungen des Lehrbetriebs, Besetzungen von Instituten, Sitzstreiks und Psychoterror –, vollzog sich ab Ende der 1960er

Jahre unter dem Leitmotto „Hochschulreform“ eine von vielen Beteiligten als dramatisch empfundene Umformung der traditionellen inneren Struktur der Universitäten (Neugliederung der Fakultäten in Fachbereiche; Ablösung der Ordinarien- durch die „Gruppenuniversität“, in der die Gruppe der Professoren, Mitarbeiter, Studenten und des Verwaltungspersonals jeweils paritätisch an Entscheidungen beteiligt war; Mitbestimmungsrechte für Studierende; Erlass verbindlicher Studienordnungen). Insgesamt führten Ausbau und Reform der Hochschulen in der Bundesrepublik zwischen 1960 und 1975 zu einer Verdoppelung des Studienplatzangebots und der Studentenzahlen. Zugleich stieg der Anteil der Abiturienten mit Hochschulzugangsberechtigung von 5,9% (1960) auf 9,2% (1970; 1979: 14,7%; 1991: 31,1%), was seit 1972 zur Einführung von Zulassungsbeschränkungen (Numerus clausus) für bestimmte Studienfächer zwang.

Studentenproteste und Hochschulreform

Diese Wandlungsprozesse blieben nicht ohne Folgen für die Lehrinhalte und das innere Selbstverständnis der einzelnen Wissenschaftsdisziplinen. Eine Zeitlang schien die Philosophie, verstanden als praxisorientierte Gesellschaftslehre, ihre seit Mitte des 19. Jahrhunderts verloren gegangene akademische und lebensweltliche Führungsstellung wiedergewonnen zu haben. Vor allem die „Kritische Theorie“ der „Frankfurter Schule“ (Th. W. Adorno, M. Horkheimer) lieferte im Rahmen eines unorthodoxen Marxismus handlungsleitende Impulse zu einer von links intendierten Beseitigung der bestehenden, durch ein vermeintlich „falsches Bewusstsein“ gedeckten, tatsächlich jedoch auf Ausbeutung, Unterdrückung und Beherrschung des Menschen beruhenden kapitalistischen Ordnung. Stattdessen sollte eine wahrhaft humane Gesellschaft entstehen, deren Konturen bei H. Marcuse („Der eindimensionale Mensch“, 1967) zur utopischen Vision einer repressionsfreien, selbstverantworteten Zukunftswelt gerannen. – Solche Sichtweisen wirkten vor allem in der Pädagogik, die sich die Befreiung des Einzelnen, seinen Fortschritt zur Mündigkeit im Kampf gegen institutionelle Fremdbestimmung und Manipulation durch personale Autoritäten zum Ziel setzte (W. Brezinka, W. Klafki). – Einen in diesem Sinne grundlegenden und bis zum Beginn der 1990er Jahre vorherrschenden Paradigmenwechsel vollzog auch die Geschichtswissenschaft, deren Aufgabe nun vielfach nicht länger in narrativ-sinnstiftender Rekonstruktion vergangener Wirklichkeiten gesehen, sondern als analytisch-kritische Aufklärung der gegenwärtigen Gesellschaft in emanzipatorischer, neue Forschungsinhalte (z.B. Arbeiterbewegung, Alltagsleben, Unterschichten) erschließender Absicht verstanden wurde – wenngleich sich gegenüber der damit verbundenen Transformie-

Wandel der Wissenschaftsinhalte

Philosophie

„Emanzipationspädagogik“

„Kritische Geschichtswissenschaft“

rung der Geschichtsforschung zur „Historischen Sozialwissenschaft" (z. B. J. Kocka, H.-U. Wehler) auch andere methodische Ansätze, etwa die politische Geschichte (z. B. A. Hillgruber, W. Hubatsch) oder die Historische Anthropologie (z. B. A. Nitschke), dauerhaft behaupten konnten. Wieder andere Themenstellungen und Methoden, z. B. die Ideen- und Kulturgeschichte, wurden früher oder später revitalisiert.

Neben den Wissenschaften war auch und gerade das Kulturleben der Bundesrepublik von den mentalen Wandlungsprozessen und Strukturveränderungen der 1960er und frühen 1970er Jahre stark betroffen. Eine gegen die verschiedenen Ausprägungen bürgerlichen Kunstkonsums gerichtete Protestkultur artikulierte sich im Bereich der Bildenden Kunst zunächst als bewusst vollzogene Abkehr von allen konventionellen Formen positiver Menschendarstellung (z. B. bei H. Bellmer, H. Janssen, S. Polke), später dann (z. B. bei J. Beuys, HA Schult, G. Uecker) in der programmatischen Verneinung von Hochkunst überhaupt zugunsten einer Neuverortung des Kunstwerks als Phänomen der Massen- und Alltagskultur („Objektkunst"; „Pop-Art"; „Serielle Kunst").

Bildende Kunst contra Hochkunst

Literatur als Gesellschaftskritik

Früher noch und wohl auch nachhaltiger als in der Bildenden Kunst kam der Paradigmenwechsel im intellektuellen Milieu der 1960er Jahre auf dem Gebiet der Literatur zum Durchbruch. Der neue Trend äußerte sich in einer starken Politisierung, vor allem im dramatischen Genre, das (z. B. bei R. Hochhuth, H. Kipphardt, P. Weiss) mit gegenwarts- bzw. gesellschaftskritischen, dokumentarisches Material einbeziehenden Stücken die Fehlleistungen und Versäumnisse des kapitalistischen Systems anprangerte. In der Lyrik dominierten teilweise extrem parteiliche Erzeugnisse agitatorischen und propagandistischen Zuschnitts, die (z. B. bei H. M. Enzensberger, E. Fried) direkte Impulse zu einer revolutionären klassenkämpferischen Umwälzung vermitteln und Literatur im Sinne eines politischen Kampfinstruments handhaben zu können hofften. Der das Prosaschaffen jener Jahre charakterisierende, auf öffentliche Einmischung, Anklage und Protest zielende Wille zu einer realistischen Auseinandersetzung mit aktuellen Zeitproblemen artikulierte sich im Streben nach Erschließung neuer, von der Nachkriegsdichtung bisher weitgehend vernachlässigter Erlebnisbereiche, etwa solche der modernen Arbeitswelt (z. B. bei M. von der Grün, G. Wallraff), aber auch in der engagierten Beschäftigung mit den Unheilswegen jüngster deutscher Vergangenheit (z. B. bei H. Böll, G. Grass, S. Lenz), hier allerdings bei grundsätzlicher Anerkennung des demokratisch-parlamentarischen Systems im Vertrauen auf dessen prinzipielle Reformierbarkeit.

„Neuer deutscher Film" nach 1960

Einen deutlichen Innovationsschub im Gefolge des geistig-kulturellen Klimawechsels nach 1960 erfuhr auch der Film. Während das Kino der 1950er Jahre – ähnlich übrigens wie im Dritten Reich – von der Dominanz politikferner, die Realität zugunsten illusionärer Scheinwelten und harmonisch gezeichneter Gesellschaftszustände ausblendender Streifen geprägt war (z. B. Heimat- und Historienfilme), strebten junge Regisseure nun nach einer in Inhalt und Form realistischen, teilweise bewusst provokatorischen, auf Enttabuisierung zielenden Darstellungsweise, deren Anliegen im „Oberhausener Manifest" 1962 einen programmatischen Niederschlag fand. Die sich in der Folgezeit etablierenden Hauptvertreter des „Neuen Deutschen Films" (R. W. Fassbinder, A. Kluge, U. Schamoni, V. Schlöndorff) agierten dabei als Autoren, Regisseure und Produzenten zugleich („Autorenfilm"), die zunächst stark experimentell eine bewusste Antiästhetik pflegten, dann in zunehmender technischer Perfektion auch ein größeres Publikum ansprachen und überdies seit 1965 durch staatliche Fördermaßnahmen („Kuratorium Junger Deutscher Film") unterstützt wurden.

Fernsehen als Bildungsmacht

Die beherrschende Position des Fernsehens in der westdeutschen Medien- und Unterhaltungskultur seit Mitte der 1960er Jahre – 1969 besaßen 84% aller Haushalte ein Fernsehgerät – vermochte der auch gesellschaftspolitisch flankierte Aufschwung der Filmkunst indes nicht zu erschüttern, zumal angesichts der ab 1965 sukzessive eingerichteten regionalen Dritten Programme mit zunächst stark bildungs-, informations- und studienbezogener Ausrichtung sowie der ab 1967 erfolgenden Einführung des Farbfernsehens. – Das Fernsehen löste damit auch das Theater in seiner Funktion als Mittelpunkt des kulturellen Selbstverständnisses ab, welche es in den 1950er Jahren noch besessen hatte. Hohe öffentliche Subventionen konnten den Rückgang der Besucherzahlen ebensowenig verhindern wie die seitens einer jungen Generation von Regisseuren (z. B. P. Stein) entwickelten neuen Aufführungspraktiken (aktive Einbeziehung des Zuschauers; Regietheater; Politisches Theater).

Rückgang des Theaters

4.3 Differenzierung und Expansion: 1975–1990

Ende der Reformeuphorie

Der in Westdeutschland ab 1965 weithin vorherrschenden Aufbruchseuphorie folgte knapp ein Jahrzehnt später ein erneuter Umschwung der intellektuellen Stimmungslage. Angesichts wachsender Einsicht in die Uneinlösbarkeit vieler Reformpostulate wurden große Teile der geistigen Elite der Bundesrepublik ab Mitte der 1970er Jahre von einer durch Ernüchterung und Skepsis, Pessimismus und Resignation geprägten Grundeinstellung erfasst. Kultur, Bildung und Wissenschaften wurden dadurch, wie auch infolge rasanter Entwicklungsschübe im Bereich der Medientechnik nach 1980, erheblichen Transformationsprozessen unterworfen.

Bildung und Erziehung

Die wohl deutlichste Zäsur zeigte sich in diesem Zusammenhang auf dem Bildungs- und Erziehungssektor. Wachsender Zweifel an den Möglichkeiten langfristiger Bildungsplanung, Schwierigkeiten bei der organisatorischen Durchführung einzelner reformpolitischer Maßnahmen sowie eine massive Verknappung öffentlicher Finanzmittel von Bund und Ländern als Folge einer unerwarteten wirtschaftlichen Rezession führten hier zu einer Stagnation des Erneuerungsstrebens. Das Schulwesen, weiterhin der Kompetenz der einzelnen Bundesländer unterliegend, deren gemeinsame Kulturpolitik lediglich durch die „Ständige Konferenz der Kultusminister der Länder in der Bundesrepublik Deutschland" koordiniert wurde, blieb einer regional stark uneinheitlichen Entwicklung unterworfen. Entgegen manchen Alternativkonzeptionen (Integrierte Gesamtschule) wurde es weiterhin vom dreigliedrigen Ausbildungssystem (Hauptschule, Realschule, Gymnasium) bestimmt. Trotz Realisierung weiterer Reformziele („Differenzierte Oberstufe" mit interessenspezifischen Fächerwahl-Möglichkeiten für Schüler an Gymnasien) gab es im Bildungswesen der Bundesrepublik zwischen 1975 und 1990 keine einschneidenden institutionellen Veränderungen.

„Krise der Universitäten"?

Dasselbe galt auch für den universitären Bereich, dessen Expansions-, Experimentier- und Modernisierungsphase mit Erlass des den Einfluss der Professoren gegenüber anderen Hochschulmitgliedern wieder stärkenden Hochschulrahmengesetzes (26. 1. 1976) weitgehend abgeschlossen war. Die Verdreifachung der Studentenzahlen innerhalb zweier Jahrzehnte (1970: 510000; 1980: 1044000; 1990: 1520000) führte zu einem erheblichen Überangebot an Hochschulabsolventen und verwies, auch angesichts wachsender öffentlicher Zweifel an der Realitäts- und Praxisnähe universitärer Berufsausbildung, auf eine latent vorhandene Legitimationskrise der Hochschulen ebenso wie auf deren problematisch gewordene Stellung in der Gesellschaft zu Beginn der 1990er Jahre.

Das Ende der Gelehrsamkeit

Innerwissenschaftlich entsprach alledem der endgültige Übergang vom Ideal des Gelehrten zur Rolle des Spezialisten sowie, damit verbunden, die definitive Abkehr vom Konzept der Persönlichkeits- und Charakterbildung des Studierenden mittels konzentrierter akademischer Beschäftigung. Diese Entwicklung war vollzogen, noch bevor die Vereinigung Deutschlands und die anstehende Europäisierung des Bildungswesens neue hochschulpolitische Herausforderungen brachte.

Massenkultur

Die Entwicklung der Massenmedien in der Bundesrepublik während der 1970er und 1980er Jahre war gekennzeichnet durch einen starken Differenzierungsprozess. Das galt sowohl für die Printmedien, die – mit zunehmender Konzentration auf einige wenige große Verlagshäuser (Burda, Gruner & Jahr, Springer) – vor allem im Zeitschriften- und Magazinbereich eine auf immer speziellere Märkte abgestimmte Vermehrung erfuhren, als auch für die elektronischen Medien. Der Medienstaatsvertrag der Länder (3. 4. 1987) ermöglichte die Kommerzialisierung von Rundfunk und Fernsehen und bewirkte eine nachhaltige Veränderung der Programmausrichtung und der Rezeptionsformen: beim Fernsehen einen zumindest partiellen Wandel vom Paradigma der Kulturvermittlung zur Funktion der Konsumbegleitung; beim Rundfunk eine deutliche Reduzierung des gesprochenen Wortes zugunsten musikalischer Unterhaltung. Ab Mitte der 1980er Jahre bewirkte dann die Einführung völlig neuer Medien und Kommunikationstechniken (CD, Computer, Internet) einen qualitativen Entwicklungsschub, dessen Folgen für das Verständnis von Kultur und Bildung mit Blick auf das beginnende 21. Jahrhundert noch unabsehbar sind.

„Neue Medien“

„Trendwende“ in der Kultur?

Im kulturellen Bereich führte die desillusionierte Haltung vieler von den Reformhoffnungen und Veränderungspostulaten der 1960er Jahre Enttäuschter zu einer „Tendenzwende“ (K. Sontheimer), die sich vor allem in der Literatur auf vielfältige Weise manifestierte: als Rückzug ins Subjektive und Private bzw. in die Innerlichkeit der eigenen Lebensgeschichte (z.B. bei Chr. Meckel), als Selbstbespiegelung individueller Befindlichkeiten (z.B. bei B. Strauss), als Rehabilitation der Phantasie (z.B. bei M. Ende) oder als Wiederentdeckung der poetischen Narrativität bzw. Fiktionalität (z.B. bei P. Süsskind). Alle diese Neuorientierungen gingen einher mit einer betonten Wiedereinforderung der ästhetischen Autonomie dichterischen Schaffens gegenüber gesellschaftlichen Verpflichtungen und politischem Tagesengagement des Schriftstellers.

Wertkonservativismus in den Geisteswissenschaften

Von der sich auf dem Gebiet der Literatur abzeichnenden Tendenz zu wachsender Entpolitisierung und Re-Individualisierung waren allerdings nicht alle Felder und Bereiche des geistig-kulturellen Lebens in der Bundesrepublik der 1980er Jahre gleichermaßen betroffen. So blieben die Geisteswissenschaften, gerade auch angesichts einer partiell wieder verstärkten Artikulation kultur- bzw. wertkonservativer Positionen (z.B. bei H. Lübbe, R. Spaemann, F. Tenbruck), von politischen Polarisationen und teilweise sehr heftig geführten Grundsatzdebatten geprägt, an denen auch eine breitere Öffentlichkeit engagiert Anteil nahm, z.B. am „Historikerstreit“. Zugleich waren einzelne Disziplinen,

Zukunftsangst und Fortschrittskritik

etwa die Philosophie oder die Evangelische Theologie, darum bemüht, der zunehmend von Zukunftsängsten und Fortschrittskritik begleiteten Skepsis gegenüber den Entwicklungsperspektiven der industriellen Leistungsgesellschaft einschließlich des damit verbundenen Mentalitäts-, Werte- und Bewusstseinswandels durch neue intellektuelle Weltdeutungsangebote („Poststrukturalismus") bzw. durch gesteigerte Suche nach neuen geistigen Orientierungsmaßstäben („Ökologische Ethik") zu begegnen. Auf die nationalen Herausforderungen, die sich im Gefolge der weltgeschichtlichen Wende von 1989/90 für die politische Kultur Deutschlands ergaben, war die Bildungselite der Bundesrepublik indes genauso wenig vorbereitet wie deren staatliches Establishment. Die deutsche Vereinigung traf ein bei aller Weltoffenheit politisch weitgehend in Selbstzufriedenheit verharrendes Land.

5. Kultur, Wissenschaft und Bildung in der Deutschen Demokratischen Republik 1945/49–1990

5.1 Kunst und Kultur

„Sozialistische Kulturpolitik"

Der kulturelle Neubeginn im Osten war nach 1945 bzw. 1949 von Anfang an durch das Bemühen der kommunistischen Führung um eine einheitliche, den sozialistischen Klassenstandpunkt konsequent artikulierende Kulturpolitik gekennzeichnet. Allerdings gab es innerhalb dieses generellen Bezugsrahmens zeitweise starke Akzentverschiebungen, die zu erheblichen Pendelausschlägen im Spannungsverhältnis von Politik und Kultur in der Geschichte der DDR führten.

„Antifaschistischer Neubeginn"

Unter vielen Künstlern und Intellektuellen fand der von der sowjetischen Besatzungsmacht propagierte und protegierte „antifaschistische Neubeginn" mit der Perspektive des Aufbaus einer freien und gerechten, betont dem Gemeinwohl verpflichteten demokratischen Gesellschaft zunächst breite Resonanz – zumal zahlreiche sozialistische und linksbürgerliche Repräsentanten der kulturellen Emigration bei ihrer Rückkehr aus dem Exil bewusst für die SBZ/DDR und nicht für den Westen optierten. Vor allem der im Juli 1945 gegründete „Kulturbund zur demokratischen Erneuerung Deutschlands" (ab 1958: „Deutscher Kulturbund", ab 1974: „Kulturbund der DDR") entfaltete hier, besonders unter seinem ersten Präsidenten J. R. Becher (1954–1958: Minister für Kultur der DDR), rege, auch viele Orte in den westlichen Besatzungszonen einbeziehende Aktivitäten: von Lesungen, Theater-, Konzert- und Filmaufführungen, Podiumsdiskussionen, Tagungen und

Kunstausstellungen bis zu Zeitschriften- und Verlagsgründungen (Zeitschrift „Aufbau", 1945–1957; Wochenzeitung „Sonntag", ab 1947; „Aufbau-Verlag", Berlin). Die Bemühungen zielten auf eine überparteiliche Solidarität der kulturellen Elite im Zeichen antifaschistischen Engagements. Indes geriet der „Kulturbund" rasch in kommunistisches Fahrwasser und diente ab Anfang der 1950er Jahre zusehends als Instrument zur Realisierung der parteipolitischen Leitvorstellungen der SED. Seine besondere Rolle im kulturellen Leben der DDR offenbarte sich Mitte der 1960er Jahre in der gigantischen Zahl von durchschnittlich ca. 500 000 Veranstaltungen pro Jahr mit insgesamt etwa 50 Millionen Besuchern. Der „Kulturbund", die sukzessiv gebildeten Standesverbände und Künstlerorganisationen (Schriftstellerverband der DDR, 1952; Verband Bildender Künstler der DDR, 1952; Verband der Komponisten und Musikwissenschaftler der DDR, 1951; Verband der Theaterschaffenden der DDR, 1966; Verband der Film- und Fernsehschaffenden der DDR, 1967) sowie die schon 1950 gegründete „Akademie der Künste der DDR" (erster Präsident: A. Zweig) dominierten den Kulturbetrieb nachhaltig, ja geradezu monopolartig. Außerhalb dieser Institutionen gab es kaum Möglichkeiten öffentlicher künstlerischer Artikulation. Allerdings boten besonders die Berufsverbände, bei aller Bindung an die kulturpolitischen Vorgaben der Parteiführung, eine umfassende materielle Fürsorge für ihre Mitglieder. Auch die offizielle Förderung kultureller Einrichtungen erreichte, geleitet von dem Bestreben nach möglichst einheitlicher staatlicher Lenkung, Steuerung und Kontrolle des kulturellen Sektors, bereits in der Frühzeit der DDR ein beachtliches Ausmaß, so vor allem durch Subventionierung von Bildungseinrichtungen, Klubs und Kulturhäusern mit einer relativ großen Angebotspalette nicht nur in den Städten, sondern auch und gerade in ländlichen Regionen.

Künstler-organisationen

Reglementierung des kulturellen Lebens

Die Kulturpolitik der DDR war seit Anfang der 1950er Jahre von starker staatlicher bzw. parteipolitischer Reglementierung geprägt, wobei die Durchsetzung des offiziellen Lenkungsanspruchs seitens der SED-Führung phasenweise von kurzzeitigen Versuchen einer Entdogmatisierung und freieren Handhabung des Kulturbetriebs konterkariert wurde – so in den Jahren 1956/57, 1962 bis 1965 und 1973 bis 1977. Konzeptionell dominierte indes nach 1952 die künstlerische Doktrin des „Sozialistischen Realismus", die eine – im Verständnis der Partei – „wahrheitsgetreue" und konkrete Darstellung der Wirklichkeit propagierte, unter Bevorzugung klassenkämpferisch-revolutionärer Sujets und mit den Mitteln der Typisierung und der Schablonisierung. Die einzelnen Bereiche künstlerischen Schaffens waren von dieser jahrzehntelang vorherrschenden Doktrin in unterschiedlichem Ausmaß betroffen.

Literatur als Leitmedium

Die Literatur galt der SED-Kulturpolitik von Anfang an als Leitmedium und zentraler Ort zur Vermittlung ideologischer Vorgaben des Regimes. Ausdruck entsprechend intensiver Bemühungen zur Schaffung einer vom „Sozialistischen Realismus“ geprägten Arbeiterliteratur waren die Beschlüsse der Bitterfelder Konferenz von 1959, die ein programmatisches Aufgreifen und Verarbeiten „proletarischer“, an der industriellen Produktion orientierter Themen durch die Autoren einerseits und eigenes schriftstellerisches Engagement der Arbeiter in den Betrieben andererseits postulierte, um die Distanz zwischen Intellektuellen und Arbeiterklasse zu überbrücken und einer sozialistischen Nationalkultur Profil zu verleihen („Bitterfelder Weg“). Gemäß dieser Option dominierten im literarischen Leben der DDR lange Zeit – neben den Werken der namhaften, aus Exil und Emigration zurückgekehrten arrivierten kommunistischen Autoren (z. B. J. R. Becher, B. Brecht, A. Seghers, Fr. Wolff, A. Zweig) – zunächst Produktions- und Aufbauromane (E. Neutsch) in teils problembezogener (E. Claudius), teils affirmativ-heroisierender Perspektive (H. Marchwitza).

„Bitterfelder Weg“ 1959

„DDR-Literatur“

Seit Anfang bzw. Mitte der 1960er Jahre traten dann zunehmend jene Autoren hervor, mit deren Namen sich in der Folgezeit Begriff und Phänomen der „DDR-Literatur“ in erster Linie verbinden sollten. St. Heym, F. Fühmann, E. Loest und Chr. Wolf etwa verarbeiteten Probleme der deutschen Teilung, des DDR-Alltags und der Zeit des Nationalsozialismus in formal ambitionierten, stilistisch vielfach innovativen Prosawerken; J. Bobrowski, P. Huchel, G. Kunert und – später – S. Kirsch fanden spezifische Formen und Wege der Realitätsverarbeitung bzw. -vermittlung in der Lyrik; P. Hacks und H. Müller schufen, unter früher Bezugnahme auf die Tradition Brechtscher Lehrstücke, ein dramatisches Werk, das seine Spannung aus der Gegenüberstellung von idealistischem Zukunftsentwurf und aktueller Gegenwartsordnung erhielt. Kritik an den Zwängen, Mängeln und Einengungen der realsozialistischen Lebenswirklichkeit mit den sich daraus ergebenden Deformierungen des Individuums war dabei den Werken vieler dieser Autoren inhärent und manifestierte sich nicht nur bei jenen, die ihr Land verließen. Die Bandbreite des Verhaltens reichte von kritischer Solidarität mit der DDR über punktuellen Protest, z. B. anlässlich der Ausbürgerung W. Biermanns 1976, bis hin zu resignativer Verweigerung, die zwar keine offen oppositionelle, aber doch begrenzt nonkonforme Einstellung zuließ und vielfach genutzte Rückzugsräume bzw. verdeckte Distanzierungsmöglichkeiten schuf, worauf wiederum das Regime mit Restriktionen wie z. B. Aufführungsverboten oder Entzug der Publikationserlaubnis reagierte.

Zwischen kritischer Solidarität und Verweigerung

Bildende Kunst im Sozialismus

Im Bereich der Bildenden Kunst wurde – nach kurzzeitigen Versuchen zur innovativen Fortführung „Weimarer“ Traditionen – seit der Verurteilung der künstlerischen Moderne durch die SED als „dekadent“ 1950 der „Sozialistische Realismus“ für die offizielle DDR-Kunst verbindlich. Die in diesem Rahmen stark geförderten Erzeugnisse naturalistischer, die Rolle der Arbeiterklasse im Geschichtsprozess betonender Monumentalmalerei (Gruppen-, Alltags- und Historienbilder) und Repräsentationsplastik markierten indes nur einen Aspekt in der sich seit den frühen 1970er Jahren zusehends differenzierenden DDR-Kunstszene. Unter Wahrung eines prinzipiell am „Sozialistischen Realismus“ festhaltenden Rahmens vermochten vor allem die Maler der „Leipziger Schule“ (B. Heisig, W. Mattheuer, W. Sitte, W. Tübke) einen in Grenzen modernen, individuell geprägten Stil gegen zum Teil starke staatliche Widerstände durchzusetzen. In den 1980er Jahren erfolgte dann eine stärkere Distanzierung jüngerer Künstler von den Anforderungen des Systems – teilweise unter Bezugnahme auf experimentelle Trends der westlichen Avantgarde (C. Claus, A. R. Penck). Dafür musste eine relative Isolation vom staatlich reglementierten Ausstellungsbetrieb („Deutsche Kunstausstellung“ in Dresden, seit 1946; „Intergrafik“ in Ost-Berlin, seit 1957) in Kauf genommen werden, der sich zuletzt auf eine landesweite Kapazität von immerhin ca. 650 Museen und 200 Galerien stützen und mit jährlichen Besucherzahlen rechnen konnte, die in den 1980er Jahren die Millionengrenze überschritten.

Theater- und Konzertwesen

Hohe Besucherfrequenzen verzeichnete auch das in den 1950er und 1960er Jahren flächendeckend ausgebaute Theater- (1982: ca. 180 Bühnen mit ca. 10 Millionen Besuchern) und Konzertwesen, wobei auch hier die international anerkannte Pflege klassischen Repertoires von ideologisch motivierten Unternehmungen ergänzt und umfangen wurde (Arbeitertheater, Singbewegung zur Popularisierung des politischen Kampflieds).

Medienkultur

Die Medienkultur der DDR war geprägt durch die hier besonders stark zum Tragen kommende Kommunikationskontrolle seitens der kommunistischen Staatspartei.

Film

Die Filmproduktion, von der sowjetischen Besatzungsmacht in exklusiver Verantwortung der „Deutschen Film Aktiengesellschaft“ (DEFA, mit Studios in Babelsberg) übertragen, schwenkte, nach beachtlichen, auch im Westen viel beachteten Nachkriegserfolgen (W. Staudte: „Die Mörder sind unter uns“, 1946; „Der Untertan“, 1950) 1952 auf das Konzept des „Sozialistischen Realismus“ ein und konzentrierte sich in der Folgezeit stark auf die teils affirmative, teils kritische Verarbeitung von Gegenwartsthemen des DDR-Alltags. Ab Anfang der 1970er Jahre legten dann stark sinkende Besucherzahlen der Kinos (flächendeckend ca. 800 in der gesamten DDR) eine stärkere Berücksichtigung des Unterhaltungsfilms nahe.

Fernsehen

Etwa zeitgleich trat auch beim Fernsehen (seit 1952 bzw. 1956: „Deutscher Fernsehfunk", seit 1972: „Fernsehen der DDR") die einseitig ideologische Fixierung teilweise zugunsten des Versuchs einer stärkeren Orientierung an den primär nach Entspannung und Unterhaltung verlangenden Publikumsbedürfnissen zurück – nicht zuletzt im Bestreben, der Konkurrenz westlicher Programmangebote zu begegnen. – Auch dem Rundfunk der DDR blieb diese Auslandskonkurrenz nicht erspart. Hier betrieb die Staatsmacht eine relativ flexible Politik der Differenzierung und Regionalisierung mit zuletzt vier zentralen Programmen („Berliner Rundfunk", „Radio DDR", „Stimme der DDR", „Radio Berlin International"), elf Regionalsendern und einem „Jugendradio DDR".

Rundfunk

Pressewesen

Das Feld der Printmedien war in der DDR unter den Parteien und gesellschaftlichen Organisationen aufgeteilt. 60% hielt der SED-Pressekonzern Zentrag, der Vertrieb der Presseerzeugnisse erfolgte als Staatsmonopol durch die Post der DDR. Zentrale Informationslenkung (seit 1946 mittels des „Allgemeinen Deutschen Nachrichtendienstes/ADN"), relative Einheitlichkeit der Berichterstattung und erstaunliche Kontinuität im Erscheinungsbild der etwa 40 Tageszeitungen, die fast alle von ihrer Gründung in den ersten Nachkriegsjahren bis zum Ende der DDR Bestand hatten, zeichneten Stellung und Funktion der Massenmedien im SED-Staat aus. – Hingegen hatten Verlagsproduktionen und Buchwesen ein auch im internationalen Vergleich beachtliches Niveau, das dem Ruf vom „Leseland DDR" durch ca. 80 überwiegend „volkseigene" Verlage, flächendeckende Bibliothekseinrichtungen und anerkannte Kulturzeitschriften („Sinn und Form", „Sonntag") trotz auch hier wirksam werdender staatlicher bzw. parteiamtlicher Kontrolle („Druckgenehmigungsverfahren", Papierkontingentierung, Auslieferungsverbote) insgesamt gerecht zu werden vermochte. Es waren nicht zuletzt die mit alledem zusammenhängenden Mechanismen einer mentalen Identifikation mit dem „Kulturstaat DDR" und seinem prospektiven Erbe, die eine große Zahl prominenter Künstler und Wissenschaftler am 26. 11. 1989, kurz vor dem Ende, im Aufruf „Für unser Land" die Eigenstaatlichkeit einer erneuerten DDR als Alternative zum sofortigen nationalen Zusammenschluss mit der Bundesrepublik Deutschland empfinden ließ.

Verlage

„Kulturstaat DDR"

5.2 Erziehung, Bildung und Wissenschaft

„Sozialistische Menschenbildung“

Ähnlich wie im kulturellen Bereich vermochte der SED-Staat auch auf dem Bildungs- und Erziehungssektor erhebliche Loyalitäten an sich zu binden. Sie resultierten aus dem vehement erhobenen Anspruch, ein in Theorie und Praxis gleichermaßen konsistentes pädagogisches Programm zu realisieren, das auf einem humanen und fortschrittlichen Bild vom Menschen beruhte und sich damit in seinen Zielvorgaben von allen vorangegangenen bildungspolitischen Entwürfen fundamental unterschied. Aus diesem Anspruch bezog die Erziehungsdiktatur der SED bis zuletzt die Legitimation für ihr Streben nach Formierung der sozialistischen Ordnung.

Abbau bürgerlicher Bildungsprivilegien

Die von der „Sowjetischen Militäradministration/SMAD“ installierte „Deutsche Zentralverwaltung für Volksbildung“ (Präsident: P. Wandel, KPD; seit 1947: „Deutsche Verwaltung für Volksbildung“) begann bereits im Juli 1945 mit dem rigorosen Abbau bürgerlicher Bildungsprivilegien einschließlich der kirchlichen Elementarschuleinrichtungen. Dazu gehörte auch die programmatische Förderung von Arbeiter- und Bauernkindern (1946: Einrichtung entsprechender Vorstudienanstalten zur Vorbereitung von Jugendlichen ohne Abitur auf das Studium; ab 1949: „Arbeiter-und-Bauern-Fakultäten“ an den Universitäten), deren Anteil unter den Studierenden 1949 schon über ein Drittel betrug. Infolge einer konsequent betriebenen Entnazifizierung war die Lehrerschaft in den Grenzen der SBZ bei Gründung der DDR durch Einstellung von mehr als 40000 fachlich vielfach unzureichend qualifizierten „Neulehrern“ zu ca. 70% ausgewechselt.

Umbau des Schulwesens

Die auf der Grundlage des „Gesetzes zur Demokratisierung der deutschen Schule“ (Mai/Juni 1946) geschaffene Einheitsschule schrieb den gemeinsamen achtklassigen Grundschulbesuch für Kinder aller Sozialschichten mit anschließender differenzierter Ausbildung (Berufs-, Fach- oder Oberschule) verbindlich vor. Seit den Schulreformen von 1958/59 war das DDR-Erziehungssystem dann geprägt von der – in unterschiedlichen Phasen mit wechselnder Intensität verfochtenen – polytechnischen Bildungsidee, die auf dem Prinzip einer Verbindung von Schulunterricht und praktischer Produktionsarbeit in den Betrieben, vor allem berufsvorbereitender Grundausbildung in Maschinenkunde, Elektrotechnik und Landwirtschaftlicher Fertigung, beruhte. Das 1949 gegründete „Ministerium für Volksbildung“, weisungsgebunden durch die Direktiven des Zentralkomitees der SED, sorgte für die einheitliche ideologische Ausrichtung der Unterrichtsinhalte sowie für eine umfassende Kontrolle der Lehrpläne und regelte das gesamte Erziehungs-

Polytechnische Bildungsidee

wesen zentral mit dem Ziel der Herausbildung einer „allseitig entwickelten sozialistischen Persönlichkeit".

Erziehung und Parteidogma

Der Ausschließlichkeitsanspruch der Parteidoktrin des Marxismus-Leninismus in allen bildungs- und schulpolitischen Fragen blieb auch in der Folgezeit unbedingt aufrechterhalten. „Erziehung" diente der Bewusstseins- und Verhaltensformung aller Bürger auf der Grundlage einer doppelten, sowohl intellektuell-fachlichen (Schule, Berufsausbildung) als auch ideologisch-emotionalen („Junge Pioniere", „Freie Deutsche Jugend/FDJ") Erkenntnis- bzw. Überzeugungsvermittlung. Innerhalb der so vorgegebenen Rahmenbedingungen indes vollzog sich Mitte der 1960er Jahre mit dem „Gesetz über das einheitliche sozialistische Bildungssystem" (25. 2. 1965: Einführung der „Zehnklassigen Allgemeinbildenden Polytechnischen Oberschule" [POS] und der daran anschließenden, etwa 10% aller Schüler in zwei Jahren zu Abitur und Hochschulreife führenden „Erweiterten Allgemeinbildenden Polytechnischen Oberschule" [EOS]) ein staatlich gesteuerter und kontrollierter Bildungsreformprozess, in dessen Mittelpunkt das Bemühen um Qualitätsverbesserung, Leistungsmaximierung und Intensivierung vor allem der mathematisch-technischen bzw. naturwissenschaftlichen Bildungsinhalte stand, deren Anteil an den Schulfächern weit über die Hälfte der Stundenzahl betrug. Auch die offiziellen Aufwendungen für den Bildungsbereich stiegen ab 1965 beträchtlich an und lagen 1971 bei über 8% der Staatsausgaben.

Neue Lehrinhalte

Ab Anfang der 1980er Jahre führten dann neue technologisch-wissenschaftliche Herausforderungen, nicht zuletzt im Interesse der internationalen Wettbewerbsfähigkeit, zu Versuchen einer Effizienzsteigerung des Bildungswesens, so zur Begabtenförderung an Spezialschulen, zur Einführung modifizierter Lehrpläne zwecks besserer Aufbereitung des Unterrichtsstoffes und zur Neugestaltung der Lehrinhalte einzelner Fächer, z.B. Geschichte oder Informatik. Strikte, für den Besuch der „Erweiterten Allgemeinbildenden Polytechnischen Oberschule" geltende Zulassungsbeschränkungen sorgten dafür, dass die Zahl der Studierenden seit Ende der 1970er Jahre konstant blieb (ca. 12% eines Jahrgangs), während sie in Westdeutschland kontinuierlich wuchs (1979: ca. 18%, 1987: ca. 23%). Bildung und Wissenschaft in der DDR waren bei alledem freilich bis zuletzt dem Primat ideologischer und zentral gesteuerter Erziehung zum sozialistischen Klassenbewusstsein unterworfen. Die sich daraus ergebenden Restriktionen waren der Hauptgrund dafür, dass der Gedanke einer modifizierten Beibehaltung von Teilen des durchaus nicht in allen Aspekten negativ zu bewertenden Ausbildungssystems der DDR als Alternative zur

Übertragung der westlichen Modelle nach der deutschen Vereinigung keine Chance hatte.

Restriktive Hochschulpolitik

Im Bereich des Hochschulwesens war die Politik der SED bis zum Beginn der 1950er Jahre auf Gewinnung der bürgerlichen Intelligenz mittels eines noch relativ behutsamen Anpassungsdrucks gerichtet. Ab 1951 („Staatssekretariat für Hochschulwesen" als zentrale staatliche Planungs- und Lenkungsinstitution; Hochschulgesetz vom 22. 2. 1951) setzte dann aber, begleitet von massiven Übergriffen auf nichtregimekonforme Studenten, eine am sowjetischen Modell orientierte, die Einheit von Wissenschaftlichkeit und Parteilichkeit im Sinne des Marxismus-Leninismus einfordernde konsequente Ideologisierung des Universitätslebens ein. Davon waren sowohl die Organisationsstrukturen der Hochschulen (Beseitigung der akademischen Selbstverwaltung) als auch Anlage und Ausrichtung der einzelnen Studiengänge betroffen („Marxismus-Leninismus" [ML] als Pflichtfach für alle Fachrichtungen; „Praktisches Jahr" in Produktionsbetrieben für Studienbewerber seit 1957), was bis 1961 zur Abwanderung von ca. 35000 Studenten und ca. 2700 Hochschullehrern, unter ihnen der Philosoph E. Bloch 1961 und der Literaturwissenschaftler H. Mayer 1963, in den Westen führte. Diese Tendenz spiegelte sich auch im steigenden Anteil von SED-Mitgliedern unter den Professoren (1954: 29%; 1971: 61%). Zugleich erfolgte in den 1950er und 1960er Jahren ein starker quantitativer Ausbau des Hochschulwesens in der DDR. Zahlreiche, zum Teil sehr spezialisierte Neugründungen (Technische, Künstlerische, Landwirtschaftliche Hochschulen, Medizinische Akademien, Pädagogische Institute) trugen dazu bei, dass sich die Zahl der Studierenden zwischen 1949 und 1960 von ca. 28500 auf ca. 99800 mehr als verdreifachte (1951: 17,2 Studierende von je 10000 Einwohnern; 1955: 41,7; 1968: 64,7; 1972: 94,6), darunter zeitweise mehr als 50% „Arbeiter- und Bauernkinder" (Höchststand 1958: 58%). Bis zur Schließung der „Arbeiter-und-Bauern-Fakultäten" 1964 erwarben dort etwa 33700 Absolventen die Hochschulreife.

Expansion des Hochschulwesens

Ideologie oder Innovation?

In den 1970er und 1980er Jahren sank die Zahl der Studenten dann etwas ab und lag bei ca. 130000 und 150000 (ca. 10 bis 12% eines Altersjahrgangs). Bei unverändertem Festhalten am Primat der Ideologie und am Führungsmonopol der SED gab es, ähnlich wie im schulischen Sektor, in der späten Ulbricht-Ära gesteigerte Bemühungen zur Anpassung an die sich wandelnden wissenschaftlich-technischen Rahmenbedingungen mittels Profilierung bestimmter Disziplinen an einzelnen Universitäten (z.B. Berlin, Dresden, Jena, Karl-Marx-Stadt, Magdeburg). Durch Etablierung von Ingenieurhochschulen erhöhte sich dann, vor allem im Süden der DDR, die Zahl entsprechender Ausbildungsstätten mit allerdings meist nur geringer Betriebsgröße beträchtlich.

Parteigebundene Forschung und Lehre

Hochschulpolitischer Dirigismus und außengeleitete, d.h. parteibestimmte Forschungs- bzw. Lehrperspektive blieben die charakteristischen Merkmale des Universitätslebens der DDR auch im letzten Jahrzehnt ihres Bestehens. Dies galt sowohl für die Studenten, denen infolge stark reglementierter Studienpläne und rezeptiver Wissensvermittlung eine weitgehend passive, durch mangelnde Eigentätigkeit gekennzeichnete Studienhaltung nahegelegt wurde, als auch für die Professorenschaft, deren akademische Handlungsspielräume auf Grund ministerieller Weisungs- bzw. Ernennungsbefugnis und weitgehenden Mangels an Mitbestimmungs- bzw. Selbstverwaltungsmöglichkeiten gering blieben. Allerdings waren nicht alle Disziplinen gleichermaßen stark von diesem Reglementierungsdruck betroffen. Anwendungsorientierte, vor allem naturwissenschaftlich-technische Fachrichtungen besaßen weiter gesteckte Entfaltungsgrenzen als die Geistes- und Gesellschaftswissenschaften. Zu deren Einengung trugen vor allem die mehrfach erfolgten Hochschulreformen bei, besonders jene von 1968/70, welche die traditionellen Akademischen Senate, Fakultäten und Institute durch neue Organisationsstrukturen („Sektionen") und Leitungsgremien für die einzelnen Disziplinen („Wissenschaftliche Räte") ersetzte. Zum Zeitpunkt der Ausdehnung der westdeutschen Hochschulstrukturen auf das Gebiet der neuen Bundesländer im Gefolge des Einigungsvertrags (31. 8. 1990) bestanden dort 57 Hochschulen, darunter 10 Universitäten.

Hochschulreform 1968/70

Wissenschaftsorganisation

Es entsprach dem dirigistischen System der Wissenschaftsplanung und -leitung der DDR, dass zahlreiche Forschungszentren, besonders im Bereich der Geistes- und Kulturwissenschaften, außerhalb der Universitäten eingerichtet wurden („Deutsche Akademie der Wissenschaften"; „Deutsche Akademie der Landwirtschaftswissenschaften"; „Deutsche Bauakademie"; „Akademie der Pädagogischen Wissenschaften"), was zu einer weitgehenden Trennung von Lehre und Forschung führte und dem Hochschulwesen wichtige Ressourcen entzog. Typisch für diese den DDR-Wissenschaftsbetrieb weithin dominierenden Einrichtungen waren – zumal seit der Akademiereform von 1968/70 – ein umfangreicher Personalbestand sowie die Tätigkeit in Forschungskollektiven von teilweise bis zu 100 wissenschaftlichen Mitarbeitern, die für die Arbeit an jeweils einer zumeist auftragsgebundenen „Komplexaufgabe" eingesetzt wurden. Zur Koordination und Beaufsichtigung des Wirkens der Akademien, Universitäten und Hochschulen im Bereich naturwissenschaftlich-technischer Forschung diente der 1957 als Organ des Ministerrats installierte „Forschungsrat der DDR“, welcher zudem generelle Forschungsperspektiven festlegte und über entsprechende Mittelvergabe entschied. Für den Bereich gesellschaftswissenschaftlicher Forschung hingegen besaßen die – 1968 durch Beschluss des SED-Politbüros gegründeten – drei „ZK-Institute“ („Institut für Gesellschaftswissenschaften“; „Institut für Marxismus-Leninismus“; „Zentralinstitut für sozialistische Wirtschaftsführung“) eine dem „Forschungsrat“ analoge Funktion zentraler Leiteinrichtungen. Wie auf allen anderen Feldern des gesellschaftlichen Lebens bestimmte die Parteiführung auch für die Wissenschaften mittels Planung, Steuerung und Kontrolle die Generallinie der Entwicklung. Das auf Reform und Veränderung bestehender Machtstrukturen drängende Potenzial war hier weitaus weniger stark ausgeprägt als etwa im kulturellen Milieu der DDR während der 1980er Jahre.

II. Grundprobleme und Tendenzen der Forschung

Die Kultur-, Bildungs- und Wissenschaftsgeschichte Deutschlands im 20. Jahrhundert ist während der vergangenen Jahrzehnte in unterschiedlicher Dichte ins Blickfeld der Forschung getreten. Einzelne Segmente stehen seit langem im Schnittpunkt verschiedener geistes- und kulturwissenschaftlicher Disziplinen, andere Bereiche sind bisher kaum – oder ansatzweise erst neuerdings – eingehender untersucht worden. In der Regel folgte die ältere Forschung dabei den politischen Großzäsuren, deren Bedeutung jedoch in letzter Zeit stark relativiert worden ist. Das gilt sowohl für den Epocheneinschnitt von 1918/19, der, vor allem in kultureller Hinsicht, alles andere als eine Wendemarke gewesen ist, und es gilt erst recht mit Blick auf das Jahr 1945, dessen Einschätzung als „Nullpunkt" schon in der kritischen Retrospektive der frühen 1950er Jahre umstritten war und von der Forschung seit den 1970er Jahren zunehmend aufgegeben worden ist. Die Brüche und Formwandlungen der deutschen Kultur-, Bildungs- und Wissenschaftsgeschichte im „Zeitalter des Umbaus" (K. Mannheim) verlaufen, wenn nicht quer, so doch in einem deutlich versetzten Rhythmus zu den Perioden der politischen Geschichte. Die damit verbundene Frage, welche tiefer greifenden Veränderungen sich aus den mehrfachen Umwälzungen der staatlichen Ordnung Deutschlands zwischen 1918 und 1989 für die jeweiligen zeitgenössischen Kultur- und Bildungsinhalte ergeben – die Frage nach dem Spannungsverhältnis von Politik und Kultur also –, gehört zu den von der Forschung immer wieder thematisierten Problemfeldern, ohne indes bisher in epochenübergreifender Perspektive erschöpfend beantwortet worden zu sein.

Epochengrenzen

Eine gewisse, auch im internationalen Vergleichsrahmen gegebene Verklammerung erhält die Zeit zwischen 1914/18, 1945/49 und 1989/90 unter dem Aspekt der Krisenerfahrung im Blick auf traditionelle Kultur- und Bildungsinhalte [dazu jetzt umfassend 19: G. BOLLENBECK, Bildung und Kultur]. Diese Erfahrung, die aus dem späten 19. in das 20. Jahrhundert einmündet, bildet bis zu dessen Ausgang die aufs Ganze gesehen wohl bezeichnendste Epochensignatur. Für den deutschen Geschehensraum erhält diese Krisenerfahrung durch zwei das

Krisenerfahrung als Epochensignatur

Wechselverhältnis von Politik und Kultur hinfort bestimmende Sachverhalte besonderes Gewicht: die nachhaltige Erschütterung der kulturellen Identität Deutschlands 1933 sowie Zusammenbruch und Spaltung seiner Existenz als Kulturnation 1945. Der mit alledem gegebene Erfahrungshorizont war konstitutiv für die gesamte Zeit der Teilung und ist auch nach dem Umbruch von 1989/90 weiterhin latent wirksam.

1. Kultur-, Bildungs- und Wissenschaftsgeschichte des späten Kaiserreichs

1.1 Kultur und Gesellschaft im Umbruch

Durchbruch der künstlerischen Moderne

Die historische Beurteilung der Spätphase des deutschen Kaiserreichs stand lange Zeit unter dem Verdikt einer an politik-, verfassungs- und sozialgeschichtlichen Kriterien orientierten Sichtweise. Sie mochte dem obrigkeitlich geprägten „autoritären Nationalstaat" [62: W. J. MOMMSEN] kaum Entwicklungsperspektiven in Richtung einer sich allmählich modernisierenden und demokratisierenden Gesellschaftsordnung zusprechen. Demgegenüber ist von den Nachbardisziplinen der Geschichtsforschung, vor allem von der Kunstwissenschaft, schon früh darauf verwiesen worden, dass sich gerade in den Jahren um 1910 die Formierung der künstlerischen Moderne des 20. Jahrhunderts vollzog. Beide sich nicht unbedingt widersprechende Befunde zusammengenommen ergeben das komplexe Bild eines von Stagnation und Modernität gleichermaßen geprägten Zustandes, der dem kulturellen Gefüge des Wilhelminischen Deutschlands Übergangscharakter verlieh und in diesem Sinne überblickshaft thematisiert worden ist [Geistesgeschichte: 71: O. GRAF ZU STOLBERG-WERNIGERODE, Die unentschiedene Generation; Kulturgeschichte: 54: C. HEPP, Avantgarde; 60: R. LENMAN, Die Kunst, die Macht und das Geld; Alltagsgeschichte: 59: TH. KUCHENBUCH, Die Welt um 1900; 61: K. MAASE/W. KASCHUBA (Hrsg.), Schund und Schönheit]. Indes verbietet die Tatsache, dass die kreativen Leistungen des deutschen Kulturlebens während des letzten Vorkriegsjahrzehnts fast allesamt im Rahmen einer Art „Gegenkultur" zum offiziell geförderten Kunstbetrieb entstanden, eine Gesamtdeutung der Epoche als „modernistisch … par excellence" [121: M. EKSTEINS, Tanz über Gräben, 15].

Legitimationskrise des Bürgertums als Epochenphänomen

Die Beziehung der Gegenwartskunst mit ihren stark subjektivistischen und individualistischen Formschöpfungen zum bildungsbürgerlich geprägten Publikumsgeschmack wurde mit dem Aufkommen der literarischen und künstlerischen Avantgarde in den Jahren vor 1914 zunehmend problematischer. Dies verweist auf die latente kulturelle Identitäts- bzw. Legitimationskrise des Bürgertums als Epochenphänomen der Wilhelminischen Gesellschaft. Untersuchungen von W. J. MOMMSEN [Kultur und Politik im deutschen Kaiserreich, in: 62, 257–286; 64: Herausforderung] haben dieses Phänomen eindringlich thematisiert, zuletzt 1994 im Rahmen einer zusammenfassenden Darstellung des Spannungsverhältnisses von Politik und Kultur im kaiserlichen Deutschland [63: Bürgerliche Kultur, 41–58, 97–110]. Den Substanzverlust bürgerlichen Bildungsgutes bzw. bürgerlicher Bildungsideale in der Spätphase des Kaiserreichs sowie deren Transformation zu einer postbürgerlichen Kultur beschreiben verschiedene Sammelbände [z.B. 72: K. VONDUNG (Hrsg.), Bildungsbürgertum] und Beiträge im Rahmen des von J. KOCKA betreuten Forschungsprojekts „Bildungsbürgertum im 19. Jahrhundert" [113: P. LUNDGREEN, Konstituierung; 109: K. H. JARAUSCH, Krise], nicht zuletzt auch unter Herausarbeitung des Aufkommens neuer Legitimationsfelder und Identitätsstiftungsversuche im Umfeld wilhelminischer Weltpolitik [50: R. VOM BRUCH, Kaiser und Bürger].

W. J. MOMMSEN: Politik und Kultur im Kaiserreich

Die Krise der bürgerlichen Bildungsidee erscheint in der Rückschau als Teil einer nahezu alle Bereiche des intellektuellen Lebens umfassenden Krise der europäischen Kultur, deren Erfahrung den zeitgenössischen Bewusstseinshorizont um 1900 nachhaltig prägte [dazu M. SALEWSKI, in: AKG 53 (1971), 355–381] und in einer umfänglichen kultur- und zivilisationskritischen Literatur ihren publizistischen bzw. zeitdiagnostischen Niederschlag gefunden hat. Die Forschung hat dieses zivilisationskritische Schrifttum mittlerweile unter den verschiedensten Gesichtspunkten in den Blick genommen. Ideengeschichtlich ausgerichteten Studien [z.B. 69: F. STERN, Kulturpessimismus als politische Gefahr; 92: H.-J. LIEBER, Kulturkritik und Lebensphilosophie] traten Mentalitätsanalysen [z.B. 51: U. DREHSEN/W. SPARN (Hrsg.), Weltbildwandel] und wissenschaftsgeschichtliche Untersuchungen zur Seite, die sich um eine Erhellung des Zusammenhangs zwischen zivilisationskritischen Deutungsmustern und der Neuformierung bzw. -etablierung der Kulturwissenschaften bemühten [82: R. VOM BRUCH/ F. W. GRAF/G. HÜBINGER (Hrsg.), Kultur und Kulturwissenschaften, Bde. 1–2]. Dabei richtete sich der Blick vor allem auf einzelne Disziplinen, z.B. die Philosophie [95: W. PERPEET, Kulturphilosophie] oder die Soziologie [91: K. LICHTBLAU, Kulturkrise und Soziologie].

Kulturkrise

Zivilisationskritik

Von den zivilisationskritischen Deutungsmustern des intellektuellen Diskurses nach der Jahrhundertwende blieb auch die politische Kultur der spätwilhelminischen Zeit nicht unbeeinflusst, obgleich sich im

Politische Kultur und künstlerische Avantgarde

öffentlichen Raum, etwa in der Publizistik oder im Parteischrifttum, neben dem kulturpessimistischen auch das fortschrittsbezogene Paradigma als durchgängiger Epochentrend artikulierte. Bei den Repräsentanten der literarischen, künstlerischen und philosophischen Moderne indes blieb der kulturkritische Akzent vorherrschend, wie P. U. HEIN 1992 in einer die Entwicklungslinien kulturkritischen Denkens bis in die 1930er Jahre nachzeichnenden Darstellung verdeutlicht hat [52: Die Brücke ins Geisterreich]. Die Vertreter der Avantgarde fanden denn mehrheitlich auch nur sehr bedingt zu einem reformistischen Engagement im Rahmen des politisch-organisatorischen Systems des Kaiserreichs. Stattdessen verharrten sie in Distanz zum wilhelminischen Establishment und propagierten in ihren eigenen gesellschaftlichen Ordnungsentwürfen Maximen einer ethischen Lebensführung, die auf einen radikalen Bruch mit der bestehenden bürgerlichen Welt zielten. Die neuere Forschung hat sich diesen um Abstand zur politischen Kultur des Kaiserreichs bemühten und doch ihr zugehörigen fundamentalreformerischen Strömungen verstärkt gewidmet – etwa der Lebensreformbewegung [zuletzt 49: E. BARLÖSIUS, Naturgemäße Lebensführung] oder der Jugendbewegung [perspektivenreich 56: TH. KOEBNER/R.-P. JANZ/F. TROMMLER (Hrsg.), „Mit uns zieht die neue Zeit"]. Dabei wurde gezeigt, in welch starkem Ausmaß zahlreiche führende Intellektuelle des späten Kaiserreichs dessen politisch-gesellschaftlichen Lebensrahmen verwarfen [55: G. HÜBINGER/W. J. MOMMSEN (Hrsg.), Intellektuelle im Deutschen Kaiserreich]. Unstrittig ist freilich auch, dass dieser Lebensrahmen Raum zur Artikulation und Entfaltungsmöglichkeiten zur Etablierung eben jener kulturellen Moderne bot, die zum sozialen Ordnungsgefüge des Kaiserreichs in einem latenten Spannungsverhältnis stand. Die intellektuelle Avantgarde wahrte grundsätzliche, auch ästhetisch, im Sinne des Ideals vollkommener Kunstautonomie postulierte Distanz gegenüber den politischen Strukturen und Prozessen der Epoche, trug dabei aber gleichwohl mit großem publizistischen Engagement den Anspruch auf gesellschaftliche Fundamentalerneuerung vor.

Reformbewegungen

Medienkultur

Die zeitgenössische Medienkultur, in der sich solche Ambivalenzen verstärkt widerspiegelten, ist von der historischen Forschung unter zahlreichen Gesichtspunkten thematisiert worden. Schon relativ früh entstanden Handbuch- bzw. Überblicksdarstellungen, die aus presse- und publizistikgeschichtlicher oder medien- und kommunikationswissenschaftlicher Perspektive Entwicklungslinien einzelner Mediengattungen und -komplexe nachzeichneten, z. B. die der literarischen Zeitschriften vor 1914 [65, 66: F. SCHLAWE]. Publizistische Kommunikationsstrukturen und -schwerpunkte sind dabei ebenso eingehend untersucht worden [zuletzt 15: J. F. LEONHARD/H.-W. LUDWIG/D. SCHWARZE/ E. STRASSER (Hrsg.), Medienwissenschaft] wie einzelne Presseorgane oder meinungsführende Zeitungsverleger und politische Publizisten des späten Kaiserreichs, etwa R. Mosse [57: E. KRAUSS], M. Harden [73: B. U. WELLER] oder Th. Wolff [68: B. SÖSEMANN]. Neuerdings hat auch das komplexe Beziehungsgefüge zwischen Staat, Presse und Öffentlichkeit im Rahmen der politischen Kultur des Wilhelminischen Deutschlands eine zusammenfassende Darstellung gefunden [70: G. STÖBER, Pressepolitik als Notwendigkeit]. Dabei wurde deutlich, in welch starkem Umfang die staatliche Presse- und Informationspolitik im beginnenden Zeitalter der Massenkommunikation nicht nur auf kurzfristige Krisenbewältigung abzielte, sondern von konzeptionellen Reformansätzen innerhalb der Exekutive geprägt war, welche das Ausmaß und die Wirkung öffentlicher Medienkritik als politische Machtfaktoren bewusst in Rechnung zu stellen suchten [a.a.O., 23–83, 263–276]. Nimmt man zu alledem noch die Resultate einschlägiger Untersuchungen zur Handhabung der Zensur [z. B. 53: G. HENSE, Kommunikationsobservanz] oder zu den Einflussmöglichkeiten der publizistisch organisierten öffentlichen Meinung [z. B. 67: ST. SEELING, Organisierte Interessen], so zeigen sich im Blick auf die politische Kultur des späten Kaiserreichs bei allen strukturellen Mängeln und Defiziten durchaus Reformansätze und Entwicklungsperspektiven in Richtung eines modernen politisch-gesellschaftlichen Pluralismus [darüber zuletzt 58: F.-L. KROLL, Preußischer Stil?], welche die Qualität des Kontinuitätsbruchs von 1918/19 auch in dieser Hinsicht relativieren.

Presse und Publizistik

Politischer Pluralismus

1.2 Gelehrsamkeit und Wissenschaft, Schul- und Bildungspolitik

Gelehrtenkultur des Kaiserreichs

Im Unterschied zur literarisch-künstlerischen Avantgarde, die eine distanzierte Haltung zum politisch-gesellschaftlichen System der Vorkriegszeit einnahm, waren die meisten Vertreter der akademischen und wissenschaftlichen Welt in dessen Strukturen mehr oder weniger stark integriert. Allerdings war auch im Kreis der deutschen Gelehrten das Empfinden einer „Kulturkrise“ weit verbreitet. Doch wurden hier, wie F. K. RINGER 1969 in einer viel beachteten mentalitätsgeschichtlichen Studie aufgezeigt hat [98: Die Gelehrten, 12–22, 229–272], die mit dem Aufkommen der industriellen demokratischen Massengesellschaft verbundenen Veränderungen als Bedrohung der elitären, kulturtragenden Stellung der akademisch-universitären Bildungsschicht empfunden. Dies führte mehrheitlich zu Abwehrreaktionen gegenüber der Moderne, mit denen sich wiederum eine Verfestigung obrigkeitsstaatlicher

Gesinnung im akademischen Milieu verband. Spätere Arbeiten RINGERS haben die Fragestellung präzisiert und in vergleichend-gesamteuropäischer Perspektive analysiert [99: Education and Society]. Vor allem die angelsächsische Forschung hat diese Untersuchungsansätze aufgegriffen und weitergeführt, teilweise zustimmend, teilweise differenzierend bzw. modifizierend, und dabei die von RINGER den deutschen Universitätsprofessoren in holzschnittartiger Simplifizierung unterstellte Einheitlichkeit ihres Weltbildes stark relativiert [vgl. z.B. 108: K. H. JARAUSCH (Hrsg.), The Transformation of Higher Learning].

Sozialer Wandel an deutschen Universitäten

Im Gefolge der von diesen Untersuchungen aufgeworfenen Fragen hat sich die Forschung seit Beginn der 1980er Jahre dann verstärkt darum bemüht, die durch den sozialen Wandel der Hochindustrialisierung an den deutschen Universitäten hervorgerufenen Mentalitätsverschiebungen und Konfliktpotenziale auch im Blick auf andere, nicht zum etablierten „Mandarinentum" [98: F. K. RINGER, 15] zählende Universitätsangehörige aufzuzeigen. Dies geschah etwa hinsichtlich der Privatdozenten und Nichtordinarien [z.B. 81: R. VOM BRUCH, Universitätsreform als soziale Bewegung; 101: M. SCHMEISER, Akademischer Hasard] oder der Studenten [107: K. H. JARAUSCH, Students, Society and Politics, 160–233], hier neuerdings explizit auch im Blick auf die sich durch das Frauenstudium ergebenden Profilwandlungen [74: J. BLEKER (Hrsg.), Der Eintritt der Frauen]. Alle diese primär gesellschaftsgeschichtlich ausgerichteten Untersuchungen thematisieren die Wechselwirkung von ideologischen Bildungsprozessen und sozialem Wandel und sind mit ihren auf Verallgemeinerung und Typisierung zielenden Ergebnissen nicht unumstritten geblieben.

„Gelehrtenpolitik"

Ihnen zur Seite steht eine sich seit langem durch große Produktivität auszeichnende Forschungsliteratur, deren Augenmerk dem Selbstverständnis politisch exponierter Hochschullehrer des späten Kaiserreichs gilt. Das Interesse richtete sich dabei auf das wissenschaftspolitische und wissenschaftsorganisatorische Engagement dieser Schicht und galt damit jenem Phänomen, für das sich seit F. MEINECKES früher Begriffsprägung [HZ 125 (1922), 248–283] die Bezeichnung „Gelehrtenpolitik" anbietet.

R. VOM BRUCH: Politisches Engagement deutscher Professoren

In einer wegweisenden Untersuchung hat R. VOM BRUCH 1980 die Aktivitäten der einer solchen Haltung verpflichteten Gruppe von Professoren aus den Kulturwissenschaften, vornehmlich den seinerzeitigen „Leitdisziplinen" Nationalökonomie und Geschichtswissenschaft, detailliert analysiert. Er hat dabei anhand eines vorwiegend geistesgeschichtlich-hermeneutischen Instrumentariums die Reichweite gelehrtenpolitischer Einflussnahme auf die Ministerialbürokratie, auch und gerade über den zur Artikulation entsprechender

Vorstellungen verstärkt genutzten Typus der politischen Zeitschrift, zu bestimmen versucht [79: DERS., Wissenschaft, Politik und öffentliche Meinung, 11–57, 414–423]. Dabei trat ein stark sozialpolitisch geprägter Wirkungswille hervor, der – getragen vom Ethos einer überparteilichen, handlungsleitende moralisch-politische Orientierungen vermittelnden „Wertwissenschaft“ als Erzieherin der öffentlichen Meinung und eigenständiger Partnerin der politischen Führung – „einen beträchtlichen Beitrag zur Verständigung zwischen Bürgertum und Sozialdemokratie“ [a.a.O., 412] im Rahmen sozialkonservativer Integrationspolitik zu leisten vermochte.

Gelehrten-monographien

Möglichkeiten und Grenzen der Einflussnahme politisch ambitionierter Professoren im Wissenschafts- und Gesellschaftssystem des späten Kaiserreichs sind von der Forschung vorzugsweise im Blick auf das Wirken herausragender Vertreter kulturwissenschaftlicher Fachrichtungen beschrieben worden [Forschungsbericht von R. VOM BRUCH, in: AfS 21 (1980), 526–544]. Umfassende Monographien zur wissenschaftlichen und politischen Entwicklung einzelner Gelehrter liegen mittlerweile vor über L. Brentano [102: J. J. SHEEHAN], K. Breysig [75: B. VOM BROCKE], W. Dilthey [103: J. THIELEN], A. von Harnack [97: ST. REBENICH], K. Lamprecht [85: R. CHICKERING], F. Meinecke [93: ST. MEINEKE], J. Plenge und G. von Schulze-Gävernitz [89: D. KRÜGER], W. Sombart [90: F. LENGER], E. Troeltsch [87: H.-G. DRESCHER], A. Weber [86: E. DEMM] und M. Weber [94: W. J. MOMMSEN]. Dem deutlichen Überwiegen von Historikern bzw. historisch orientierten Nationalökonomen und Soziologen im Rahmen dieser biographischen Verortungsversuche seitens der Forschung entsprach die zeitgenössische Rollenzuweisung der Geschichtswissenschaften, die auch in der Zeit vor dem Ersten Weltkrieg ihre aus dem 19. Jahrhundert überkommene Funktion als Orientierungsgröße in weltanschaulichen und politischen Gegenwartsfragen behaupten konnten [dazu 88: N. HAMMERSTEIN (Hrsg.), Deutsche Geschichtswissenschaft].

Außeruniversitäre Großforschung

Neben der Gelehrtenpolitik des Wilhelminischen Deutschlands ist zunehmend auch die staatliche Wissenschaftspolitik jener mittlerweile als eigenständige Einheit der deutschen Universitäts- und Bildungsgeschichte gewerteten Epoche [so erstmals 84: L. BURCHARDT, Deutsche Wissenschaftspolitik] ins Blickfeld der Forschung getreten. In diesem Zusammenhang sind nicht nur der 1911 gegründeten „Kaiser-Wilhelm-Gesellschaft zur Förderung der Wissenschaften e.V.“ umfängliche Darstellungen gewidmet worden [Gründungsgeschichte: 83: L. BURCHARDT, Wissenschaftspolitik im Wilhelminischen Deutschland; historische Entwicklung: 23: B. VOM BROCKE/R. VIERHAUS (Hrsg.), Forschung im Spannungsfeld; Differenzierung in einzelne Institute: 22: B. vom Brocke/H. Laitko (Hrsg.), Die Kaiser-Wilhelm-/Max-Planck-Gesellschaft]. Auch andere Felder und Aspekte des um 1900 in Gang befindlichen Strukturwandels wissenschaftlicher Lehre und Forschung fanden das Interesse der neueren Historiographie. Dabei ist insbesondere die – bereits von A. Harnack [PJb 119 (1905), 193–201] diagnostizierte – Entwicklung zum arbeitsteilig organisierten wissenschaftlichen „Großbetrieb" [dazu die Überblicksdarstellung 38: G. A. Ritter, Großforschung und Staat] eingehender untersucht worden – neuerdings auch in dem Bestreben einer Vernetzung der zahlreichen Forschungen zu den einzelnen außeruniversitären bzw. außerstaatlichen wissenschaftssteuernden und -fördernden Institutionen im 20. Jahrhundert [24: R. vom Bruch/E. Henning (Hrsg.), Wissenschaftsfördernde Institutionen; 26: R. vom Bruch/R. A. Müller (Hrsg.), Formen außerstaatlicher Wissenschaftsförderung]. Auf die damit verbundenen Probleme der Vermittlung zwischen akademischer Forschung und technisch-industrieller Innovation ist dabei schon früh in großem Rahmen verwiesen worden [96: F. R. Pfetsch, Zur Entwicklung der Wissenschaftspolitik in Deutschland, 157 ff.]. Dies gilt auch für einen anderen Aspekt wissenschaftspolitischen Engagements im späten Kaiserreich: das hier deutlich zu konstatierende Streben nach kulturnationaler und ökonomischer Effizienzsteigerung deutscher Forschung im internationalen Wettbewerb, welches sowohl der staatlichen Wissenschaftsförderung als auch der mit ihr verbundenen auswärtigen Kulturpolitik zugrunde lag [80: R. vom Bruch, Weltpolitik als Kulturmission].

Strukturwandel der Wissenschaften

B. vom Brocke: Preußische Hochschul- und Wissenschaftspolitik unter F. Althoff

Der in den Jahren vor 1914 intensiv und gleichfalls mit Blick auf die bedrohte Konkurrenzfähigkeit des Reiches im internationalen Vergleichsrahmen betriebene Ausbau des preußisch-deutschen Hochschulwesens unter maßgeblicher Leitung des Wissenschafts- und Kulturpolitikers F. Althoff ist besonders durch die Forschungen B. vom Brockes minutiös rekonstruiert worden [76: B. vom Brocke, Hochschul- und Wissenschaftspolitik; 78: Ders. (Hrsg.), Wissenschaftsgeschichte und Wissenschaftspolitik, 15–44; 77: Ders., Die Entstehung der deutschen Forschungsuniversität]. Als Hauptintention des „Systems Althoff" erscheint dabei das Bestreben, zentralstaatliche Wissenschaftsverwaltung einerseits und föderalistische Strukturen des deutschen Bildungswesens andererseits miteinander in Einklang zu bringen und dabei außerdem den Veränderungen und Interessendifferenzierungen innerhalb der Hochschulorganisation Rechnung zu tragen. Eine dringend erwünschte, bisher indes noch ausstehende Biographie Althoffs – die Forschung ist noch immer angewiesen auf die ältere, trotz fehlender

Quellenangaben unentbehrliche Studie von A. SACHSE [100: Friedrich Althoff] – könnte das Problemgeflecht von Bildungsadministration und Personalpolitik, Institutsförderung und Wissenschaftsfinanzierung im Wilhelminischen Deutschland auch und gerade mit Blick auf die in alledem einbeschlossenen Reformpotenziale nachhaltig aufhellen.

Schulgeschichte und Schulpolitik

Im Rahmen bildungsgeschichtlicher Forschungen zum Wilhelminischen Deutschland nimmt die Erörterung des schulischen Sektors seit jeher breiten Raum ein. Die grundlegende und durch ihren Materialreichtum noch immer unentbehrliche „Geschichte des gelehrten Unterrichts" von F. PAULSEN [115: Bd. 2], die in 3. Auflage bis 1914 reicht, hatte hier Maßstäbe gesetzt, an die spätere Darstellungen anknüpfen konnten. Neue Untersuchungen nahmen dabei vor allem die Bildungsreformpolitik der preußischen Unterrichtsverwaltung in den Blick [104: J. C. ALBISETTI, Secondary School Reform], wobei die Entwicklung des niederen Schulwesens [111: M. LAMBERTI, State, Society and the Elementary School] sowie des Mädchenschulwesens [106: E. BLOCHMANN, Das „Frauenzimmer" und die „Gelehrsamkeit"], eingebettet in die allgemeine Geschichte der Frauenbildung und Frauenbewegung in Deutschland [117: G. TORNIEPORTH, Studien zur Frauenbildung], inzwischen ein eigenständiges Arbeitsfeld bildet [erste Bilanz: 110: E. KLEINAU/C. OPITZ (Hrsg.), Geschichte der Mädchen- und Frauenbildung, Bd. 2]. Auch die pädagogischen Gegenkonzeptionen zur offiziellen Schulpolitik sind in diesem Rahmen gut erforscht, vor allem die sozialdemokratischen Bildungsideen vor 1918 [105: U. BENDELE, Sozialdemokratische Schulpolitik; 115: N. SCHWARTE, Schulpolitik].

Keine „Schule der Untertanen"

Nicht durchsetzen konnte sich eine zeitweise mit großem Aplomb vorgetragene Sichtweise, die – im Gefolge der Bildungsreform-Diskussion und der studentischen Protestbewegung der späten 1960er Jahre – die gesamte preußisch-deutsche Schulpolitik vor 1914 pauschal als obrigkeitsstaatliche Disziplinierung im Sinne einer „Abrichtung" zum „Untertanen" [so H.-U. WEHLER, Das Deutsche Kaiserreich 1871–1918. 7. Aufl. Göttingen 1994, 122 ff.] zwecks Absicherung autoritärer Gesellschaftsstrukturen und hierarchischer Machtverhältnisse denunzierte [vgl. 30: H.-G. HERRLITZ/W. HOPF/H. TITZE, Deutsche Schulgeschichte]. Solchen Auffassungen ist durch Betonung der unverkennbaren Modernisierungstendenzen in der Schulpolitik des späten Kaiserreichs, die auf Expansion, Intensivierung und Qualitätssteigerung des Erziehungssystems auch mittels hoher finanzieller Aufwendungen zielte, vor allem von TH. NIPPERDEY entgegengetreten worden [114: Wie modern war das Kaiserreich, 16 ff.]. Aus dieser Sicht ergibt sich ein sehr differenziertes Bild der deutschen Erziehungs- und Bildungs-

„Modernität" der Bildungswirklichkeit vor 1914?

wirklichkeit in den letzten Jahren vor Kriegsausbruch, das von der Annahme einer „partielle[n] Modernisierung" und „breite[n] Öffnung zur sozialen Mobilität" im Sinne des Anbahnens einer „staatsbürgerlichen Gesellschaft" [a. a. O., 18, 16] ausgeht. Sozialhistorisch orientierte Überblicke zur Geschichte der Unterrichtspraxis [36: G. PETRAT, Schulerziehung] und zu den gesellschaftlichen Rekrutierungsmechanismen der wilhelminischen Bildungselite [112: P. LUNDGREEN, Sozialgeschichte der deutschen Schule; 31: M. KRAUL, Das deutsche Gymnasium] haben dieses Bild im Wesentlichen bestätigt.

1.3 Der „Kulturkrieg"

„Deutscher Geist" und Westeuropa

Die nahezu einhellige und weitgehend vorbehaltlose Solidarisierung der kulturellen und wissenschaftlichen Elite Deutschlands mit dem als Verteidigungskampf „deutscher Kultur" gegen „westliche Zivilisation" interpretierten Kriegskurs der kaiserlichen Regierung hat die neuere geschichtswissenschaftliche Forschung intensiv beschäftigt. So wurde nach einer entsprechend „militaristischen" Disponiertheit der intellektuellen Repräsentanten der deutschen Vorkriegsgesellschaft gesucht, um das in der Rückschau problematisch erscheinende „August-Erlebnis" von 1914 verständlich zu machen. K. VONDUNG hat in einer weit ausgreifenden geistesgeschichtlichen Analyse [154: Die Apokalypse in Deutschland, bes. 189–207] die spezifisch deutschen Traditionen endzeitlichen Denkens seit Mitte des 17. Jahrhunderts herausgearbeitet und nachzuweisen versucht, dass „die Deutschen ... eine besondere Neigung zu apokalyptischer Weltsicht" [a. a. O., 13] auszeichne, woraus sich auch die „Voraussetzungen des apokalyptischen Ausbruchs von 1914" erklären ließen [ebd., 196]. Weniger weit ausholend sind die Bemühungen, eine charakteristische Kriegsmentalität deutscher Gelehrter und Künstler, vor allem Schriftsteller [123: H. FRIES, Die große Katharsis], in den Jahren unmittelbar vor Kriegsausbruch zu konstatieren, wobei frühzeitig darauf hingewiesen worden ist, dass das Szenario vom Krieg als einer die Fesseln bürgerlicher Kultur sprengenden Katharsis bei den Vertretern der künstlerischen Avantgarde aller am Krieg beteiligten Nationen präsent und hier vielfach von handlungsleitender Qualität gewesen ist [136: K. VONDUNG (Hrsg.), Kriegserlebnis, 85 ff., 387 ff.; 120: H. EHRLICHER, Die Kunst der Zerstörung].

Apokalyptisches Denken?

Kriegsmentalität vor 1914

Intellektuelle und Krieg

Das publizistisch-politische Engagement deutscher Professoren im Ersten Weltkrieg ist erstmals 1969 von K. SCHWABE [131: Wissenschaft und Kriegsmoral] unter dem Gesichtspunkt des geistig-politischen Zerfalls der öffentlichen Meinung nach 1914 einer zusammenhängenden Analyse unterzogen und danach in mehreren Detailstudien näher beleuchtet worden [z.B. 130: DERS., Ursprung und Verbreitung des alldeutschen Annexionismus]. In der Folgezeit wurde dann vor allem versucht, den konkreten Anteil einzelner Gelehrter, z.B. U. von Wilamowitz-Moellendorffs [119: B. VOM BROCKE, „Wissenschaft und Militarismus"], an den Aufsehen erregenden Kriegsmanifesten der deutschen Intellektuellen aus den Anfangsjahren des Kampfes, besonders am Aufruf „An die Kulturwelt!" [134: J. UNGERN-STERNBERG VON PÜRKEL/W. VON UNGERN-STERNBERG], zu bestimmen. Detailstudien beleuchten das gruppenspezifische Verhalten von Vertretern einzelner Fachrichtungen, z. B. der Theologen [124: K. HAMMER, Deutsche Kriegstheologie] oder der Soziologen [125: H. JOAS, Die Klassiker der Soziologie und der Erste Weltkrieg]. 1996 wurde die Thematik in einem Tagungsband ausführlich erörtert [129: W. J. MOMMSEN/E. MÜLLER-LUCKNER (Hrsg.), Kultur und Krieg; dort die Beiträge zu Th. Mann (249ff.), F. Meinecke (97ff.), H. Oncken und G. Ritter (119ff.) sowie W. Sombart (65ff.)] und neuerdings in einer aus philosophiegeschichtlicher Perspektive gewichtenden Monographie zusammenfassend diskutiert [122: K. FLASCH, Die geistige Mobilmachung]. Zuletzt hat U. SIEG [133: Jüdische Intellektuelle im Ersten Weltkrieg] eine im Schnittpunkt von Politik-, Mentalitäts- und Ideengeschichte angesiedelte Studie vorgelegt, die auf hohem Interpretationsniveau den Wandlungen jüdischen Denkens im kulturellen Kontext der Kriegsjahre nachgeht.

Die „Ideen von 1914"

Breiten Raum nimmt in der Forschungsliteratur die Erörterung dessen ein, was als die „Ideen von 1914" zu den lange Zeit wirkmächtigsten und umstrittensten Denkfiguren der deutschen Geistesgeschichte zählte. Verschiedene Disziplinen haben sich an dem seit Jahrzehnten in Gang befindlichen Deutungsdiskurs beteiligt, neben der Geschichtswissenschaft [W. J. MOMMSEN, in: 62, 407–421; 128: DERS., Die „deutsche Idee der Freiheit"] in erster Linie die Philosophie [vgl. 127: H. LÜBBE, Die philosophischen Ideen von 1914] und die Literaturwissenschaft [vgl. 132: K. VON SEE, Die Ideen von 1789 und die Ideen von 1914]. Dabei trat dann gleichsam sachlogisch der Zusammenhang des „Geistes von 1914" mit der Zivilisationskritik der Jahre um 1900 zu Tage, um dessen Erhellung sich im Rahmen einer generellen Erörterung der Grundlagen und Erscheinungsformen des „Kulturkrieges" die jüngst vorgelegte Untersuchung von B. BESSLICH [118: Wege in den „Kulturkrieg"] erfolgreich bemüht hat. Über bisher dominierende mentalitäts- und sozialgeschichtliche Ansätze hinausgehend, erklärt BESSLICH mit den Methoden einer „integrierte[n] Literatur- und Kultur-

„Kulturkrieg" und Zivilisationskritik

geschichte [a.a.O., 29] das aggressiv nationalistische „kulturkriegerische“ Pathos deutscher Intellektueller nach 1914 (R. Eucken, Th. Mann, H. Bahr, J. Plenge) aus deren Verbindung zur Modernisierungskrise nach 1890. Dadurch werden Kontinuitätslinien sichtbar, die bereits auf Entwicklungsmomente der Nachkriegszeit verweisen, denn im antidemokratischen Denken der „Konservativen Revolution“ nach 1918 verbanden sich Zivilisationskritik, „Ideen von 1914“ und die weiterwirkenden Vorstellungen vom „Kulturkrieg“ zu einem explosiven Gemisch antiwestlicher „Deutschtumsmetaphysik“ [127: H. LÜBBE, 234], deren Brisanz im Rahmen der intellektuellen Deutungskultur der Weimarer Republik zuletzt im großen Rahmen von ST. BREUER [141: Ordnungen der Ungleichheit, 263–290] verdeutlicht worden ist.

2. Kultur-, Bildungs- und Wissenschaftsgeschichte der Weimarer Republik

2.1 Politik und Kultur im Spannungsfeld der Moderne

Die durch den Zusammenbruch des Kaiserreichs und die Etablierung der neuen, parlamentarisch-republikanischen Staatsordnung bedingte Ambivalenz der künstlerischen Avantgarde ist von der interdisziplinären kulturwissenschaftlichen Forschung erst allmählich erkannt und schlüssig herausgearbeitet worden. G. BOLLENBECK hat sie neuerdings im Rahmen einer weit ausgreifenden ideengeschichtlichen Interpretation der Auseinandersetzungen um die kulturelle Moderne einschließlich der damit verbundenen politischen Polarisierungen in Deutschland großräumig erörtert [20: Tradition, Avantgarde, Reaktion, 11–43, 207–252, 262–274]. War das die bildungsbürgerlichen Kunstkonsumenten verunsichernde Potenzial der künstlerischen Avantgarde in deren Entstehungszeit vor 1914 durch „das ausgleichende Klima des wilhelminischen Obrigkeitsstaates“ [a.a.O., 212] mit seinen „bürgerlich-liberale[n] Sekuritäten“ [ebd., 214] eingehegt, so erfolgte nach deren Fortfall zwar eine alle bisher noch bestehenden Restriktionen abbauende „Nobilitierung“ der kulturellen Moderne im neuen Staat, zugleich jedoch deren massive Verwerfung seitens des sich nun in seiner kulturellen Definitionsmacht enteignet fühlenden Bildungsbürgertums. Durch die Koppelung dieser kulturell-antimodernistischen Feindbildbestimmung mit dem nach 1918 rasch an Boden gewinnenden radikalnationalistischen Denken erhielt die Weimarer Deutungskultur eine zusätzlich polarisierende politische Brisanz.

„Freisetzung“ der kulturellen Moderne nach 1918

Weimarer Kultur: Gesamtdarstellungen

Diese Zusammenhänge sind seitens der älteren mit der Kultur der Weimarer Republik befassten Arbeiten nur ansatzweise bedacht worden. Von den hier bisher vorgelegten Gesamtdarstellungen besitzt die zu klischeehafter Vereinfachung und ideologischer Verzerrung neigende Studie von J. HERMAND und F. TROMMLER [151: Die Kultur der Weimarer Republik] heute nur noch antiquarisches Interesse. Aus marxistischer Perspektive definieren die Autoren „Weimarer Kultur" als Gesamtheit all jener Kräfte, die „etwas zur Förderung des … Sozialistischen beizutragen versuchten" [a. a. O., 111], und bieten dabei in weiten Teilen ihrer Darstellung eine im wesentlichen affirmative Nacherzählung der Kulturpolitik der KPD zwischen 1919 und 1932. Andere, dem entgegenstehende Tendenzen des Weimarer Kulturlebens werden entweder ausgeblendet oder in polemisch-denunziatorischem Jargon herabgesetzt. – Ein ähnlich selektives, weite Bereiche aussparendes Erkenntnisinteresse liegt auch der Untersuchung von P. GAY [144: Die Republik der Außenseiter] zugrunde. Seine These, „daß in der Weimarer Republik Kräfte des Fortschritts und der Emanzipation zum Durchbruch gelangten, die zuvor nur als fragwürdige oder kuriose Randerscheinungen toleriert wurden" [a. a. O., 15], schreibt die schon von H. PLESSNER [Die Legende von den Zwanziger Jahren, in: DERS., Diesseits der Utopie. Frankfurt/M. 1974, 101] entlarvte und seitdem vielfach widerlegte Auffassung fort, der politische Umbruch von 1918/19 habe auch auf kulturellem Gebiet die entscheidende Wende gebracht, d. h. der Moderne zum Durchbruch verholfen. – Fehlurteile dieser Art vermeidet W. LAQUEUR [160: Weimar], der nicht nur die relative Bedeutung des Jahres 1918 für die Entstehung der Avantgarde betont, sondern sich auch um „einen Blick jenseits des Gedankenguts und der Leistung der Avantgarde" bemüht, „um den mannigfaltigen Manifestationen der Weimarer Kultur gerecht zu werden" [a. a. O., 8, 9]. Eine dies bietende umfassende neuere Gesamtdarstellung des Kulturlebens in der Weimarer Republik steht indes noch aus.

Stattdessen bedient die Forschung vorzugsweise weiterhin die verschiedenen weltanschaulich-kulturellen Lager je für sich, entsprechend der starken Polarisierung der politischen Kultur Weimars in „Links" und „Rechts". Breiten Raum nimmt dabei, vor allem seit Beginn der 1970er Jahre, die Beschäftigung mit den Repräsentanten linksintellektuellen Denkens im literarischen und publizistischen Leben Deutschlands nach 1918 ein. Neben Untersuchungen zum Politikverständnis [163: D. MAYER, Linksbürgerliches Denken] und zum politischen Engagement linksintellektueller Autoren in der Anfangs- und Frühzeit der Republik [157: K. KREILER, Die Schriftstellerrepublik]

Linksintellektuelle

dominieren dabei Studien zum proletarisch-revolutionären Milieu der 1920er Jahre [grundlegend 143: W. FÄHNDERS/M. RECTOR, Linksradikalismus und Literatur]. Dabei sind auch organisationsgeschichtliche und kulturpolitische Aspekte in den Blick getreten [149: CHR. M. HEIN, Der „Bund proletarisch-revolutionärer Schriftsteller Deutschlands"]. Die problematische Rolle der hier meinungsführenden republikkritischen Autoren K. Tucholsky und C. von Ossietzky im Rahmen der politischen Kultur Weimars ist dabei ebenso Gegenstand eindringlicher Analysen gewesen [177: E. SUHR, Zwei Wege] wie das politische Engagement der beiden prominentesten literarischen Repräsentanten der Republik G. Hauptmann [159: K. A. KUCZYNSKI/P. SPRENGEL (Hrsg.), Gerhart Hauptmann] und Th. Mann [174: H. SIEFKEN, Thomas Manns „Dienst an der Zeit"]. Eigene Akzente setzte jüngst M. BRENNER mit einer Gesamtdarstellung jüdischer Kultur in der Weimarer Republik [138: Jüdische Kultur].

Rechtsintellektuelle

Die Beschäftigung mit der rechten republikkritischen Intelligenz erfolgte lange Zeit unter dem wesentlich von A. MOHLER [166] geprägten Begriffsparadigma der „Konservativen Revolution" [aktueller Forschungsüberblick 180: K. WEISSMANN, Die Konservative Revolution], dessen Brauchbarkeit zur typologischen Erfassung des „antidemokratischen Denkens in der Weimarer Republik" [175: K. SONTHEIMER] von der neueren Forschung indes zunehmend in Frage gestellt wird – bis hin zu dem Vorschlag, den Begriff „aus der Liste der politischen Strömungen des 20. Jahrhunderts" zu streichen [139: ST. BREUER, Anatomie der Konservativen Revolution, 181]. Eine adäquate Ersatzbezeichnung ist bisher allerdings nicht gefunden worden.

Weimarer Konservativismus und kulturkritisches Denken

Verstärktes Forschungsinteresse galt in diesem Zusammenhang den einzelnen intellektuellen Kreisen des Weimarer Konservativismus im Rahmen ihres jeweiligen publizistischen Umfeldes. Zuletzt hat hier B. PETZINNA [170: Erziehung zum deutschen Lebensstil] am Beispiel des „Ring"-Kreises den Ideengehalt und die politischen Einflussmöglichkeiten eines jungkonservativen Intellektuellenzirkels rekonstruiert. Auch die Verbindungslinien zwischen „Konservativer Revolution" und den verschiedenen Formen kulturkritisch-antimodernistischen Denkens nach der Jahrhundertwende wurden dabei nachgezeichnet [147: U. HASS, Militante Pastorale, 17–47] – exemplarisch analysiert im Blick auf die Wirkungsgeschichte des George-Kreises von ST. BREUER [140: Ästhetischer Fundamentalismus] und C. GROPPE [145: Die Macht der Bildung]. Bei alledem ist die neuere kulturwissenschaftliche Forschung zu einer zunehmend differenzierten Bewertung der „Modernität" einzelner Richtungen und Repräsentanten des Weimarer Kulturkonservativismus gelangt, die nicht einfach nur „antimodernistisch“ im Sinne einer traditionalistischen oder reaktionären Verteidigung konventioneller künstlerischer Formen und Inhalte gewesen sind und mit dem Hinweis auf ihre „regressive Unzeitgemäßheit“ [151: J. HERMAND/F. TROMMLER, 313] abgetan werden können. Vielmehr repräsentierten sie durchaus Varianten einer spezifischen Art von „Modernität“ in allerdings vielfältigen Brechungen und Schattierungen. Eine umfassende Sichtung und Deutung dieses Phänomens im Sinne einer „anderen Moderne“ [171: TH. ROHKRÄMER, 31 ff., 270–276, 343–326] ist bisher erst ansatzweise erfolgt [z.B. 152: D. HOFFMANN, Die Wiederkunft des Heiligen] und mit der Formel vom „reaktionären Modernismus“ [150: J. HERF] nur unvollkommen beschrieben.

Die „andere Moderne“

Die Vielfalt des Weimarer Kulturlebens hat die verschiedenen geisteswissenschaftlichen Fachrichtungen zu regen Forschungsaktivitäten inspiriert. Für nahezu alle Felder und Bereiche des Kulturschaffens liegen mittlerweile umfassende Untersuchungen vor. Besonders die Germanistik und die Kunstwissenschaft haben sich um Interpretationen bemüht, die eine Überschreitung der immanenten Fachgrenzen anstreben, das Weimarer Kulturleben in sozialhistorischer Perspektive verorten [z.B. 181: B. WEYERGRAF (Hrsg.), Literatur der Weimarer Republik, mit ausführlicher Bibliographie, 743–788] und dabei auch die politischen Implikationen künstlerischen Schaffens zwischen 1918 und 1933 allgemein herauszuarbeiten versuchen [vorbildlich 165: B. MILLER LANE, Architektur und Politik in Deutschland]. Dabei fanden einzelne, das Lebensgefühl der Epoche auf spezifische Weise widerspiegelnde Sektoren des Weimarer Kulturlebens wie beispielsweise das Theater mit der Metropole Berlin [173: L. SCHÖNE, Neuigkeiten vom Mittelpunkt der Welt] ebenso eingehende Berücksichtigung wie bestimmte, für die kollektive Bewusstseinsgeschichte der Deutschen nach 1918 repräsentative Erfahrungssegmente. Zu diesen gehörte vor allem das Kriegserlebnis in den unterschiedlichen Formen seiner mythenstiftenden [178: J. VERHEY, Der „Geist von 1914“], literarischen [167: H.-H. MÜLLER, Der Krieg und die Schriftsteller], künstlerischen [142: M. EBERLE, Der Weltkrieg und die Künstler] und allgemein mentalitätsgeschichtlichen Verarbeitung [153: B. HÜPPAUF (Hrsg.), Ansichten vom Krieg]. Das sich daraus ergebende kriegsverneinend-antimilitaristische Potenzial wurde dabei ebenso ausgelotet [146: D. HARTH/D. SCHUBERT/R. M. SCHMIDT (Hrsg.), Pazifismus zwischen den Weltkriegen] wie die durch das Kriegserlebnis bewirkten Mentalitätsverschiebungen, die zu einer wachsenden intellektuellen Brutalisierung und Gewaltbejahung führten [179: B. WEISBROD, Gewalt in der Politik].

Ausprägungsformen der Weimarer Kultur

Bedeutung des Kriegserlebnisses

„Massenkultur" Die Etablierung einer auf neuartige, massenbezogene Kommunikationstechniken und Konsummechanismen gerichteten „Freizeitindustrie" hat die jüngere Forschung gleichfalls mit zunehmender Intensität beschäftigt. Schon früh trat dabei die Entstehungs- und Entwicklungsgeschichte des Rundfunks in den Blick, dessen Institutionalisierung als Massenkommunikationsmittel im Spannungsfeld von Politik, Publizistik und Öffentlichkeit für die Zeit bis zur Etablierung der „Reichs-Rundfunk-Gesellschaft" 1925 in einer bis heute gültigen Pionierstudie von W. B. LERG [161: Die Entstehung des Rundfunks] und für die Jahre danach bis zur nationalsozialistischen Machtergreifung von H. BAUSCH [137: Der Rundfunk im politischen Kräftespiel] quellennah dargestellt worden ist. Inzwischen liegen Gesamtdarstellungen für den ganzen Zeitraum [162: W. B. LERG, Rundfunkpolitik in der Weimarer Republik] wie auch im Rahmen epochenübergreifender Fragestellungen vor [33: W. B. LERG/R. STEININGER (Hrsg.), Rundfunk und Politik 1923–1973]. – Später als der Rundfunk ist das Massenmedium Film ins Gesichtsfeld der historischen Forschung getreten, wobei sich deutliche Interessenschwerpunkte im Bereich der auf ein breiteres Publikum abzielenden Institutionengeschichte einerseits [z. B. 158: K. KREIMEIER, Die Ufa Story] und einer die Geschichte des Films im Rahmen der politischen Kultur der Weimarer Republik behandelnden Fragehaltung andererseits ausmachen lassen. – Nachdem auch andere Sektoren der Weimarer Popularkultur ernsthafte wissenschaftliche Zuwendung erfahren haben, etwa das Musikleben [172: CHR. SCHÄR, Der Schlager und seine Tänze; 156: E. JOHN, Musikbolschewismus], liegen neuerdings erste themenbezogene Ansätze zu einer theoretischen Durchdringung des für die Zeit nach 1918 in hohem Maße repräsentativen Phänomens der Massenkultur aus soziologischer bzw. kulturwissenschaftlicher Perspektive im Rahmen einer auch andere europäische Länder vergleichend einbeziehenden epochenübergreifenden Gesamtdeutung vor [z. B. 35: K. MAASE, Grenzenloses Vergnügen, 115–178].

Rundfunk

Film

Musik

Die Republik als Kulturstaat Das Verhältnis des Weimarer Staates zum zeitgenössischen Kulturleben und – umgekehrt – die Beziehung der künstlerischen Elite zu den Institutionen und Repräsentanten der Republik war von zahlreichen Dichotomien und Ambivalenzen geprägt. Der republikanische Staat unterstützte und förderte die zeitgenössische Kunst, vor allem die kulturelle Moderne, und trug wesentlich zu deren Etablierung bzw. „kulturstaatlichen Institutionalisierung" [20: G. BOLLENBECK, 274] bei. Die Ankauf- und Ausstellungspolitik der staatlichen Museen bot hier ebenso entsprechend genutzte Möglichkeiten wie die Vergabe offizieller architektonischer Aufträge vorzugsweise an die Vertreter des Neuen

Bauens ab etwa 1926 [154: N. HUSE, „Neues Bauen“]. Am Beispiel der 1920 eigens geschaffenen Institution des „Reichskunstwarts“ hat A. HEFFEN [148] die Bemühungen um eine offizielle Reichskunstpolitik für die gesamte Zeit der Republik nachgezeichnet. Auch die „Preußische Akademie der Künste“ bot der Avantgarde Raum zur Artikulation und Entfaltung, was schon bei den Zeitgenossen heftige Richtungskämpfe provozierte [155: I. JENS, Dichter zwischen rechts und links; 164: W. MITTENZWEI, Der Untergang einer Akademie].

Politische Kultur – Kultur in der Republik

Gleichwohl fand die überwiegende Mehrheit der nach 1918 in Deutschland literarisch und künstlerisch Tätigen dauerhaft keinen positiven Zugang zum republikanischen Staat und zu den parlamentarisch-demokratischen Funktionsmechanismen seiner politischen Ordnung. Die damit zusammenhängende Problematik der „politischen Kultur“ der Weimarer Republik ist mehrfach Gegenstand eindringlicher Studien gewesen, die das gesamte Themenfeld auszumessen bzw. einzelne Aspekte des Verhältnisses von Staat und Kultur, z.B. Probleme der Zensurpolitik [168: K. PETERSEN, Literatur und Justiz; 169: DERS., Zensur] nachzuzeichnen versuchten. Der Blick richtete sich hier nicht zuletzt auf die Spätphase ab 1930, deren polarisierte politische Atmosphäre im literarisch-publizistischen Bereich besonders heftigen Niederschlag gefunden hat. Sie ist in zahlreichen Detailstudien rekonstruiert worden, so etwa von B. SÖSEMANN im Blick auf das Resistenzpotenzial meinungsführender republikanisch-demokratischer Publizisten angesichts der Herausforderung von „Rechts“ und „Links“ [176: Das Ende der Weimarer Republik]. Insgesamt bestätigen alle diese Untersuchungen zu den verschiedenen Sichtweisen und Einstellungen der kulturellen Elite gegenüber der Republik die Einschätzung E. KOLBS [Die Weimarer Republik, 6. Aufl. München 2002, 96], der dafür plädierte, nicht von einer einheitlichen Kultur *der* Republik, sondern von einer vielfältig differenzierten Kultur *in der Zeit* der Republik zu sprechen.

2.2 *Wissenschaften und Universitäten*

Umbruchserlebnis 1918/19

Die starke Identifizierung der akademischen Elite mit der Kriegspolitik des kaiserlichen Deutschlands war zwar bei einem Teil der Wissenschaftler und Hochschullehrer seit 1915/16 einer zunehmend auf Ausgleich und Verständigung gerichteten Haltung gewichen, mit welcher eine erst unlängst im Detail rekonstruierte Demokratisierungsdebatte einherging [126: M. LLANQUE, Demokratisches Denken im Krieg]. Gleichwohl wurde der Zusammenbruch der alten, vor 1914 im Grundsätzlichen zumeist bejahten politischen Ordnung als entscheidender Kontinuitätsbruch empfunden, dessen Perzeption die historische Forschung schon früh beschäftigt hat. Vor allem die Einstellung der im geisteswissenschaftlichen Milieu weiterhin meinungsführenden Historikerschaft zur Umwälzung von 1918/19 ist in diesem Zusammenhang verschiedentlich untersucht worden. Aus der Perspektive der Zeitgeistforschung hat K. TOEPNER [207: Gelehrte Politiker und politisierende Gelehrte] schon 1970 „nach der politischen Bewusstseinsstellung der deutschen Hochschullehrer" gefragt [a. a. O., 16]. Dabei hat er besonders die Strategien professoral-publizistischer Bewältigung des Versailler Vertrags, der Weimarer Reichsverfassung und der neuen republikanisch-parlamentarischen Staatsordnung unter Einbeziehung des gesamten gelehrtenpolitischen Spektrums von der heterogenen Linken (F. Oppenheimer, G. Radbruch) über die liberal-konservative Mitte (H. Delbrück, F. Meinecke) bis zum katholischen (M. Spahn) und rechtsnationalistischen Lager (D. Schäfer) analysiert. Im Unterschied zu der von TOEPNER wie auch in einer nahezu zeitgleich erschienenen Studie von K. THIESSENHUSEN [205: Politische Kommentare deutscher Historiker] herausgestellten Kontinuität des politischen Denkens der untersuchten Hochschullehrergruppen betonen andere, der soziologischen Intelligenzforschung verpflichtete Arbeiten [z. B. 195: J. KURUCZ, Struktur und Funktion der Intelligenz] die geistigen Bruchzonen, die sich aus der mit zahlreichen kulturellen, gesellschaftlichen und institutionellen Depossedierungsängsten verbundenen Zäsur von 1918 ergaben [Bilanz des älteren Forschungsstandes bei H. DOERING, in: NPL 19 (1974), 340–352]. Der Verlust der bisher fraglos gewährleisteten materiellen Existenzsicherung und des durchgängig hohen Sozialprestiges der akademischen Intelligenz innerhalb der bildungsbürgerlichen Gesellschaftselite des Kaiserreichs führte nach dessen Sturz bei großen Teilen der Hochschullehrerschaft zu starken Identitätskrisen und zu einem Empfinden wachsender politischer Ortlosigkeit, dem eine weitgehende Ablehnung von Parteienstaat und weltanschaulichem Pluralismus korrespondierte.

Hochschullehrer und Revolution

Professorenschaft und Republik

In diesem Rahmen ist das Verhältnis der Professoren zur Weimarer Republik Gegenstand vielfältig differenzierter wissenschaftsgeschichtlicher Untersuchungen geworden [zum Spektrum demokratischer Hochschullehrer: 185: H. DOERING, Weimarer Kreis], wobei einzelne Disziplinen, z. B. die Philosophie [202: N. J. SCHÜRGERS, Politische Philosophie] oder die Geschichtswissenschaft [208: CHR. WEISZ, Geschichtsauffassung und politisches Denken], ebenso eingehende Berücksichtigung gefunden haben wie politisch bzw. wissenschaftspolitisch herausragende Gelehrte, z. B. H. Heller [201: W. SCHLUCHTER, Entscheidung für den sozialen Rechtsstaat] oder C. Schmitt [192: A.

Koenen, Der Fall Carl Schmitt]. Eine umfassende Gesamtanalyse der politischen Stellung der Hochschullehrer zum Weimarer Staat steht indes noch aus [vgl. den Forschungsbericht von Chr. Jansen, in: NPL 38 (1993), 179–220], so dass hier vorerst noch auf die ältere Untersuchung von F. K. Ringer [98] zurückgegriffen werden muss.

Studenten und Republik

Hingegen ist die Haltung der Studentenschaft zur republikanisch-demokratischen Ordnung mehrfach zusammenhängend erörtert worden [Forschungsskizze von M. Gehler, in: AfS 34 (1994), 300–332] – konzentriert auf die Weimarer Frühzeit von J. Schwarz [203: Studenten in der Weimarer Republik], im Blick auf die Jahre krisenhafter Zuspitzung nach 1930 von H. P. Bleuel [184: Deutsche Studenten, 130ff., 216ff.], unter besonderer Gewichtung der studentischen Affinität zum Nationalsozialismus in Ideologie und Praxis von M. H. Kater [191: Studentenschaft und Rechtsradikalismus, 111–205]. Dass die angesichts der eingetretenen Entwicklung verständliche Fokussierung des Forschungsinteresses auf das rechte antidemokratische Potenzial nicht den Blick für alternative Optionen verstellen sollte, hat U. Linse bereits 1974 in einer maßgeblichen Detailstudie zur Politik sozialistischer und sozialdemokratischer Studenten in der Revolutionszeit 1918/19 beispielhaft verdeutlicht [196: Hochschulrevolution].

Weimarer Intellektuellendiskurs

Einen etablierten Bereich interdisziplinärer Erforschung des Wissenschafts- und Bildungsmilieus der Weimarer Republik bildet mittlerweile die Beschäftigung mit dem die akademische, publizistische und literarische Deutungskultur der Zeit gleichermaßen einbeziehenden Phänomen des Intellektuellendiskurses [Forschungsübersicht von G. Hübinger, in: NPL 39 (1994), 34–54]. Ersten, das Untersuchungsfeld absteckenden bzw. bereits im Blick auf die kulturelle Moderne gewichtenden Untersuchungen folgten Mitte der 1990er Jahre mehrere Tagungsbände, die das Phänomen sowohl im Einzugsfeld der politischen Kultur Weimars als auch im Rahmen der deutschen Ideen- und Gelehrtengeschichte des 20. Jahrhunderts weiträumig und in interdisziplinärer Perspektive problematisierten [187: M. Gangl/G. Raulet (Hrsg.), Intellektuellendiskurse; 182: W. Bialas/G. G. Iggers (Hrsg.), Intellektuelle; 183: W. Bialas/B. Stenzel (Hrsg.), Die Weimarer Republik; zuletzt, als Forschungsbilanz, 39: J. Schlich (Hrsg.), Intellektuelle in Deutschland]. Ausdrücklich wird dabei das linke wie das rechte politische Lager der Weimarer Intelligenz gleichermaßen in die Analysen einbezogen und damit ein erster Ansatz zur Zusammenschau der von der Forschung bisher zumeist getrennt behandelten kulturellen Links-Rechts-Polarisierung in den Jahren nach 1918 bzw. 1930 geleistet. D. Hoeges [190: Kontroverse am Abgrund] hat in einer instruktiven Fallstudie 1994 Möglichkeiten und Grenzen einer die weltanschaulichen Zerklüftungen bewusst negierenden Verständigung zwischen zwei repräsentativen Vertretern der „freischwebenden Intelligenz" Weimars (E. R. Curtius und K. Mannheim) in Bezug auf gemeinsam verfochtene kultur- und geisteswissenschaftliche Forschungsansätze dargestellt.

Einzelne Wissenschaften

Zur Binnenentwicklung einzelner Wissenschaftszweige während der Weimarer Republik liegen inzwischen Monographien über zahlreiche Einzeldisziplinen vor [Forschungsbericht von F. LENGER, in: IASL 17 (1992), 150–180]. Vielfach dominiert dabei allerdings eine Perspektive, welche die Geschichte des jeweiligen Faches in der Zwischenkriegszeit lediglich als Vorgeschichte zu dessen Selbstpreisgabe an den Nationalsozialismus nach 1933 begreift und dem entgegenstehende Ansätze nur bedingt thematisiert bzw. deren Herausbildung wiederum nur als Präludium zur Emigration wertet. Teilweise wird der zeitliche Argumentationsrahmen dabei bewusst bis ans Ende des Dritten Reiches verlegt [vgl. z. B. für die Geschichtswissenschaft 46: P. SCHÖTTLER (Hrsg.), Geschichtsschreibung als Legitimationswissenschaft; für die Erziehungswissenschaft 222: H.-E. TENORTH, Zur deutschen Bildungsgeschichte, 49–75]. Dadurch werden Kontinuitätslinien sichtbar, deren Aufweis zweifellos von Belang ist, jedoch nicht dazu verführen darf, die genuinen Leistungen etwa der Weimarer Historiographie einer ideologiekritischen Totalrevision zu unterziehen und deren Anliegen auf antidemokratische Machtstaatsapotheose, vergangenheitsorientierte Personenverherrlichung und geopolitisch getarntes Imperialstreben zu reduzieren [so 186: B. FAULENBACH, Ideologie des deutschen Weges, 293–316]. Wie eine differenzierte, die Grenzen zwischen „bürgerlich"-nationaler und „völkischer" Geschichtsauffassung angemessen berücksichtigende Einschätzung eines konservativen politischen Historikers der Zwischenkriegszeit aussehen kann, hat W. NEUGEBAUER [200] im Blick auf den an der Königsberger „Grenzland"-Universität tätigen H. Rothfels vorbildlich gezeigt.

Geschichtswissenschaft

Philosophie

Detailliert aufgearbeitet wurde neuerdings die Disziplingeschichte der Philosophie im Rahmen einer den zeithistorischen Verflechtungen des Faches institutionell und biographisch nachspürenden Gesamtdarstellung von CHR. TILITZKI [206: Philosophie und Politik]. Dabei wird gleichfalls eine den Zeitraum von Weimarer Republik und Drittem Reich umfassende Perspektive eingenommen, die indes durch ein spezifisches, auf das politische und publizistische Engagement auch der Fachvertreter zweiten und dritten Ranges abzielendes Erkenntnisinteresse einen innovativen Akzent erhält. Dadurch werden die bisherigen, eher geistesgeschichtlich argumentierenden Interpretationsansätze zur Erhellung „rechten" [197: D. LOSURDO, Die Gemeinschaft, der Tod, das Abendland, 27–59] bzw. „linken" philosophischen Denkens [228: R. WIGGERSHAUS, Die Frankfurter Schule, 19–170] in der Zwischenkriegszeit um wesentliche prosopographische Facetten erweitert.

Nationalökonomie, Germanistik und Soziologie

Auf spezifische Wissenschaftstrends der Weimarer Epoche rekurrierende Untersuchungen sind auch in Bezug auf andere kulturwissenschaftliche Deutungsdisziplinen vorgelegt worden – so für die Nationalökonomie [194: C.-D. KROHN, Wirtschaftstheorien als politische Interessen], für die in den 1920er Jahren stark vom ideengeschichtlichen Interpretationsansatz dominierte Germanistik [193: CHR. KÖNIG/E. LÄMMERT (Hrsg.), Literaturwissenschaft und Geistesgeschichte] oder, wiederum in einer die Entwicklungslinien bis 1945 nachzeichnenden Blickrichtung, für die Soziologie [42: M. R. LEPSIUS (Hrsg.), Soziologie in Deutschland], die hinsichtlich ihrer methodischen Ausrichtung ebenfalls stark an geisteswissenschaftlichen Denkmodellen orientiert blieb.

Staatliche Wissenschaftsförderung

Dem Selbstverständnis der Weimarer Republik als Kulturstaat entsprach eine die Traditionen der Wissenschaftsförderung des Kaiserreichs auch im institutionellen Rahmen bewusst weiterführende Forschungspolitik, deren Organisation und Struktur erst jüngst in umfassenden monographischen Darstellungen eingehendere Berücksichtigung gefunden hat. Dies gilt vor allem für das Wirken der „Kaiser-Wilhelm-Gesellschaft zur Förderung der Wissenschaften" [22: B. VOM BROCKE/H. LAITKO, 197–355], die „Notgemeinschaft der Deutschen Wissenschaft" [198: U. MARSCH], den „Stifterverband für die Deutsche Wissenschaft" [40: W. SCHULZE], die „Deutsche Forschungsgemeinschaft" [188: N. HAMMERSTEIN] sowie die auf Hochbegabten-Förderung zielende „Studienstiftung des deutschen Volkes" [32: R.-U. KUNZE]. Nimmt man zu alledem noch die neuerdings gleichfalls in großem Rahmen betriebene, über die Systembrüche von 1918 und 1933 hinweg nach Kontinuitäten fragende Erforschung der Berliner Akademiegeschichte [28: W. FISCHER/R. HOHLFELD/P. NÖTZOLDT (Hrsg.), Die Preußische Akademie der Wissenschaften] sowie biographische Untersuchungen zum forschungspolitischen Wirken führender Gelehrter [z. B. M. Planck: 198: J. L. HEILBRON 1986; C. H. Becker: 199: G. MÜLLER 1991; F. Haber: 204: M. SZÖLLÖSI-JANZE 1998], so ergibt sich im Blick auf die Gesamtthematik ein breites Spektrum historiographischer Erkundungs- und Verortungsversuche, welche die Wissenschafts- bzw. Wissenschaftsförderungspolitik der Weimarer Epoche als ein inzwischen gut dokumentiertes Kapitel deutscher Wissenschaftsgeschichte des 20. Jahrhunderts erscheinen lässt.

Wissenschaftlerbiographien

2.3 Bildung und Schule

Schulpolitik

Der den Weimarer Bildungsdiskurs auszeichnende Reichtum an pädagogischen Neuansätzen und schulpolitischen Diskussionen steht in einem gewissen Kontrast zu den vergeblichen Versuchen einer strukturellen Veränderung des Erziehungswesens. Diese Tatsache hat die Forschung schon früh beschäftigt und von einem „Scheitern" der nach dem Umbruch von 1918 zunächst sehr ambitionierten Schulreformpolitik der Weimarer Republik sprechen lassen [so 213: CHR. FÜHR, Schulpolitik im Spannungsfeld]. Auf der Suche nach den Gründen für diese Entwicklung hat G. GRÜNTHAL [214: Reichsschulgesetz und Zentrumspartei] 1968 die entsprechenden Konfliktlinien von den Verfassungsberatungen 1919 bis zum endgültigen Scheitern aller Reichsschulgesetz-Entwürfe 1928 nachgezeichnet. Dabei hat er die letztlich unüberbrückbaren kulturpolitischen Interessengegensätze zwischen den Verfechtern einer katholisch-konfessionellen und den Anhängern einer „weltlichen" Schulerziehung im Rahmen der komplexen parteipolitischen Gemengelage der „Weimarer Koalition" als entscheidende Faktoren identifiziert [a.a.O., 237ff., 245ff.]. CHR. FÜHR [212: Zur Schulpolitik der Weimarer Republik] sieht hingegen in den kulturpolitischen Kompetenzstreitigkeiten zwischen Reich und Ländern die Hauptursache für das Nichtzustandekommen einer umfassenden schulpolitischen Strukturreform.

Detailstudien

Studien zu den schulpolitischen Positionen der SPD [225: W. WITTWER, Die sozialdemokratische Schulpolitik] sowie zu den organisatorischen und institutionellen Entwicklungen der einzelnen Schultypen – der Volksschule [216: A. LESCHINSKY] ebenso wie der Höheren Schule [217: S. F. MÜLLER] – haben der Erforschung der Schulgeschichte der 1920er Jahre auch aus erziehungswissenschaftlicher Perspektive maßgebliche Impulse verliehen. So wurden ältere, weiterhin unentbehrliche ideengeschichtliche Arbeiten, etwa die der geisteswissenschaftlichen Pädagogik verpflichteten Standardwerke von H. SIENKNECHT [221: Der Einheitsschulgedanke, 148–192] und W. SCHEIBE [220: Die reformpädagogische Bewegung], durch sozialgeschichtlich akzentuierte Fragestellungen ergänzt. Einen eigenen Akzent setzten 1993 H. BECKER und G. KLUCHERT [210: Die Bildung der Nation], deren mittlerweile ebenfalls zum Standardwerk avancierte groß angelegte Studie die Auseinandersetzungen um die Schule in epochenübergreifender Perspektive vom Kaiserreich bis in die späten 1920er Jahre auf breiter Quellen- und Literaturbasis [umfassende Bibliographie a.a.O., 507–530] eingehend resümiert.

Innerhalb der interdisziplinär arbeitenden historischen Bildungsforschung nehmen Untersuchungen zur Geschichte der Lehrerschaft, zu ihrer kollektiven Stellung in der deutschen Gesellschaft und zu den Modalitäten der Professionalisierung und Institutionalisierung des Lehrerberufs einen inzwischen nur noch für Spezialisten überschaubaren Raum ein. Den im Blick auf die Weimarer Zeit besonders fortgeschrittenen Forschungsstand hat R. BÖLLING [21: Sozialgeschichte der deutschen Lehrer, 103–135] instruktiv zusammengefasst und dabei vor allem die soziale Rekrutierung der Lehrerschaft sowie deren berufsspezifische Mentalität herausgearbeitet. Starkes Interesse fand in diesem Zusammenhang die politische und gesellschaftliche Sozialisation der Volksschullehrer, deren sich verändernden Ausbildungsweg im Rahmen der Entstehung der „Pädagogischen Akademien" R. WEBER [223: Die Neuordnung der preußischen Volksschullehrerbildung] nachgezeichnet hat. Daneben hat R. BÖLLING [211: Volksschullehrer und Politik] den Berufsverband der Volksschullehrer in der Weimarer Republik („Deutscher Lehrerverein") in seiner sozialen Zusammensetzung, schulpolitischen Programmatik und politischen Gesamtausrichtung analysiert und insbesondere die personellen Verflechtungen zwischen Verband und Parteien im Rahmen der politischen Kräftekonstellationen zwischen 1929 und 1933 untersucht. Lehrerschaft

Die Entwicklung der Erwachsenenbildung nach 1918 schließlich, mit den für die Bildungsgeschichte der Weimarer Republik charakteristischen zahlreichen Volksbildungsinstitutionen – Volkshochschulen, Volksbüchereien, Volksbühnenvereine und Buchgemeinschaften – bietet mittlerweile gleichfalls eine „Domäne von Spezialisten" [D. LANGEWIESCHE, in: 11: Bd. 5, 337], deren Struktur nicht zuletzt infolge der starken Differenzierung in verschiedene weltanschaulich-politische Richtungen und Interessen (katholisch, sozialdemokratisch, kommunistisch), die bildungshistorische Forschung der vergangenen Jahrzehnte vielfach beschäftigt hat. Vom Aufschwung sozialhistorischer Interessen seit Anfang der 1970er Jahre profitierten vor allem Darstellungen zur Geschichte der Arbeiterbildung [vgl. den Überblick 218: J. OLBRICH (Hrsg.), Arbeiterbildung], die in ihren diversen Erscheinungsformen zusammenfassend gewürdigt [219: N. REICHLING, Akademische Arbeiterbildung] und als Folge bzw. Funktion der künstlerisch-kulturellen Bestrebungen der organisierten Arbeiterschaft interpretiert worden ist [224: W. VAN DER WILL/R. BURNS, Arbeiterkulturbewegung, 75 ff.]. Hingegen fehlen zufriedenstellende neuere Analysen zur gerade in den 1920er Jahren intensiv betriebenen katholischen Erwachsenenbildung, so dass hier vorerst noch auf einschlägige Überblicksdarstel- Erwachsenenbildung Arbeiterbildung lungen [z. B. 37: F. PÖGGELER (Hrsg.), Erwachsenenbildung] zurückgegriffen werden muss. Dass sich bei alledem die zu Beginn der Weimarer Epoche mit einer Intensivierung der Erwachsenenbildung verbundenen Erwartungen auf deren politisch und sozial integrativ wirkende Kraft, rückblickend geurteilt, bei weitem nicht erfüllten – die Volksbildung blieb, nach dem resümierenden Urteil von D. LANGEWIESCHE [215: „Freizeit" und „Massenbildung", 245], „eingebunden in die überkommenen ... politisch-gesellschaftlichen Lager der Zeit" –, gehört zu den besonders im Erziehungssektor nicht eben wenigen uneingelöst gebliebenen Hoffnungen der ersten deutschen Republik.

Uneingelöste Hoffnungen

3. Kultur-, Bildungs- und Wissenschaftsgeschichte im Nationalsozialismus

3.1 Kultur, Politik und Lebenswirklichkeit

„Polykratische" Kulturpolitik des Regimes

Zu den maßgeblichen Erkenntnissen der neueren historischen Forschung zählt die Einsicht in die Vielschichtigkeit, Komplexität und Widersprüchlichkeit des nationalsozialistischen Herrschaftssystems. Gingen viele ältere Untersuchungen von der Annahme eines hierarchisch gestuften, auf klar eingeübten Befehlsstrukturen und Gehorsamsmechanismen beruhenden „Führerstaates" aus, so gilt es seit Anfang der 1970er Jahre zunehmend als erwiesen, dass das Dritte Reich, bei aller unbestreitbaren Bedeutung der Person A. Hitlers für die Integration der verschiedenen Machtzentren, einen zutiefst uneinheitlichen, von Kompetenzüberschneidungen, Amtsrivalitäten und institutioneller Desorganisation geprägten „polykratischen" Charakter besaß. Er manifestierte sich im kultur- und wissenschaftspolitischen Bereich mit besonderer Intensität und ist in diesem Sinne schon relativ früh durch repräsentative Untersuchungen aufgedeckt worden – 1963 von H. BRENNER [230: 63–86] in umfassender Perspektive, 1970 von R. BOLLMUS [228] im Blick auf Stellung und Funktion des „Amtes Rosenberg" für die nationalsozialistische Kulturpolitik, 1974 (3. Aufl. 2001) von M. H. KATER [249] hinsichtlich des wissenschaftspolitischen Engagements der SS. Diese Arbeiten haben den Nachweis erbracht, dass das bis dahin als Institution zur Steuerung des deutschen kulturellen Lebens nach 1933 als nahezu omnipotent eingeschätzte „Reichsministerium für Volksaufklärung und Propaganda" unter J. Goebbels den Kulturbereich ebensowenig in lückenloser Kontrolle zu reglementieren vermochte, wie das

Kunstverständnis Hitlers die hier allein normgebende und maßstabsetzende Instanz gewesen ist.

Die Rolle Hitlers

Die diesbezügliche Rolle des Diktators und sein konkreter persönlicher Einfluss auf die Kulturpolitik des Regimes sind weiterhin umstritten. Die Einschätzung der Forschung schwankt hier zwischen Unterbewertung und Überbetonung. Das Ausmaß entsprechender Einwirkungen in den einzelnen Kunstsektoren ist dabei unterschiedlich hoch zu veranschlagen: gering im Bereich der Literatur [270: D. STROTHMANN, Nationalsozialistische Literaturpolitik, 337 ff.] und der Malerei [226: K. BACKES, Hitler und die bildenden Künste, 90–96], einzelne Aspekte, z. B. den Wagner-Kult, betonend auf dem Feld der Musik [242: S. FRIEDLÄNDER/J. RÜSEN (Hrsg.), Richard Wagner im Dritten Reich], aber von ausschlaggebender Bedeutung hinsichtlich der Beteiligung an den Bauplanungen des Dritten Reiches sowohl in ihrer ideologischen [248: M. HINZ, Massenkult und Todessymbolik] als auch ihrer urbanistischen Dimension [238: W. DURTH/W. NERDINGER (Hrsg.), Architektur und Städtebau]. Die Verquickung von klar definierbaren baukünstlerischen Konzepten mit weltpolitisch-hegemonialen Ambitionen und Zielen kann seit der viel beachteten Studie von J. THIES [271: Architekt der Weltherrschaft, 62–104] als definitiv erwiesen gelten.

Architektur und Weltherrschaft

Die einzelnen Teilgebiete nationalsozialistischer Kulturpolitik sind von der interdisziplinären geisteswissenschaftlichen Forschung seit Anfang der 1980er Jahre verstärkt analysiert und 1991 von P. REICHEL [264: Der schöne Schein des Dritten Reiches] unter dem allerdings nicht unumstrittenen Paradigma „Faszination und Gewalt des Faschismus“ zusammenfassend dargestellt worden. Eine Fülle vorwiegend organisationsgeschichtlicher Publikationen beschäftigte sich explizit mit den literaturpolitischen Aktivitäten des Regimes, vor allem mit den Funktionsmechanismen der staatlichen bzw. parteiamtlichen, auf Lenkung und Kontrolle bedachten Institutionen, deren konkurrierende Interessen und Kompetenzen zuletzt J.-P. BARBIAN in einer groß angelegten Untersuchung zur Literaturpolitik im Dritten Reich nachgezeichnet hat [227]. In diesem Rahmen erfuhren auch die schriftstellerischen Interessenverbände [241: E. FISCHER, Schutzverband, 611–638], Standesvertretungen [231: H. BRENNER, Ende einer bürgerlichen Kunst-Institution] und Verlage [z. B. 256: S. LOKATIS, Hanseatische Verlagsanstalt] eingehende Erörterung. Alle diese Untersuchungen, die neuerdings in umfänglicher, zweibändiger Form auch bibliographisch mustergültig erfasst sind [13: J. HOPSTER/P. JOSTING], haben im Ergebnis gezeigt, dass die von polyzentrischen Zuständigkeiten geprägten Strukturen und Funktionsmechanismen nationalsozialistischer Litera-

Literaturpolitik

tur- bzw. Kulturpolitik keineswegs so lückenlos ineinandergriffen, dass sich nicht doch begrenzte Möglichkeiten für nichtregimekonformes Verhalten geboten hätten.

„Innere Emigration“

Begriff und Phänomen der in diesem Zusammenhang immer wieder erörterten „Inneren Emigration“ zählen nach wie vor zu den umstrittensten Themenfeldern der neueren historischen bzw. literaturgeschichtlichen Forschung [vgl. die Problemskizzen von U.-K. KETELSEN, in: DVJS 64 (1990), 707–725; W. HALDER, in: ZÄAK 40 (1995), 273–285]. Hier dominierten zunächst, in den 1970er Jahren, polemische Pauschalverurteilungen, die den nach 1933 in Deutschland lebenden und arbeitenden Schriftstellern eine „affirmative“, bei aller vermeintlichen Distanz zum Regime letztlich doch systemkonforme Haltung unterstellten [so z.B. 267: R. SCHNELL, Literarische innere Emigration]. Keine Berücksichtigung fanden in solchen Untersuchungen die spezifischen Kommunikationsbedingungen im Dritten Reich, die eine Alternative von „Dissens und Opposition“ oder „Mitläuferschaft und Kollaboration“ gar nicht zuließen. Seit Anfang der 1990er Jahre indes begann sich eine andere Sichtweise durchzusetzen. Betont wurde nun [prononciert 234: F. DENK, Die Zensur der Nachgeborenen, 235 ff., 264 ff.; abgeschwächter 235: DERS., Regimekritische Literatur; zuletzt eindringlich G. SCHOLDT, in: Zuckmayer-Jahrbuch 2002, 127–177] die zwischen Gegnerschaft und Anpassung oszillierende, zumeist halb getarnte, weil eben offen nicht zu artikulierende und daher oftmals kompromisshaft und mehrdeutig wirkende Regimekritik vieler „Innerer Emigranten“. Die Tatsache, dass auch „auf Seiten der Hitler-Gegner eine ... Fülle an Fehleinschätzungen“ im Blick auf die vom Nationalsozialismus ausgehende Bedrohung anzutreffen war [268: G. SCHOLDT, Autoren über Hitler, 918], lässt für manche jüngere Germanisten „die Unterscheidung von Schriftstellern des Exils mit denen im Reich“ sowie die geläufige Unterstellung, „die eine Autorengruppe habe die Lage hellsichtig, die andere völlig falsch beurteilt“ [a.a.O.], weitgehend hinfällig erscheinen. In neuester Zeit mehren sich denn auch Untersuchungen, in denen einzelne Repräsentanten der „Inneren Emigration“ und des Exils sowohl hinsichtlich gemeinsam bedachter ästhetisch-literarischer Topoi als auch im Blick auf verwandte moralische Haltungen [254: F.-L. KROLL (Hrsg.), Deutsche Autoren des Ostens] in vergleichender Perspektive einander gegenübergestellt werden [zuletzt 255: F.-L. KROLL (Hrsg.), Die totalitäre Erfahrung].

Neue Sichtweisen

„Innere Emigration“ und Exil

Ästhetische und haltungsmäßige Gemeinsamkeiten zwischen den Werken der „inneren“ und der „äußeren“ Emigration – vorbildlich herausgearbeitet für den Bereich der Bildenden Kunst schon 1986 von

W. HAFTMANN [246: Verfemte Kunst] – treten auch dann zu Tage, wenn man sie den Erzeugnissen typisch nationalsozialistischer Kunstproduktion gegenüberstellt. Dies ist allerdings seitens der interdisziplinären kulturwissenschaftlichen Forschung bisher erst relativ zögerlich und hinsichtlich der einzelnen Kunstgattungen in unterschiedlichem Ausmaß geschehen. Hier wurde vor allem der literarische Nationalsozialismus Gegenstand entsprechender Analysen, die das ihm zugeordnete „völkische" Bezugsfeld vor 1933 [272: K. VONDUNG, Völkisch-nationale und nationalsozialistische Literaturtheorie, 138–195; 252: U.-K. KETELSEN, Völkisch-nationale und nationalsozialistische Literatur, 79–105; 253: DERS., Literatur und Drittes Reich, 28 ff., 72 ff.] ebenso in den Blick nahmen wie die unbestreitbar vorhandenen Parallelen zu prinzipiell regimekritischen Autoren [z.B. 236: H. DENKLER/K. PRÜMM (Hrsg.), Die deutsche Literatur im Dritten Reich]. Jüngst erschienene Sammelbände [232: CHR. CAEMMERER/W. DELABAR (Hrsg.), Dichtung im Dritten Reich?; 233: W. DELABAR/H. DENKLER/E. SCHÜTZ (Hrsg.), Banalität mit Stil] haben die Vielfalt verschiedenartiger weltanschaulicher Artikulationsformen und ästhetischer Manifestationsmöglichkeiten in der Literaturproduktion des Dritten Reiches herausgestellt und mit alledem das Bild von der relativen Einheitlichkeit selbst der nach 1933 „vom Nationalsozialismus geförderten Literatur" [so 245: S. GRAEB-KÖNNEKER, Autochthone Modernität] zusehends relativiert.

„NS-Kunst"

Der literarische Nationalsozialismus

Auch die Musikpolitik im Dritten Reich ist mittlerweile durch zahlreiche Studien aus geschichts- wie vor allem auch aus musikwissenschaftlicher Perspektive gut dokumentiert. Älteren, zusammenfassenden Überblickswerken [z.B. 263: F. K. PRIEBERG, Musik im NS-Staat; 247: H.-W. HEISTER/H.-G. KLEIN (Hrsg.), Musik und Musikpolitik] traten in den 1990er Jahren zunehmend Untersuchungen zur Seite, die sich dem Musikleben in Deutschland nach 1933 unter der Perspektive nationalsozialistischer „Polykratie" widmeten [so vor allem 259: M. MEYER, The Politics of Music; 251: M. H. KATER, Die mißbrauchte Muse]. Dabei wurde sowohl in der „ernsten" Musik, z.B. der Oper [274: M. WALTER, Hitler in der Oper], als auch im Unterhaltungsgenre, z.B. dem Jazz [250: M.H. KATER, Different Drummers], ein zum Teil beachtliches Maß an Handlungsspielräumen und dissentierendem Potenzial diagnostiziert, das einen freilich begrenzten musikpolitischen Konzeptionenpluralismus innerhalb des Regimes widerspiegelt.

Musik im Dritten Reich

Zufriedenstellende Untersuchungen zur Bildenden Kunst des Nationalsozialismus besitzen – abgesehen von mehrfach vorgelegten Überblickswerken [z.B. 258: R. MERKER] – noch weitgehend Ausnahmecharakter. Dies dürfte nicht nur auf das qualitativ zumeist problema-

Bildende Kunst

tische Niveau entsprechender Werke zurückzuführen sein, sondern auch mit Überlegungen zusammenhängen, die im Falle eingehender öffentlicher Beschäftigung mit „Nazi-Kunst“ [K. STAECK (Hrsg.), Nazi-Kunst ins Museum? Göttingen 1988] deren ungewollte Aufwertung befürchten. Eine Ausnahme bildet in dieser Hinsicht allerdings die Auseinandersetzung mit den monumentalistischen Architekturschöpfungen des nationalsozialistischen Deutschlands, die in ihren eminent politischen Implikationen [261: J. PETROPOULOS, Art as Politics], ihrem gesamteuropäischen Bezugsfeld [269: H. SPIEKER, Totalitäre Architektur; 229: F. BORSI, Die monumentale Ordnung] sowie ihren Folgewirkungen im Nachkriegsdeutschland [27: W. DURTH, Deutsche Architekten, 117–309] ausführlich thematisiert worden sind.

Architektur

Deutsche Künstler im Exil

Einen durch zahlreiche grundlegende Studien auch im internationalen Rahmen weitläufig vermessenen Raum nimmt seit Jahrzehnten die Beschäftigung mit der kulturellen Emigration als „Teil der deutschsprachigen Kultur im 20. Jahrhundert“ ein [260: H. MÖLLER, Exodus der Kultur, 25]. Nach einer Epoche ungerechtfertigter Vernachlässigung bis in die 1960er Jahre [Forschungsbericht von R. ALBRECHT, in: NPL 28 (1983), 174–201; 29 (1984), 311–334] ist dabei vor allem den Vertretern der deutschsprachigen Exilliteratur durch das monumentale, vielbändige, aber nicht abgeschlossene Werk von H. A. WALTER [273: Deutsche Exilliteratur] eine gleichsam postume Wiedergutmachung zuteil geworden, welcher seitens der Fachwissenschaft vielfältige Präzisierungsbemühungen gefolgt sind: Sammelbände [z. B. 239: M. DURZAK (Hrsg.), Die deutsche Exilliteratur], groß angelegte prosopographische Untersuchungen [10: J. M. SPALEK/J. STRELKA/K. FEILCHENFELDT/S. H. HAWRYLCHAK (Hrsg.), Deutschsprachige Exilliteratur, Bde. 1–4] und Detailstudien [z. B. 262: D. PIKE, Deutsche Schriftsteller im sowjetischen Exil]. Nimmt man zu alledem noch die intensiv betriebenen biographisch-lexikalischen Forschungsprojekte zur künstlerisch-wissenschaftlichen Emigration im Allgemeinen [9, 14] und im Besonderen, etwa zum Exiltheater [17] oder zur Exilpresse [16], so kann das Feld der Kulturemigration mittlerweile als einer der am intensivsten erschlossenen Arbeitsbereiche der neueren kulturwissenschaftlichen Forschung gelten.

Lexikalische Erfassung der kulturellen Emigration

Kulturelle Lebenswelten nach 1933

Das gilt seit längerer Zeit auch für die kulturelle Lebenswirklichkeit im nationalsozialistischen Deutschland, die sich in einer gleichsam spiegelbildlichen Entsprechung zum Milieu des Exils bewegte. Die mentalitätsgeschichtliche Studie von H. D. SCHÄFER [266: Das gespaltene Bewußtsein, 114–162] trug entscheidend zur Erhellung der hier gegebenen Zusammenhänge bei. SCHÄFER machte 1981 als einer der Ersten darauf aufmerksam, dass zahlreiche Erscheinungsformen der

H. D. SCHÄFER: „Das gespaltene Bewußtsein“

Massenkultur und des Amerikanismus [dazu jetzt grundlegend 243: PH. GASSERT, Amerika im Dritten Reich] mit ihren Konsum- und Zerstreuungsmechanismen, wie sie dann vor allem für die westdeutsche Nachkriegsgesellschaft typisch werden sollten, bereits im Dritten Reich voll ausgeprägt gewesen sind. Diese der Unterhaltungskultur innewohnenden „pluralistischen" Tendenzen hatten angesichts ihres prinzipiellen Gegensatzes zur nationalsozialistischen Ideologie eine „Zwiespältigkeit" der „alltäglichen Erfahrung" [266: H. D. SCHÄFER, 123] sowie eine zutiefst uneinheitliche, „gespaltene" Lebenswirklichkeit zur Folge. Sie bildeten aber zugleich mentale bzw. haltungsmäßige Anknüpfungsmöglichkeiten für die Epoche nach 1945.

Die Forschung hat SCHÄFERS groß angelegtes Tableau in der Folgezeit zur kleinen Münze sektoral differenzierter Detailstudien geprägt und den verschiedenen Bereichen der nach 1933 stark expandierenden „Freizeitindustrie" ausführliche Analysen gewidmet. Rundfunk [237: A. DILLER] und Fernsehen [275: K. WINKER], Theater [240: TH. EICHER/B. PANSE/H. RISCHBIETER] und Film [265: E. RENTSCHLER, mit kompendiöser Bibliographie, 389–444] fanden hier das Interesse der medienwissenschaftlichen Forschung. Auch die Pressepolitik des Regimes wurde in diesem Zusammenhang ausführlich thematisiert, wobei die Mechanismen von Repression und Zensur ebenso herausgearbeitet worden sind wie die Möglichkeiten begrenzter Nonkonformität in einzelnen Zeitungen, z. B. der „Frankfurter Zeitung" [244: G. GILLESSEN], bzw. Zeitschriften, z. B. dem „Inneren Reich" [257: M. MALLMANN]. Alle diese Untersuchungen zusammengenommen zeigen, dass dem kulturellen Leben im Dritten Reich ein erheblich vielschichtigerer Charakter zugesprochen werden muss, als dies die nationalsozialistische Propaganda selbst und, in deren ungewolltem Gefolge, zahlreiche rückblickende Interpreten vielfach zu unterstellen geneigt waren. Dass auch die limitierte Duldung einer „politikfreien Sphäre" [266: H. D. SCHÄFER, 133] im Kulturbereich der Stabilisierung der Diktatur dienen sollte und nicht etwa die Bereitschaft der Machthaber zur Gewährung eines maßvollen weltanschaulichen Pluralismus widerspiegelte [darüber zuletzt F.-L. KROLL, Utopie als Ideologie, 2. Aufl. Paderborn u. a. 1999], ist von der seriösen Forschung ohnehin nie in Zweifel gezogen worden.

Einzelstudien

„Pluralismus?"

3.2 Wissenschaften und Universitäten

Neue Sichtweisen

Seit Anfang der 1990er Jahre erfuhr die Einschätzung der Rolle der Wissenschaften hinsichtlich ihrer inhaltlichen Ausrichtung und institutionellen Bedingungen im Dritten Reich eine deutliche Neubewertung.

Allerdings vollzog sich dabei ein der Erforschung des kulturellen Milieus nach 1933 weithin entgegengesetzter Akzentwandel. Hatten sich dort – im Blick auf dissentierendes Potenzial und regimekritisches Engagement – zunehmend Freiräume und mehr oder weniger stark genutzte Möglichkeiten nonkonformen Verhaltens offenbart, so eröffneten sich einer intensiv betriebenen Auseinandersetzung mit dem Phänomen „Wissenschaft im Dritten Reich" immer mehr Felder und Bereiche der Zusammenarbeit zwischen den akademischen Fachvertretern nahezu aller Disziplinen und dem nationalsozialistischen Regime.

Frühe Interpretationen

Die ersten, während der 1960er Jahre zunächst im Rahmen umfassender Vorlesungsreihen an verschiedenen Universitäten, z.B. Tübingen [283], München [280] oder Berlin [304], einsetzenden Versuche einer umfassenden Gesamtschau hatten sich in ihrer generell vorherrschenden Tendenz, das Phänomen primär im Sinne einer „politischen Vergewaltigung deutscher Wissenschaft durch den Nationalsozialismus" [H.-J. Lieber, in: 304, 6] zu interpretieren, rasch den Vorwurf eines „hilflosen Antifaschismus" eingehandelt. Es dauerte indes, auch nach dem wissenschaftspolitischen Paradigmenwechsel von 1968, noch beinahe anderthalb Jahrzehnte, bis die Forschung, maßgeblich auch aus angelsächsischer Perspektive, die Wissenschaftsgeschichte der einzelnen Disziplinen nach 1933 und deren mehr oder weniger starke Infiltration mit nationalsozialistischen Weltanschauungsinhalten eingehender zu untersuchen begann.

Einzelne Wissenschaften

Dabei fanden nicht nur solche Fachrichtungen verstärktes Interesse, denen infolge ihres spezifischen Profils ein besonderes Verhältnis zum Nationalsozialismus zukam, wie z.B. die Eugenik [320: P. Weingart/J. Kroll/K. Bayertz], die Biologie [279: U. Deichmann], die Rassenkunde [A. A. Lund, in: 26, 324–338] oder die „Ostforschung" [277: M. Burleigh]. Auch traditionelle kulturwissenschaftliche Leit- und Deutungsdisziplinen wie z.B. die Germanistik [294: R. Klausnitzer], die Philosophie [206: Chr. Tilitzki], die Soziologie [307: O. Rammstedt; 295: C. Klingemann], die Nationalökonomie [292: H. Janssen] oder die Alte Geschichte [299: V. Losemann] standen im Mittelpunkt des Interesses.

Geschichtswissenschaft

Vor allem das Selbstbild der Geschichtswissenschaft, lange Zeit als eine von partiellen weltanschaulichen Affinitäten zum Regime zwar nicht freie, insgesamt aber durch weitgehende inhaltliche Distanz und Aufrechterhaltung wissenschaftlich korrekter Arbeitsmethoden ausgezeichnete Disziplin stilisiert [so noch 289: H. Heiber, Walter Frank; 321: K. F. Werner, Das NS-Geschichtsbild], ist dabei zusehends relativiert worden [erstmals eingehend von 310: K. Schönwälder, Historiker und Politik, 16ff., 268–278; dazu die Kritik von F.-L. KROLL, in: ZRGG 48 (1996), 179–181; abgeschwächter von 323: U. WOLF, Litteris et Patriae]. Die Bereitschaft zu aktiver Unterstützung Hitlerscher Politik sowie zur Anpassung der Forschungsinteressen an die jeweiligen politischen Opportunitäten ging über den Modus gelegentlicher Kooperation vielfach weit hinaus. Spezifische Wissenschaftsprogramme, z.B. die „Volkstumsforschung" [305: W. OBERKROME, Volksgeschichte, 171–229; 287: I. HAAR, Historiker im Nationalsozialismus, 307–359; dazu sehr kritisch H. A. WINKLER, in: VfZ 49 (2001), 643–652], und einzelne Publikationsorgane, z.B. die „Historische Zeitschrift" und das „Historische Jahrbuch" [322: U. WIGGERSHAUS-MÜLLER], sind dabei ebenso Gegenstand neuester Untersuchungen gewesen wie prominente Repräsentanten der deutschen Geschichtswissenschaft nach 1945, z.B. K. D. Erdmann [298: M. KRÖGER/R. THIMME] oder W. Conze und Th. Schieder [G. ALY, in: 311: 163–182]. Auf allen Ebenen wurde eine erheblich stärkere Hinwendung zahlreicher Historiker zu den rassistisch-völkischen bzw. imperialistisch-hegemonialen Zielvorgaben des Nationalsozialismus sichtbar als bisher angenommen [bilanzierender Forschungsbericht von I. VEIT-BRAUSE, in: NPL 43 (1998), 36–66].

Verstärkte Anpassung an das Regime

Naturwissenschaften

In welch starkem Ausmaß nach 1933 auch die Naturwissenschaften der „nationalsozialistischen Wissenschaftsideologie" [H. MÖLLER, in: 317, 65] verhaftet waren, ist in den vergangenen Jahren gleichfalls zunehmend deutlich geworden. Mehrere Sammel- bzw. Tagungsbände widmeten sich entsprechenden Fragestellungen unter dem Gesichtspunkt der Ideologisierung bestimmter Wissenschaftsinhalte [vgl. bereits 301: H. MEHRTENS/ST. RICHTER (Hrsg.), Naturwissenschaft, Technik und NS-Ideologie; 308: M. RENNEBERG/M. WALKER (Hrsg.), Science, Technology and National Socialism] und mit der Frage nach Kontinuitäten in der Wissenschaftsentwicklung vor 1933 bzw. nach 1945 [302: CHR. MEINEL/P. VOSSWINCKEL (Hrsg.), Medizin, Naturwissenschaft, Technik und Nationalsozialismus]. Selbst vermeintlich „objektive" Disziplinen wie z. B. die Mathematik [300: H. MEHRTENS] und die Physik [276: A. D. BEYERCHEN] oder der NS-Ideologie zunächst ganz fern stehende Fachrichtungen wie z.B. die Psychologie [284: U. GEUTER; 285: C. F. GRAUMANN] sind mittlerweile hinsichtlich der im Dritten Reich exponierten Akteure und Institute, Forschungs- und Praxisfelder intensiv untersucht worden. Dabei fanden inhaltliche Entwicklungen, organisatorische Bedingungen und Wechselwirkungen mit dem Regime gleichermaßen Berücksichtigung – beispielhaft dargestellt am Wirken W. Heisenbergs von M. WALKER im Jahr 1990 [318: Die Uranmaschine] und erneut 2001 von P. L. ROSE [309: Heisenberg].

Universitätsleben

Die zwischen 1933 und 1945 an den deutschen Hochschulen herrschende Situation ist aus verschiedenen Perspektiven eingehender beleuchtet worden. Die Politik des „Nationalsozialistischen Deutschen Studentenbundes“ vor wie nach 1933 [grundlegend 282: A. FAUST] und die mentale Verfassung der deutschen Studentenschaft einschließlich des – nicht übermäßig großen – Widerstandspotenzials [286: M. GRÜTTNER] wurden Gegenstand sorgfältiger wissenschaftlicher Analysen. Auch die Studentischen Verbindungen im Dritten Reich fanden das Interesse vor allem der angelsächsischen Forschung [repräsentativ 319: R. G. S. WEBER]. – Um eine Typologie des Verhaltens der deutschen Professorenschaft in ihrer Gesamtheit hat sich die Wissenschaftsgeschichte mehrfach bemüht – sowohl in kursorischen Überblicken aus elitengeschichtlicher Perspektive [313: H. SEIER] als auch im Rahmen eines großräumigen Forschungstableaus, wie es H. HEIBER zwischen 1992 und 1994 in drei voluminösen Bänden vorgelegt hat [290: Universität unterm Hakenkreuz]. – Die Hochschulpolitik des Regimes hingegen hat bisher noch keine umfassende, alle strukturellen und inhaltlichen Aspekte ausgewogen berücksichtigende Gesamtdarstellung gefunden. Allerdings existieren auch hier Überblicksskizzen und Detailstudien zu Einzelfragen, z. B. zu der Einführung des Führerprinzips [314: H. SEIER] oder den universitätspolitischen Konzeptionen führender Nationalsozialisten, etwa A. Rosenbergs [R. BOLLMUS, in: 326, Bd. 2, 125–152], die den hohen Grad an weltanschaulich-politischer Infiltration des wissenschaftlichen Lehrbetriebs nach 1933 dokumentieren. Fallstudien zur Lage an einzelnen Hochschulen, die mittlerweile für zahlreiche größere deutsche Universitäten vorliegen – z. B. Bonn [291: H.-P. HÖPFNER], Freiburg [293: E. JOHN/B. MARTIN/M. MÜCK/H. OTT], Gießen [278: P. CHROUST], Göttingen [316: A. SZABÓ] oder Hamburg [297: E. KRAUSE/L. HUBER/H. FISCHER] –, bestätigen im Wesentlichen diese Befunde.

NS-Hochschulpolitik

Außeruniversitäre Forschung

Neben der universitär verorteten Wissenschaftspflege ist in den 1990er Jahren auch die staatliche hochschulfreie Forschung verstärkt ins Blickfeld des wissenschaftlichen Interesses getreten. „Kaiser-Wilhelm-Gesellschaft“ [296: U. KOHL] und „Deutsche Forschungsgemeinschaft“ [188: N. HAMMERSTEIN, 88–539] haben in diesem Rahmen gültige monographische Darstellungen gefunden. Das Tätigkeitsfeld der wissenschaftlichen Akademien [312: E. SEIDLER (Hrsg.), Die Elite der Nation] wurde ebenso ausgemessen wie einzelne Forschungseinrichtungen, Wissenschaftsunternehmungen und Förderinitiativen, z. B. die „Volksdeutschen Forschungsgemeinschaften“ von M. FAHLBUSCH [281] oder die „Aktion Ritterbusch“ von F.-R. HAUSMANN [288]. Dass gerade

Wissenschaftsemigration

hier, im Bereich außeruniversitärer Forschung, der Anteil emigrierter bzw. exilierter Wissenschaftler in den Jahren nach 1933 außergewöhnlich hoch gewesen ist, belegen mehrere größere, inzwischen abgeschlossene prosopographisch-biographische Forschungsprojekte zur Emigration von Kunsthistorikern [18: U. WENDLAND] und Wirtschaftswissenschaftlern [12: H. HAGEMANN/C.-D. KROHN]. Ihnen sind monographische Studien gefolgt bzw. vorangegangen, die sich detailliert mit der Vertreibung von Wissenschaftlern einzelner Disziplinen und dem daraus für die Forschung folgenden Niveauverlust beschäftigten, etwa in der Soziologie [306: S. PAPCKE], der Politikwissenschaft [315: A. SÖLLNER] oder neuerdings auch der Kunstwissenschaft [303: K. MICHELS].

3.3 Bildung, Schule und Unterricht

Historische Bildungsforschung

Die Untersuchung der ideologischen und praktischen Formwandlungen im deutschen Schul- und Bildungswesen nach 1933 ist seit den 1980er Jahren weitgehend eine Angelegenheit der Erziehungswissenschaft bzw. der historischen Bildungsforschung gewesen [frühe Bilanz 326: M. HEINEMANN (Hrsg.), Erziehung und Schulung im Dritten Reich, Bde. 1–2]. Genuin geschichtswissenschaftliche Beiträge zu diesem Themenfeld bilden hier eher eine Ausnahme. *Drei* große Themenbereiche haben die Forschung in diesem Zusammenhang vorrangig beschäftigt.

Völkisch-nationalsozialistische Pädagogik

(a) Die eher der Wissenschaftsgeschichte der Pädagogik zuzurechnende Rekonstruktion spezifisch nationalsozialistischer bzw. völkischer Erziehungstheorien in Deutschland [332: K. LINGELBACH, Erziehung und Erziehungstheorie; 330: W. KEIM (Hrsg.), Pädagogen und Pädagogik] hat den Nachweis relativ starker Kontinuitätslinien über die politische Zäsur des Jahres 1933 hinweg erbracht [Zusammenfassung 339: H.-E. TENORTH, Deutsche Erziehungswissenschaft; Forschungsüberblick 340: DERS., Wissenschaftliche Pädagogik]. Daraus resultierte noch nicht unbedingt eine gleichsam vorweggenommene Affinität der Pädagogik der Zwischenkriegszeit zum nationalsozialistischen Regime, wohl hingegen das Vorhandensein tragfähiger Anknüpfungspunkte, die es dem Nationalsozialismus erleichterten, auf massive Eingriffe in das überlieferte Schulsystem zumindest vorerst zu verzichten.

Schulpraxis

(b) Dies wird auch deutlich im Blick auf die in letzter Zeit stark vorangetriebene Erforschung des Schulalltags im Dritten Reich. Sowohl einschlägige Analysen der Lehrpläne, Lehrbücher und Unterrichtspraxis in einzelnen Fächern, z.B. Deutsch [327: N. HOPSTER/

U. NASSEN] oder Geschichte [325: H. GIES], als auch Untersuchungen zum situativen Rollenverhalten der Lehrerschaft [331: M. KLEWITZ, Lehrersein im Dritten Reich; 333: A. NATH, Studienratskarriere im Dritten Reich] haben klargestellt, dass von einer totalen Durchdringung des Schulunterrichts mit Elementen spezifisch nationalsozialistischer Ideologie auch nach 1933 bzw. 1939 keine Rede sein konnte [vgl. den Gesamtüberblick 338: H. SCHOLTZ, Erziehung und Unterricht unterm Hakenkreuz].

(c) Gut rekonstruiert sind mittlerweile auch die Mechanismen weltanschaulicher Indoktrination im Rahmen der Erziehungspolitik des Regimes. Hier hat zuletzt B. SCHNEIDER [335: Die Höhere Schule im Nationalsozialismus] die bildungspolitische und administrative Umsetzung der ideologischen Vorgaben des nationalsozialistischen „Erziehungsstaates" noch einmal detailliert nachgezeichnet und dabei vor allem die Funktionalisierung des höheren Schulwesens im Spannungsfeld konkurrierender bildungspolitischer Interessen herausgearbeitet. Dass diese Funktionalisierung und Indoktrination indes nicht so sehr im Rahmen des konventionellen Schulunterrichts erfolgte als vielmehr mittels zahlreicher nach 1933 neu installierter parteibezogener Institutionen und Organisationen, die das schulische Bildungsmonopol zusehends unterliefen, ist schon in den 1960er Jahren im Rahmen zahlreicher Untersuchungen zur Innenansicht des „Führerstaates" deutlich geworden [grundlegend noch immer 324: R. EILERS, Die nationalsozialistische Schulpolitik]. Die wesentlichen Instrumente zur Vermittlung spezifisch nationalsozialistischer Erziehungsinhalte sind in diesem Zusammenhang monographisch erschlossen: „Adolf-Hitler-Schulen" [334: D. ORLOW] und „NS-Ordensburgen" [336: H. SCHOLTZ] als Ausbildungsstätten der künftigen Staats- und Parteielite [zum Ganzen auch 337: H. SCHOLTZ, Nationalsozialistische Ausleseschulen] sowie die „Hitlerjugend" als staatlicher Jugendverband, dessen Konkurrenzstellung zur Schule die Forschung stark beschäftigt hat [repräsentativ 328: M. H. KATER, Hitlerjugend und Schule]. Eine kompendienhafte, die Forschungsergebnisse auf diesem Sektor bündelnde Gesamtdarstellung, die alle wesentlichen Aspekte nationalsozialistischer Erziehungspolitik zusammenfasst und dabei ausdrücklich auch deren nach 1945 fortwirkende „Erblasten" thematisiert, hat W. KEIM 1995 bzw. 1997 in zwei Bänden [329: Erziehung unter der Nazi-Diktatur] vorgelegt.

Indoktrination

Elitenschulung

4. Kultur-, Bildungs- und Wissenschaftsgeschichte der Bundesrepublik Deutschland

4.1 Kultur, Politik und Gesellschaft

Die wissenschaftliche Beschäftigung mit dem Wiederaufbau des kulturellen und geistigen Lebens in den drei westlichen Besatzungszonen bzw. nach 1949 in der Bundesrepublik Deutschland stand lange Zeit unter dem seit seiner erstmaligen Prägung durch den Publizisten W. DIRKS [in: FH 5 (1950), 942–954] rasch weit verbreiteten Schlagwort vom „restaurativen Charakter der Epoche". Der „Restaurations"-Vorwurf hat dann für lange Zeit – und vielfach recht unreflektiert – als Paradigma entsprechender Untersuchungen gedient, die der frühen Nachkriegszeit pauschal eine auf Reformverweigerung, mangelnde Bewältigung der nationalsozialistischen Vergangenheit und ausgebliebene Fundamentalerneuerung gerichtete Entwicklungstendenz unterstellten. Mittlerweile ist der äußerst diffuse „Restaurations"-Begriff hinsichtlich seiner Anwendbarkeit auf die kulturelle und intellektuelle Atmosphäre der 1950er Jahre von der neueren ideengeschichtlichen Forschung jedoch zusehends in Frage gestellt worden [z. B. 379: A. SCHILDT, Moderne Zeiten, 19 ff.]. Stattdessen hat sich eine Sichtweise durchgesetzt, welche die Ambivalenz der seinerzeit gegebenen Ausgangsbedingungen, ihr charakteristisches Oszillieren zwischen „Beharrung" und „Fortschritt" hervorgehoben hat. Dass bei alledem zahlreiche Kontinuitätslinien in die Zeit vor 1945 zurückweisen, hat H. D. SCHÄFER schon 1981 in seiner viel beachteten Untersuchung [266: Das gespaltene Bewußtsein, 55–71] mustergültig aufgezeigt. Dabei hat er exemplarisch herausgearbeitet, wie stark nahezu alle den Literaturbetrieb der frühen Bundesrepublik prägenden Repräsentanten der „jungen Generation" [a. a. O., 7–54] bereits im Dritten Reich durch Veröffentlichungen hervorgetreten waren. Eine echte „Nullpunkt"-Situation war damit von vorneherein ausgeschlossen.

Neuanfang oder Restauration?

Die starke Präsenz von Vertretern einer auf christlich-abendländische Traditionsbestände rekurrierenden Denkhaltung im geistig-kulturellen Milieu des ersten Nachkriegsjahrzehnts ist vor allem im Blick auf die Literatur [vgl. z. B. 358: J. HERMAND/H. PEITSCH/K. R. SCHERPE (Hrsg.), Nachkriegsliteratur] und auf die Zeitschriftenkultur jener Ära [372: I. LAURIEN, Politisch-kulturelle Zeitschriften] relativ gut erforscht. Fallstudien von A. SCHILDT zum „Abendland"-Diskurs der 1950er Jahre aus ideengeschichtlicher Perspektive [380: Zwischen Abendland und Amerika, 21–82] haben die Bedeutung konservativer

Abendländischer Traditionalismus

Traditionsbestände als zunächst formgebende intellektuelle Zeitfaktoren nach 1949 ebenso pointiert herausgestellt wie die Existenz respektabler Reformpotenziale. Diese vermochten zwar nicht alle mit dem Zusammenbruch des Nationalsozialismus verbundenen Zukunftserwartungen einzulösen, ließen aber doch in einzelnen Kulturbereichen durchaus innovative Strömungen dauerhaft zum Durchbruch gelangen, z.B. die „Gruppe 47" auf literarischem Feld [368: F. KRÖLL, Gruppe 47], die Abstrakte Malerei auf künstlerischem Gebiet [363: H. KÖRNER (Hrsg.), „Flächenland"] oder allgemein „reformistische" Tendenzen im Bereich von Architektur und Städtebau [377: J. und W. PETSCH, Bundesrepublik].

Reformpotenziale

Auch aus einem weiteren Grund erweist sich das Restaurationsparadigma als weithin untauglich zur pauschalen Kennzeichnung der kulturellen Gemengelage des ersten Nachkriegsjahrzehnts: Die Konzeption der „Umerziehung" („Re-education") durch die alliierten Siegermächte sollte das geistig-kulturelle Leben in Deutschland auf neue, demokratische Grundlagen stellen und eine einfache „Restauration" früherer Zustände ausschließen. Die in diesem Rahmen betriebene Kulturpolitik der Besatzungsmächte ist in den letzten Jahren Gegenstand intensiver Forschungen gewesen. Dabei traten sowohl übergeordnete Aspekte in vergleichend-interalliierter Perspektive [346: G. CLEMENS (Hrsg.), Kulturpolitik im besetzten Deutschland] als auch die kulturpolitischen Konzeptionen und Akzentsetzungen der einzelnen westlichen Besatzungsmächte in den Blick [Frankreich: 361: F. KNIPPING/J. LE RIDER (Hrsg.), Frankreichs Kulturpolitik; 389: ST. ZAUNER, Erziehung und Kulturmission; Großbritannien: 345: G. CLEMENS, Britische Kulturpolitik; USA: 349: H. GEHRING, Amerikanische Literaturpolitik; 354: M. HEIN-KREMER, Die amerikanische Kulturoffensive]. Verstärktes Forschungsinteresse richtete sich in diesem Zusammenhang nicht zuletzt auf die lokalen bzw. kommunalen Entwicklungsperspektiven innerhalb der einzelnen Besatzungszonen, wobei kulturelle Erneuerungstendenzen in einzelnen Städten, z.B. Berlin [382: W. SCHIVELBUSCH], Bonn [369: F.-L. KROLL], München [366: M. KRAUSS] oder Nürnberg [387: CL. WACHTER], ebenso Berücksichtigung fanden wie ausgewählte Aspekte dortigen kulturpolitischen Engagements. Gerade diese lokalgeschichtlichen Untersuchungen haben einmal mehr und wie in einem Brennspiegel deutlich werden lassen, wie stark das Ineinanderwirken beharrender und vorwärts weisender Kräfte die kulturelle Atmosphäre der Nachkriegsjahre bestimmt hat.

Alliierte Kulturpolitik

Lokale Perspektiven

Die „Amerikanisierung" bzw. „Westernisierung" westdeutschen Kulturlebens – nicht zuletzt Ziel und Folge der „Re-education"-Politik –

„Westernisierung" als „Modernisierung"

hat seit längerer Zeit verstärktes Interesse einer den Veränderungen des ideenpolitischen Klimas und der mentalitätsmäßigen Strukturen der 1950er Jahre nachspürenden Forschungsrichtung gefunden. Deren Erkenntnisstreben richtete sich vor allem auf die Auswirkungen der amerikanischen Populärkultur im Jugendmilieu der Adenauer-Ära [373: K. MAASE, Bravo Amerika] und neuerdings verstärkt auch auf eine vergleichende Inblicknahme „westlicher“ und „östlicher“ kultureller Sozialisationsmechanismen [359: K. H. JARAUSCH/H. SIEGRIST (Hrsg.), Amerikanisierung und Sowjetisierung, 11–46]. Jüngst präsentierte A. SCHILDT in diesem Umfeld einen Vorschlag, der sozial- und ideengeschichtliche Fragestellungen auf interpretatorisch hohem Niveau überzeugend miteinander verknüpfte [379: 16–37]. Demnach sollte die kulturelle und gesellschaftliche Entwicklung der Bundesrepublik in den 1950er Jahren explizit unter dem Forschungsparadigma der „Modernisierung“ gefasst und der Restaurationstopos im Blick auf den „Zeitgeist“ bzw. „Lebensstil“ der frühen westdeutschen Sozialkultur endgültig verabschiedet werden [dazu programmatisch 381: A. SCHILDT/A. SYWOTTEK (Hrsg.), Modernisierung im Wiederaufbau, 13–39]. Dieser Vorschlag dürfte sich auch hinsichtlich zukünftiger Analysen der kulturellen Entwicklung der Bundesrepublik als fruchtbar erweisen.

A. SCHILDT: „Zeitgeist“ der 1950er Jahre

Die beiden in diesem Rahmen bis jetzt vorgelegten Versuche einer zusammenfassenden Darstellung westdeutschen Kulturlebens in seinem Gesamtverlauf vermitteln kein in sich stimmiges Bild. J. HERMANDS zweibändige, bis 1985 reichende Darstellung [356: Kultur im Wiederaufbau; 357: Die Kultur der Bundesrepublik Deutschland] verzichtet aus marxistischer Perspektive von vorneherein darauf, die für die Jahre nach 1945 bzw. 1949 charakteristische Ambivalenz von „Beharrung“ und „Fortschritt“ angemessen zu diskutieren. HERMAND erblickt in der Vielfalt miteinander konkurrierender kultureller Konzeptionen lediglich eine politische Auseinandersetzung zwischen „bürgerlich-reaktionären“ und „sozialistisch-progressiven“ Kräften. H. GLASERS dreibändige Überblicksschrift wiederum [353: Kulturgeschichte der Bundesrepublik Deutschland, Bde. 1–3] vermag infolge ihrer feuilletonistisch-assoziativen Darbietungsform und ihrer teilweise überzogen subjektiven Wertungen den Anspruch, ein wissenschaftliches Niveau wahrendes Standardwerk zu präsentieren, nur sehr bedingt einzulösen. Hilfreich ist dagegen der handbuchartig konzipierte vierte Band der von W. BENZ herausgegebenen „Geschichte der Bundesrepublik Deutschland“ [342], dessen Beiträge die verschiedenen Bereiche der Hoch- wie auch der Alltagskultur in ihren maßgeblichen Entwicklungstendenzen zwischen 1945 und 1985 je gesondert behandeln.

Gesamtdarstellungen zur kulturellen Entwicklung nach 1945

Epochenabschnitte und Epochenzäsuren

Auch Analysen einzelner Zeitabschnitte zur Bestimmung kultureller Entwicklungstrends im Rahmen epochenbezogener Großzäsuren nach 1945 sind bisher nicht eben häufig unternommen worden. Mit Blick auf die 1950er Jahre hat A. SCHILDT [379] in seiner genannten Untersuchung zum „Zeitgeist" der frühen Bundesrepublik auch die kulturelle Gemengelage der Epoche gestreift, insbesondere das Feld der Massenkultur [a. a. O., 209–300] und den Bereich der Kulturkritik [ebd., 324 ff., 424 ff.]. Dabei hat er einmal mehr „fortschrittliche" Aspekte der von der älteren Forschung vielfach pauschal als „reaktionär" gescholtenen Adenauerzeit herausgestellt. Für die 1960er bzw. 1970er Jahre fehlen Monographien vergleichbar fundierter Art. Allerdings ist mit Blick auf den das intellektuelle Klima Westdeutschlands grundlegend verändernden Epocheneinschnitt von 1968 neuerdings eine Zunahme entsprechender Forschungsaktivitäten zu verzeichnen, deren Schwerpunktsetzung beispielhafte Bedeutung für eine interdisziplinär argumentierende „Kulturgeschichte der Bundesrepublik" gewinnen könnte. Lange Zeit dominierte hier das Genre jubiläumsbedingter Zwischenbilanzen bzw. Spezialuntersuchungen, die den Auswirkungen des Paradigmenwechsels von 1968 in einzelnen Kommunikationsmilieus und Kultursektoren nachgingen, etwa in der Literatur [z. B. 343: K. BRIEGLEB, 1968] oder der Bildenden Kunst [exemplarisch 371: B. LANGE, Joseph Beuys, 110–133]. Mittlerweile hat die Forschung jedoch, aus einem zeitlichen Abstand von drei Jahrzehnten urteilend, erste Gesamtdeutungen des Phänomens „1968" vorgelegt [365: W. KRAUSHAAR, 1968; 351: I. GILCHER-HOLTEY, Die 68er Bewegung; Forschungsbericht von K. WEINHAUER, in: NPL 46 (2001), 412–432]. Die intellektuellen Voraussetzungen der „Studentenrevolte" wie deren Folgewirkungen für die politische Kultur der Bundesrepublik und anderer westlicher Gesellschaften resümiert – unter dem Interpretationsparadigma „Soziale Bewegungen" – von I. GILCHER-HOLTEY herausgegebenes Sammelwerk [352].

„Paradigmenwechsel" von 1968

Literatur

Im Blick auf die verschiedenen Teilsegmente westdeutschen Kulturschaffens fand vor allem die literarische Entwicklung in der Bundesrepublik starke Aufmerksamkeit der Forschung. Hier liegen mittlerweile zahlreiche Gesamtüberblicke vor, die ihrerseits wiederum literaturwissenschaftliche Beurteilungsmaßstäbe und Entwicklungstrends der 1970er [347: M. DURZAK (Hrsg.), Die deutsche Literatur der Gegenwart, 7–12], 1980er [348: L. FISCHER (Hrsg.), Literatur in der Bundesrepublik, mit umfassender Bibliographie, 758–823] und 1990er Jahre widerspiegeln [344: K. BRIEGLEB/S. WEIGEL (Hrsg.), Gegenwartsliteratur, gleichfalls mit umfassender Bibliographie, 803–851] und dabei den der Literatur jeweils zugeordneten gesellschaftlichen

Bezugsrahmen eingehend berücksichtigen. Das gilt auch für die mittlerweile in reicher Zahl präsentierten Darstellungen zur westdeutschen Theaterkultur. Ihre für das intellektuelle Selbstverständnis der Bundesrepublik jahrzehntelang maßgeblichen Manifestationsformen sind, einer primär nach Jahrzehnten rechnenden Epocheneinteilung folgend, im Blick auf die Zeit des „Wiederaufbaus" [374: P. MERTZ, Das gerettete Theater] ebenso gut dokumentiert wie für die 1970er [355: G. HENSEL, Das Theater der siebziger Jahre] und 1980er Jahre [383: W. G. SEBALD (Hrsg.), A Radical Stage]. Theater

Vielfältig differenziert sind die Untersuchungen zur Entfaltung der westdeutschen Medienkultur seit 1945 bzw. 1949, welche die kulturellen Modernisierungstendenzen der Nachkriegszeit in besonderem Maße widerspiegelt. Rundfunk [341: H. BAUSCH, Rundfunkpolitik nach 1945] und Fernsehen [367: H. KREUZER/CHR. THOMSEN (Hrsg.), Geschichte des Fernsehens in der Bundesrepublik Deutschland, Bde. 1–5] als seit 1949 zunehmend dominierende Formen einer sich allmählich herausbildenden Wissens- und Informationsgesellschaft standen hier ebenso im Mittelpunkt publizistik- und medienwissenschaftlicher Analysen wie die Entstehung und Struktur des von den Alliierten auf Lizenzbasis neu geordneten Pressewesens [364: K. KOSZYK, Pressepolitik für Deutsche]. Nimmt man zu alledem noch die seitens cineastischer Detailforschung, insbesondere zur Entwicklung des „Neuen Deutschen Films", vorgelegten Untersuchungen [zusammenfassend 378: H. G. PFLAUM/H. H. PRINZLER, Film in der Bundesrepublik], so ergibt sich ein beachtlicher Fundus einzelwissenschaftlicher Resultate. Die Verknüpfung dieser Resultate im Sinne einer Synthese, welche die Anregungen moderner kulturgeschichtlicher Methodenansätze aufgreift und sie für die gesamte Dauer des westdeutschen Teilstaates zwischen 1949 und 1990 fruchtbar zu machen versucht, steht indes, wie erwähnt, noch aus. Medienkultur

Erste Ansätze liegen hingegen zu einer über die Ergebnisse der Einzelforschung hinausgehenden zusammenfassenden Analyse des spannungsreichen Verhältnisses von Politik und Kultur in der westdeutschen Nachkriegsgesellschaft vor. Besonders K. SONTHEIMER hat sich mehrfach dieser Thematik gewidmet [zuletzt 386: So war Deutschland nie, 231 ff.] und dabei die Dichotomie von „Geist" und „Macht", vor allem das vielfach gebrochene Verhältnis der das kulturelle Milieu seit den ausgehenden 1960er Jahren weitgehend dominierenden Linksintelligenz zum politischen Establishment betont [384: DERS., Das Elend unserer Intellektuellen, 239–259; 385: DERS., Zeitenwende, 60 ff., 66 ff., 72 ff.]. Daneben stehen zahlreiche Untersuchungen, die das politische Engagement einzelner, für die politische Kultur der Bundesrepu- Politik und Kultur blik repräsentativer Intellektueller, wie z. B. K. Jaspers [360: R. KADEREIT], G. Mann [362: J. KOCH] oder C. Schmitt [370: D. VAN LAAK], personenbezogen nachzeichnen bzw. gruppenspezifisch verorten. Vorrangiges Interesse fanden speziell die politischen Aktivitäten westdeutscher Schriftsteller, deren – umstrittene – Anteilnahme am staatlichen Leben der Bundesrepublik mehrfach dargestellt und im Blick auf die damit verbundenen kultur- und gesellschaftspolitischen Implikationen schon früh erörtert wurde [repräsentativ 375: H. L. MÜLLER, Die literarische Republik]. Ob die intellektuellen Repräsentanten der Bundesrepublik im Gefolge des nationalen Einigungsprozesses nach 1990 neue Formen und Möglichkeiten der Identifikation mit einem erst noch einzuübenden, gesamtdeutsch verantworteten Kulturbewusstsein entwickeln werden, kann die Forschung vorerst nur hypothetisch beschäftigen [z. B. 350: B. GIESEN, Die Intellektuellen und die Nation; 388: V. WEHDEKING, Die deutsche Einheit und die Schriftsteller; 376: J.-W. MÜLLER, Another Country, 20 ff., 226 ff.].

4.2 Wissenschaft, Lehre und Forschung

„Vergangenheitsbewältigung“

Der Wiederaufbau des Lehr- und Wissenschaftsbetriebs an den westdeutschen Universitäten nach 1945 ist von der zeithistorischen Forschung erst relativ spät analysiert und zum Gegenstand kritischer Rekonstruktionsbemühungen erhoben worden. Als leitendes Paradigma diente dabei zumeist der nicht unumstrittene Begriff der „Vergangenheitsbewältigung“. Seine inhaltlichen Möglichkeiten und Grenzen sind inzwischen vielfach erörtert worden – neuerdings in einer die Diskussion seit 1945 bilanzierenden Zusammenschau [399: TH. HERZ/M. SCHWAB-TRAPP (Hrsg.), Umkämpfte Vergangenheit]. Mit Blick auf das westdeutsche Wissenschaftsmilieu nach 1945 bzw. 1949 sind in diesem Rahmen *zwei* Themenbereiche besonders intensiv erörtert worden.

Wiedereingliederung belasteter Wissenschaftler

Der erste dieser beiden Themenbereiche betrifft das Problem der Wiedereingliederung von – ideologisch belasteten – Wissenschaftlern in das akademische Leben der jungen Bundesrepublik. Die hier teilweise äußerst kontrovers geführte Diskussion über Erinnerungsverweigerung und Erinnerungsverdrängung einerseits [so 396: N. FREI, Vergangenheitspolitik] oder partiell durchaus vorhandene Bereitschaft zur Aufarbeitung der vom Dritten Reich hinterlassenen moralischen Hypothek andererseits [so 406: M. KITTEL, Die Legende von der „Zweiten Schuld“, 9–66] ist bisher, von wenigen Ausnahmen abgesehen [z. B. 391: M. G. ASH, Verordnete Umbrüche], noch kaum auf spezifisch hochschulpolitische Konstellationen übertragen worden. Als besonders ergiebig erwiesen sich Fallstudien aus dem Bereich der Rechts- [417: R. SCHRÖDER, Die Bewältigung des Dritten Reiches] und der Geschichtswissenschaft [402: R. HOHLS/K. H. JARAUSCH (Hrsg.), Versäumte Fragen]. Die deutsche Vereinigung verlieh der gesamten Fragestellung zusätzliche Brisanz, wie die inzwischen mehrfach unternommenen Versuche einer vergleichenden Inblicknahme entsprechender „Bewältigungsmechanismen" in West und Ost nach 1945 [398: J. HERF, Zweierlei Erinnerung] bzw. 1989/90 [400: CHR. HOFFMANN, Stunden Null?] belegen.

Einflüsse der Remigration

Der zweite unter dem Aspekt der „Vergangenheitsbewältigung" von der wissenschaftsgeschichtlichen Forschung vorrangig diskutierte Themenbereich betrifft die Frage nach der Bedeutung von „Exil und Remigration" im Blick auf eine Neuformierung des deutschen akademischen Lebens nach dem Zusammenbruch des Nationalsozialismus [neuester, sehr selektiver Überblick 407: M. KRAUSS, Heimkehr in ein fremdes Land]. Zur Erörterung standen hier vor allem der partielle Innovationsschub, den die westdeutsche Wissenschaft infolge der Remigranten erfahren hat [dazu repräsentativ 408: C.-D. KROHN/P. VON ZUR MÜHLEN (Hrsg.), Rückkehr und Aufbau], sowie der damit verbundene, nahezu alle Fachrichtungen erfassende Trend zu verstärkter internationaler Zusammenarbeit nach 1945. Allerdings hat bereits H.-H. KNÜTTER [in: PS 25 (1974), 413–426] errechnet, dass der Prozentsatz der nach Deutschland zurückgekehrten Wissenschaftler insgesamt nicht allzu groß gewesen ist. Neuere Studien wiesen zudem nach, dass die Einflüsse der Remigration die politische Kultur der frühen Bundesrepublik keineswegs nur im Sinne einer „Amerikanisierung" bzw. „Westernisierung" geprägt haben [zu diesem Aspekt 416: A. SCHILDT, Reise zurück aus der Zukunft], sondern durchaus auch starke nationalstaatliche bzw. konservative Traditionsbestände zu reaktivieren vermochten. Dies konnte zuletzt an den Beispielen des Tübinger Historikers H. Rothfels [403: K. HORNUNG] und des Erlanger Religionswissenschaftlers H.-J. Schoeps [409: F.-L. KROLL] aufgewiesen werden.

Fast alle kultur-, geistes- und sozialwissenschaftlichen Deutungsdisziplinen sind in den vergangenen Jahren Gegenstand fachbezogener Einzeldarstellungen gewesen, welche sich um eine Rekonstruktion der in der Nachkriegszeit jeweils vorherrschenden Forschungstrends bemühen. – Gut erforscht ist mittlerweile die Wissenschaftsgeschichte der Soziologie. Einen Schwerpunkt bildet dabei deren formative Anfangsphase bis Mitte der 1960er Jahre, einschließlich des in dieser Disziplin nach 1945 besonders nachhaltigen Internationalisierungsschubs und des Aufgreifens vor allem nordamerikanischer, an empirischen

Soziologie

Modellen orientierter Entwicklungen und Anregungen [422: J. WEYER, Westdeutsche Soziologie 1945–1960]. Zu diesen Forschungsschwerpunkten tritt die Analyse der methodischen bzw. ideologischen Neuorientierung soziologischen Denkens, die im Gefolge des intellektuellen Paradigmenwechsels von 1968 stattgefunden hat [z.B. 411: G. LÜSCHEN (Hrsg.), Deutsche Soziologie seit 1945]. – Auch im Blick auf die Erziehungswissenschaft ist dieser Paradigmenwechsel mehrfach ausdrücklich thematisiert worden. Die Neuorientierung dieses Faches von einer in den beiden ersten Nachkriegsjahrzehnten noch weithin dominierenden „Geisteswissenschaftlichen Pädagogik" [394: J. DAHMER/W. KLAFKI (Hrsg.), Geisteswissenschaftliche Pädagogik am Ausgang ihrer Epoche] zu einer die Jahrzehnte danach prägenden „Kritischen Erziehungswissenschaft" [401: D. HOFFMANN, Kritische Erziehungswissenschaft] stand hier im Mittelpunkt zahlreicher wissenschaftsgeschichtlicher Untersuchungen. Diese sind den Möglichkeiten und Grenzen der beiden unterschiedlichen Wissenschaftskonzeptionen in vergleichender Perspektive ebenso nachgegangen [421: R. UHLE, Geisteswissenschaftliche Pädagogik und kritische Erziehungswissenschaft] wie den theoretischen Ansprüchen [410: D.-J. LÖWISCH, Erziehung und Kritische Theorie] und ideologischen Verformungspotenzialen einer „kritischen", partiell marxistisch argumentierenden Sichtweise [393: W. BREZINKA, Erziehung und Kulturrevolution]. – Als eine gleichfalls eher „junge", vollgültig erst in der Bundesrepublik etablierte und für deren staatliches Selbstverständnis vielfach zentrale Disziplin wurde auch die Politikwissenschaft, verstärkt seit Beginn der 1990er Jahre, zum Gegenstand historiographischen Interesses. Dabei wurden sowohl ihre Emanzipation von der Geschichtswissenschaft und der Philosophie [412: A. MOHR, Politikwissenschaft als Alternative] als auch die anfangs stark nachwirkenden Verbindungslinien zu politikwissenschaftlichen Traditionen der Weimarer Republik dargestellt [397: G. GÖHLER/B. ZEUNER (Hrsg.), Kontinuitäten und Brüche; 414: TH. NOETZEL/H. K. RUPP, Macht, Freiheit, Demokratie] – neuerdings in umfassender Synthese durch W. BLEEK [392: Politikwissenschaft in Deutschland, 265–425].

Pädagogik

Politische Wissenschaft

Geschichtswissenschaft

Im Mittelpunkt vergangenheitspolitischer Kontroversen steht aus naheliegenden Gründen indes die Geschichtswissenschaft. Ihre institutionellen Rahmenbedingungen und methodologischen Formwandlungen nach 1945 sind 1989 zeitgleich von W. SCHULZE [419: Deutsche Geschichtswissenschaft nach 1945] und in einem von E. SCHULIN [418] verantworteten Sammelband vorgestellt und diskutiert worden. Für die sich dabei allmählich herausbildende westdeutsche Erinnerungskultur besaßen die im Schatten des Dritten Reiches angesiedelten Historikerkontroversen symptomatische Bedeutung. Diskussionen wie die „Fischer-Kontroverse" der 1960er Jahre [404: W. JÄGER, Historische Forschung und politische Kultur] oder der seit 1986 über die Frage der Singularität des Holocaust geführte „Historikerstreit" [395: R. J. EVANS, Im Schatten Hitlers?; zuletzt, aus politikwissenschaftlicher Perspektive 405: ST. KAILITZ, Die politische Deutungskultur] haben zu einer starken Präsenz entsprechender Auseinandersetzungen in der öffentlichen Diskussion geführt und dem Thema „Vergangenheitsbewältigung" einmal mehr einen breiten publizistischen Resonanzraum verschafft. Weitgehend unabhängig, wenn auch nicht unberührt von solchen aktuellen Turbulenzen vollzieht sich seit 1949 die kontinuierliche fachwissenschaftliche Erforschung des Nationalsozialismus am renommierten „Institut für Zeitgeschichte" in München [413: H. MÖLLER/U. WENGST (Hrsg.), 50 Jahre Institut für Zeitgeschichte].

Historikerkontroversen nach 1945

Ein neuerdings mit Blick auf viele Fachzweige stark diskutiertes Themenfeld bildet schließlich die Frage nach Großzäsuren und Paradigmenwechseln im Entwicklungsgang westdeutscher Wissenschaft und Forschung zwischen 1949 und 1989. Auch hier wurde, ähnlich wie im kulturellen Bereich, versucht, die Situation der Nachkriegsära mit der Antithese „Restauration oder Neubeginn" zu umschreiben [415: W. P. PEHLE/P. SILLEM (Hrsg.), Wissenschaft im geteilten Deutschland]. Der Wiederbegründung und Neuformierung staatlich geförderter Forschungseinrichtungen galten hier aus organisations- bzw. institutionengeschichtlicher Perspektive gewichtende Untersuchungen [420: TH. STAMM, Zwischen Staat und Selbstverwaltung]. Dabei wird der Zeitraum von 1949 bis 1967 weitgehend einhellig als eine ohne größere Brüche und Binnenzäsuren durchlaufende Periode der „Rekonstruktion" und des Wiederaufbaus auf der Basis eines demokratisch-pluralistischen Wissenschaftsverständnisses gewertet. Ebenso einhellig ist das Urteil der Forschung hinsichtlich der zentralen Bedeutung, die dem Paradigmenwechsel des Jahres 1968 als Epochenzäsur zukommt. Das gilt sowohl mit Blick auf Funktion und Wandlung der Rolle der Universitäten als auch hinsichtlich des politisch-kulturellen Selbstverständnisses der Bundesrepublik insgesamt. Jüngst sind diese Zusammenhänge in umfassender und überzeugender Weise im Rahmen einer Wirkungsgeschichte der „Frankfurter Schule" und der „Kritischen Theorie" M. Horkheimers und Th. W. Adornos als den „intellektuellen Leit- und Symbolfiguren der Bundesrepublik" nachgezeichnet worden [390: CL. ALBRECHT/G. C. BEHRMANN/M. BOCK/H. HOMANN/F. H. TENBRUCK, Die intellektuelle Gründung der Bundesrepublik, 13]. Die dabei ent-

Zäsuren in der Wissenschaftsgeschichte

„Kritische Theorie" als „Staatskultur" der Bundesrepublik?

wickelte These, dass der institutionellen Staatsgründung in den späten 1940er und frühen 1950er Jahren eine intellektuelle Staatsgründung in den späten 1960er und frühen 1970er Jahren, vermittelt eben durch die Vertreter der „Frankfurter Schule", zur Seite gestellt werden könne, bedarf für die meisten Fachrichtungen allerdings noch einer genaueren Analyse bzw. Widerlegung.

4.3 Bildung und Erziehung

Bildungsgeschichtliche Überblicksdarstellungen

Die Bildungsgeschichte der Bundesrepublik ist sowohl aus der Perspektive zeitgeschichtlicher als auch erziehungswissenschaftlicher Forschung in den 1990er Jahren entscheidend vorangetrieben worden. Ältere Überblicksdarstellungen und Sammelwerke werden mittlerweile weitgehend ersetzt durch das von CHR. FÜHR und C.-L. FURCK herausgegebene, 1998 abgeschlossene „Handbuch der deutschen Bildungsgeschichte" [11], dessen sechster Band die Entwicklung in Westdeutschland von 1945 bis zur Gegenwart nachzeichnet und alle wesentlichen Teilaspekte berücksichtigt: Schul- und Hochschulwesen ebenso wie Fragen der Berufs- und Erwachsenenbildung oder der Medienkultur. CHR. FÜHR hat der von ihm mitverantworteten Handbuchdarstellung 1997 einen knapp gefassten, problemorientierten Gesamtabriss [427: DERS., Deutsches Bildungswesen seit 1945] sowie eine Aufsatzsammlung [29: DERS., Bildungsgeschichte und Bildungspolitik, bes. 143–151, 152–159, 190–210] vorangehen lassen, so dass der thematische Rahmen, zuletzt noch einmal umrissen in einer Skizze von F.-L. KROLL [436: Kultur, Bildung und Wissenschaft im geteilten Deutschland], insgesamt als relativ gut ausgemessen gelten kann.

Einflüsse der Alliierten

Wie im Bereich der Kulturpolitik, so sind auch auf dem Bildungs- und Erziehungssektor die unterschiedlichen Leitvorstellungen der alliierten Besatzungsmächte nach 1945, nicht zuletzt in ihren nach Gründung der Bundesrepublik fortdauernden Wirkungen und Folgen, ein zentraler Gegenstand bildungsgeschichtlichen Interesses gewesen. Sowohl die Bildungs-, Schul- und Wissenschaftspolitik der westlichen Besatzungsmächte im Allgemeinen [grundlegend noch immer 431: M. HEINEMANN (Hrsg.), Umerziehung und Wiederaufbau] als auch deren jeweilige Konzeptionen im Besonderen erfuhren dabei eingehende Erörterung – mit Blick auf die Briten durch M. HALBRITTER [430] und G. PAKSCHIES [441], auf die Franzosen durch A. RUGE-SCHATZ [444], auf die Amerikaner durch K.-E. BUNGENSTAB [424], B. METTLER [439] und K.-H. FÜSSL [428]. FÜSSLS komparatistisch angelegte Studie unternimmt den Versuch, durch Einbeziehung auch der Jugend- und Schulerziehung in der SBZ „die in Ost- und Westdeutschland divergierenden Grundmuster für die spätere Praxis von Bildung und Erziehung, die konträr zueinander stehenden Vorstellungen über Demokratisierung und Ideologisierung miteinander zu vergleichen" [a.a.O., 13]. Solche parallelisierend ausgerichteten Untersuchungen [vgl. bereits 426: H.-W. FUCHS/ K.-P. PÖSCHL, Reform oder Restauration?] sind für die Geschichte des geteilten Deutschlands nach 1949 dann besonders im Rahmen groß angelegter Vergleiche zwischen dem Bildungssystem der Bundesrepublik und dem der DDR vorgelegt worden (vgl. unten, Kap. 5.2).

Bildungspolitik und Bildungsreform

Der Bildungspolitik in Westdeutschland wurde vor allem angesichts der seit Beginn der 1960er Jahre verstärkt geführten Reformdiskussion erhöhtes Interesse entgegengebracht. Fragen der Periodisierung sind dabei ebenso zur Sprache gekommen wie die inhaltlichen Aspekte der nach 1949 in unterschiedlichen Phasen verlaufenden bildungspolitischen Bemühungen. Zunächst dominierte eine Periode „schulorganisatorischer Restauration" [435: W. KLAFKI], die, orientiert an den Vorgaben der späten Weimarer Zeit, ihre Hauptaufgabe in der Überwindung der geistigen und institutionellen Kriegsfolgen erblickte. Ab etwa 1960 hat die Forschung dann eine Phase reformorientierter Wandlungen der Lern- und Unterrichtsinhalte im Sinne eines auf „Chancengleichheit" und „Demokratisierung" abzielenden Modernisierungsschubs identifiziert [433: K. HÜFNER/J. NEUMANN, Konjunkturen der Bildungspolitik], welche ihrerseits wiederum durch eine Zeit des Versandens bzw. der partiellen Widerlegung der Reformen seit Mitte der 1970er Jahre abgelöst wurde [434: K. HÜFNER/J. NEUMANN/ H. KÖHLER/G. PFEFFER, Hochkonjunktur und Flaute]. Möglichkeiten und Grenzen der viel diskutierten „Bildungsreform" sind dann, am Ausgang ihrer konjunkturellen Hochphase, von Protagonisten wie von Kritikern diskutiert bzw. bilanziert worden [z.B. 423: H. BECKER/ R. DAHRENDORF/P. GLOTZ/H. MAIER, Die Bildungsreform]. Auch neue, im Einzugsfeld der Reformdiskussion besonders geförderte Spezialbereiche bildungspolitischen Engagements, z.B. die Erwachsenenbildung [425: M. FELL, Mündig durch Bildung], die „Politische Bildung" [429: W. GAGEL, Geschichte der politischen Bildung] oder die „Ästhetische Erziehung" [443: K.-S. RICHTER-REICHENBACH, Bildungstheorie und ästhetische Erziehung] sind in diesen kritischen Diskurs der Forschung einbezogen worden.

Sektorale Differenzierung

Die Universitäten

Von den bildungspolitischen Turbulenzen der 1960er und 1970er Jahre war das Universitäts- und Wissenschaftsleben der Bundesrepublik in zentraler Weise betroffen. Das überkommene, nach 1945 trotz gegenläufiger Bestrebungen [442: F. PINGEL, Wissenschaft, Bildung und Demokratie] weithin vorherrschende Modell der „Ordinarienuniversität“ mit seiner ihm inhärenten Konzeption der Einheit von Forschung und Lehre ist, angesichts der die Integrationskraft der individuellen Gelehrtenpersönlichkeit überfordernden Differenzierungsprozesse, schon aus zeitgenössischer Sicht fundamental in Frage gestellt worden. Es wurde im Rahmen universitätsgeschichtlicher Forschung unter dem Aspekt seiner Ablösung durch eine die westdeutschen Hochschulstrukturen massiv verändernde hochschulpolitische „Tendenzwende“ mehrfach thematisiert [z. B. 440: CHR. OEHLER, Hochschulentwicklung in der Bundesrepublik Deutschland seit 1945]. Dem speziellen Aspekt der in diesem Zusammenhang während der 1960er Jahre vollzogenen Universitätsneugründungen [8: R. NEUHAUS (Hrsg.), Dokumente zur Gründung neuer Hochschulen 1960–1968], vor allem auch im Blick auf die stark reformorientierten „Gesamthochschulen“ [432: H. HERMANNS/U. TEICHLER/H. WASSER (Hrsg.), Integrierte Hochschulmodelle], ist dabei besondere Aufmerksamkeit zuteil geworden.

Studentische Aktivitäten

Ein Desiderat der Forschung bildet weiterhin die quellenbezogene Analyse und Interpretation studentischer Mitwirkung an den hochschulpolitischen Auseinandersetzungen der 1960er und 1970er Jahre. Zwar existieren mittlerweile einige neuere Spezialuntersuchungen zur mentalen bzw. materiellen Verfassung der Studierenden bis Mitte der 1960er Jahre [437: W. KRÖNIG/K. D. MÜLLER, Nachkriegssemester]. Arbeiten zur programmatischen Konzeption der studentischen „Achtundsechziger“ gehören jedoch bisher ebenso zu den Raritäten bildungsgeschichtlicher Forschung [neuerdings der als Fallstudie konzipierte Sammelband 438: S. LÖNNENDONKER (Hrsg.), Linksintellektueller Aufbruch] wie Gesamtdarstellungen der akademischen Protestbewegung von 1968. Für die 1970er und 1980er Jahre fehlen solche Untersuchungen [dazu den Forschungsbericht von M. STICKLER, in: JbfU 4 (2001), 262–270], zumindest aus geschichtswissenschaftlicher Perspektive, bisher nahezu völlig.

5. Kultur-, Bildungs- und Wissenschaftsgeschichte der Deutschen Demokratischen Republik

5.1 Kultur im Spannungsfeld von Politik und Ideologie

Neue Forschungsperspektiven

Die wissenschaftliche Erforschung des kulturellen und geistigen Lebens der DDR stand lange Zeit vor dem Problem mangelnden oder doch zumindest sehr erschwerten Zugangs zu den einschlägigen Quellenbeständen. Sie war infolgedessen weithin auf die Auswertung publizierter Materialien angewiesen. Der Zusammenbruch des SED-Staates und die damit verbundene Offenlegung fast aller Archivalien und Dokumente hat diese Beschränkungen hinfällig werden lassen und die zeitgeschichtliche Forschung vor neue große Herausforderungen gestellt. Der mit alledem verbundene Perspektivenwechsel ist derzeit noch vollauf in Gang.

Ältere Gesamtdarstellungen und Deutungsmuster

Als „Gegenstand kulturhistorischer Forschung" [474: D. MÜHLBERG] ist die DDR mittlerweile mehrfach und auch schon in älteren Überblicksdarstellungen analysiert worden. Eine noch immer gültige Zusammenfassung des komplexen Beziehungsgeflechts von Kultur und Politik in der SBZ/DDR zwischen 1945 und 1990 bietet die erstmals 1982 erschienene, 1995 in erweiterter Form vorgelegte Gesamtschau von M. JÄGER [467], die durch neuere Studien ergänzt worden ist [z.B. 460: J.-R. GROTH, Widersprüche]. Für die kulturpolitische Entwicklung bis Anfang der 1970er Jahre hat V. GRANSOW [458] bereits 1975, für die beiden Jahrzehnte danach A. GRUNENBERG [461] 1990 eine entsprechende, primär an literaturpolitischen Bezugspunkten orientierte Untersuchung vorgelegt. Damit sind, neuerdings auch unter verstärkter Berücksichtigung methodischer Grundsatzfragen und Interpretationsprobleme [459: V. GRANSOW, Zwei Kulturalisierungen in der Politik; 478: M. SABROW, Der Konkurs der Konsensdiktatur], die Hauptetappen der DDR-Kulturgeschichte bzw. DDR-Kulturpolitik in ihrem faktischen Verlauf insgesamt relativ gut erschlossen. Ältere, aus ostberliner Perspektive verfasste und zeitweilig auch von der westlichen Forschung stark rezipierte Publikationen wie die 1981 aus dem Nachlass des DDR-Historikers J. STREISAND herausgegebene „Kulturgeschichte der DDR" [484] können inzwischen weitgehend nur noch antiquarisches Interesse für sich beanspruchen.

Kulturpolitische Weichenstellungen 1945–1949

Intensive Zuwendung erfuhr im Rahmen eines nach 1990 neu erwachten gesamtdeutschen Forschungsinteresses für die Kulturgeschichte bzw. Kulturpolitik der DDR vor allem deren Anfangszeit. Das korrespondiert im Übrigen mit den Schwerpunkten der an entsprechenden Entwicklungen in Westdeutschland interessierten Forschungen, die ihren Hauptakzent gleichfalls auf die Jahre alliierter Besatzungsherrschaft als einer Epoche historischer Grundentscheidungen und Weichenstellungen setzten. Die Kulturpolitik der „Sowjetischen Militäradministration" zwischen 1945 und 1949 ist in diesem Rahmen mehrfach eingehend und quellennah untersucht worden [450: G. DIETRICH, Politik und Kultur; 476: D. PIKE, The Politics of Culture; 490: J. WEHNER, Kulturpolitik und Volksfront, Bde. 1–2]. Dabei wurde vor allem die Zweigleisigkeit entsprechender Planungen herausgearbeitet, welche zunächst sowohl die „antifaschistische“ Option eines Bündnisses mit der nichtkommunistischen bürgerlichen Intelligenz als auch die strikt „revolutionäre“, sozialistisch-kommunistische Hegemonialvariante enthielt [451: G. DIETRICH, Zwei Linien in der Kulturpolitik?]. Die DDR-Forschung hat dies in den 1980er Jahren ähnlich gesehen [z. B. 464: U. HEUKENKAMP, Ein Erbe für die Friedenswissenschaft]. Erst die weltpolitischen Verhärtungen und Polarisierungen im Gefolge des Kalten Krieges ab Mitte 1947 führten dann zu massiven Sowjetisierungsschüben, deren Charakter und Ausmaß neuerdings durch die Forschungen von A. HARTMANN und W. EGGELING [462: Sowjetische Präsenz, mit ausführlicher Bibliographie, 400–418] minutiös nachgezeichnet worden sind.

„Kulturbund“ und „Gesellschaft für Deutsch-Sowjetische Freundschaft“

Auch die von diesen Sowjetisierungsbestrebungen nach 1945 bzw. 1947 vorrangig betroffenen, für das kulturelle Leben der gesamten späteren DDR zentralen Institutionen „Kulturbund zur demokratischen Erneuerung Deutschlands“ und „Gesellschaft zum Studium der Kultur der Sowjetunion“ (seit 1949: „Gesellschaft für Deutsch-Sowjetische Freundschaft“) fanden nach 1990 reges Forschungsinteresse und sind mittlerweile durch Quelleneditionen [6: M. HEIDER/K. THÖNS] und Monographien gut erschlossen [zum Kulturbund: 463: M. HEIDER; 471: H. MEIER; zur Gesellschaft für Deutsch-Sowjetische Freundschaft: 462: A. HARTMANN/W. EGGELING, 231–271; 452: L. DRALLE]. Das gilt auch mit Blick auf die DDR-Kulturpolitik in der Ära Ulbricht. Zahlreiche Detailstudien, etwa von B. IHME-TUCHEL [466], beschäftigen sich mit den zunehmend restriktiveren kulturpolitischen Debatten und Entscheidungsmechanismen der SED-Führung in den 1950er Jahren. Besonderes Augenmerk richtete sich dabei auf die parteioffizielle Verwerfung der gesamten künstlerischen Moderne im Rahmen der „Anti-Formalismus-Kampagne“ ab 1951 und auf die – nach Jahren der Lockerung – erneut erfolgende scharfe ideologische Abrechnung mit kritischen Künstlern und Intellektuellen 1965 [445: G. AGDE (Hrsg.), Kahlschlag, bes. 52–63]. Alle diese Untersuchungen haben maßgeblich zur Erhellung der DDR-Kulturpolitik in der Ulbricht-Ära beigetragen. Vergleichbare Analysen zur kulturpolitischen Entwicklung unter E. Honecker stehen bisher indes noch weitgehend aus. Hier ist die Forschung vorerst noch auf frühe Situationsskizzen [z. B. 487: R. THOMAS, Kulturpolitik und Künstlerbewußtsein] und neuerdings vorgelegte Teiluntersuchungen, z. B. zum Verhältnis von DDR-Literatur und Zensur in der Honecker-Ära [475: Y.-G. MIX], angewiesen.

DDR-Kulturpolitik

Medienkultur

Ein deutliches Übergewicht kommt der Ära Ulbricht im Vergleich zur Honecker-Ära auch hinsichtlich der Erforschung der Medienkultur zu. Allgemein gehaltene Überblicksdarstellungen, besonders zu den DDR-Massenmedien [z. B. 465: G. HOLZWEISSIG] und zur Kommunikationspolitik der DDR [456: R. GESERICK], werden zunehmend durch Arbeiten ergänzt, deren Ergebnisse auf der umfangreichen Auswertung neu zugänglich gewordener archivalischer Dokumente beruhen. Hier wurden inhaltliche Aspekte, etwa zur Organisation und Programmentwicklung des DDR-Fernsehens [P. HOFF, in: 367, Bd. 1, 245–288; 492: F. WOLFF] und Rundfunks [480: A. VON SALDERN/I. MARSSOLEK], bzw. staatliche Restriktionsmechanismen, etwa zur Medienkontrolle [485: P. STRUNK], sichtbar gemacht [Zusammenfassung: 447: TH. BEUTELSCHMIDT, Sozialistische Audiovision]. Ein eigenes Themenfeld bildet die Erörterung des regimekritischen bzw. dissentierenden Potenzials, das sich besonders im Einzugsfeld „westlichen“ Hörfunk- und Fernsehkonsums entfaltete [483: A. SCHILDT] und einzelne Bereiche der DDR-Alltagskultur nachhaltig mitzuprägen vermochte, beispielsweise durch die von M. RAUHUT [477] untersuchte Rezeption von Beat-Musik.

Rundfunk und Fernsehen

Von den einzelnen Feldern und Bereichen des DDR-Kulturschaffens hat das literarische Leben schon früh die Aufmerksamkeit der Forschung gefunden. Den Charakter eines Standardwerks besitzt hier die erstmals 1981 erschienene, mehrfach aktualisierte und 2000 in wesentlich erweiterter Neuausgabe vorgelegte „Kleine Literaturgeschichte der DDR“ von W. EMMERICH [454, mit ausführlicher Bibliographie, 576–627]. Der Autor revidiert hierin zahlreiche seiner früheren Einschätzungen, die ihm „die Loyalitätsfalle Antifaschismus“ [9] nahegelegt hatte, und bietet nicht nur Textanalysen aus literaturwissenschaftlicher Perspektive, sondern auch detaillierte Beschreibungen des staatlich gelenkten Literaturbetriebs, der Zensurmodalitäten sowie der politischen Verwicklung namhafter Schriftsteller. Fragen dieser Art sind dann in jüngster Zeit Gegenstand zahlreicher Untersuchungen gewesen, die – unter Einbeziehung der neuerdings zugänglich gewordenen Quellenbestände – den „offiziellen“ Umgang der SED-Führung mit dem kulturpolitischen Leitmedium „Literatur“ thematisieren. Zuletzt hat hier der Literatur- und Theaterwissenschaftler W. MITTENZWEI [472: Die Intellektuellen] aus der Perspektive des Miterlebenden in einer groß angelegten Synthese den Einfluss der Politik auf die Literatur nachgezeichnet, Anpassungsmechanismen bzw. Widerstandspotenziale aufgedeckt und mit alledem eine Mentalitätsgeschichte der ostdeutschen Intelligenz vorgelegt, die weit über die Rekonstruktion literaturpolitischer Rahmenbedingungen hinausgeht. Andere, spezieller ausgerichtete Untersuchungen gelten dem staatlichen Planungs- und Zensurwesen [470: S. LOKATIS, Antifaschistische Literaturpolitik; 446:

Literatur und Gesellschaft

Literaturpolitik und Zensur

S. BARCK/M. LANGERMANN/S. LOKATIS, Jedes Buch ein Abenteuer] bzw. den Methoden parteiamtlicher Literaturkontrolle und -beeinflussung [489: J. WALTHER, Sicherungsbereich Literatur; 491: E. WICHNER/H. WIESNER, „Literaturentwicklungsprozesse"]. Auch die Herausbildung einer literarisch-künstlerischen „Ersatzöffentlichkeit" sowie die damit verbundenen Ansätze zur Etablierung „autonomer", sich der offiziellen gesellschaftlichen Beanspruchung verweigernder Kunst in der DDR sind mittlerweile erörtert worden [475: G. MUSCHTER/R. THOMAS (Hrsg.), Jenseits der Staatskultur]. Umstritten bleibt die von der Forschung mehrfach thematisierte politische Rolle der Schriftsteller in Ost und West beim Umgang mit der Problematik der deutschen Teilung, die H. D. ZIMMERMANN [493, bes. 22–32, 139–146] im Blick auf die damit verbundene Spaltung des Literaturbetriebs für den gesamten Zeitraum zwischen 1948 und 1998 rekonstruiert hat.

Bildende Kunst

Ähnlich wie im Fall der Literatur ist die Entwicklung der Bildenden Kunst in der SBZ/DDR faktisch, d.h. hinsichtlich der Herausformung von Zentren, Schulen und künstlerischen Individualitäten, bereits vor 1989 durch zahlreiche Gesamtdarstellungen und Überblickswerke sowohl aus „westlicher" [486: K. THOMAS, Die Malerei in der DDR] als auch aus „östlicher" Perspektive [468: L. LANG, Malerei und Graphik in der DDR] gut erschlossen. Daneben traten im Lauf der 1990er Jahre Untersuchungen, die sich der Erforschung einzelner gesellschaftlich relevanter Aspekte der DDR-Kunst widmeten. Hier wurde z.B. der Rolle der Remigranten im östlichen Nachkriegsdeutschland [482: A. SCHÄTZKE, Rückkehr aus dem Exil], den unterschiedlichen Formen systemstabilisierenden [z.B. 479: A. SACHS, Erfindung und Rezeption von Mythen in der Malerei der DDR] bzw. regimekonformen Verhaltens im Rahmen der Kunstdoktrin des „Sozialistischen Realismus" [449: M. DAMUS, Malerei der DDR, 102–122] sowie der Herausbildung eines zusehends kritischer werdenden Kunstpublikums in den 1970er Jahren nachgegangen [469: B. LINDNER, Verstellter, offener Blick]. Dabei sind vor allem die massiv wirksamen Zwänge zu ideologisch vorgeprägten Urteilsbildungen durch die Kulturfunktionäre herausgearbeitet worden, die der Kunst generell keine ästhetische Autonomie zubilligten und deren kunstpolitischer Dogmatismus die gesamte künstlerische Moderne noch bis weit in die 1970er Jahre als „bürgerlich-dekadent" bzw. „formalistisch" verwarf [dazu instruktiv 455: G. ERBE, Die verfemte Moderne, 28ff., 55ff.]. Zuletzt hat U. GOESCHEN [457: Vom sozialistischen Realismus zur Kunst im Sozialismus, bes. 93ff., 161ff.] die vielfach gebrochenen Rezeptionswege der Avantgarde-Kunst und deren Diskussion in der DDR-Kunstwissenschaft umfassend rekonstruiert. Auch

Einzelfragen

wurden mittlerweile unterschiedlich intensive Phasen kulturpolitischen Engagements seitens der SED-Führung sowie ein zwischen Aufbruch und Erstarrung mehrfach schwankender, keineswegs immer eindeutiger Parteikurs diagnostiziert – bis hin zur partiellen Rehabilitierung der künstlerischen Moderne in der Ära Honecker. Ältere, den Machtwechsel 1971 als „zweiten Aufbruch“ und kunstpolitische Epochenzäsur wertende Sichtweisen konnten dabei teils präzisiert, teils aber auch deutlich relativiert werden, vor allem hinsichtlich der Dauerhaftigkeit entsprechender Öffnungsversuche bzw. Reformansätze.

Phasenverschiebungen

Einen besonderen Akzent hat die kulturwissenschaftliche Forschung schließlich auf den für das Erscheinungsbild der DDR wie für deren kulturpolitisches Selbstverständnis gleichermaßen zentralen Bereich architektonischen und städtebaulichen Planens gelegt. Gesamtüberblicke [453: W. DURTH/J. DÜWEL/N. GUTSCHOW, Architektur und Städtebau, Bde. 1–2] wie auch Untersuchungen zu einzelnen Zeitabschnitten, etwa zu den von strikter Frontstellung gegen die Baukunst der Moderne geprägten historisierenden Tendenzen während des ersten Nachkriegsjahrzehnts [481: A. SCHÄTZKE, Zwischen Bauhaus und Stalinallee] oder zu dem ab etwa 1955 vorherrschenden Konzept der Industrialisierung und Typisierung des Städte- und Wohnungsbaus mittels Neubausiedlungen in Plattenbauweise [488: TH. TOPFSTEDT, Städtebau in der DDR], betonen allesamt die politisch und ideologisch zwingenden Vorgaben, in deren Einzugsfeld Architekten und Städtebauer der DDR bis zuletzt agieren mussten. In diesem Zusammenhang sind dann auch vergleichende Analysen zur Städtebaupolitik und zur Architekturdiskussion in beiden Teilen Deutschlands vorgelegt worden [448: K. VON BEYME]. Dabei wurde deutlich, in welch starkem Ausmaß die Entwicklung, zumindest in der Ära Ulbricht, durch den Versuch geprägt war, eine eigenständige, von amerikanisch-westlichen Einflüssen unabhängige „sozialistische“ deutsche Baukultur zu etablieren.

Architektur und Städtebau

Vergleichende Studien

5.2 Bildung und Bildungssystem im Sozialismus

Zu den aufs stärkste mit dem Selbstverständnis als sozialistische Mustergesellschaft verknüpften Sinnstiftungsmomenten im politischen Leben der DDR gehörte der Bildungs- und Erziehungssektor, dessen spezifische Modalitäten schon seit Mitte der 1960er Jahre zu einem bevorzugten Themenfeld bildungshistoriographischer Forschung in West und Ost gleichermaßen geworden sind. Ältere Darstellungen zum DDR-Bildungswesen orientierten sich dabei, angesichts der nur sehr begrenzt gegebenen Zugangsmöglichkeiten zu den Originaldokumen-

Frühe Analysen

Quellenpublikationen

ten, zumeist an Quellenpublikationen, die von westlicher [3: S. BASKE/ M. ENGELBERT (für die Jahre 1945–1965); 2: S. BASKE (für die Jahre 1963–1976); 4: H.-J. FUCHS/E. PETERMANN (für die Jahre 1966–1990)] und von östlicher Seite [7: MONUMENTA PAEDAGOGICA (für die Jahre 1945–1968)] mehrfach bereitgestellt worden sind [zuletzt, mit neuen Dokumenten, 5: G. GEISSLER/F. BLASK/TH. SCHOLZE]. Auch hier hat der Wegfall von Restriktionen durch die Öffnung aller Archivbestände seit 1990 einen nachhaltigen Anstieg des Interesses gebracht und der erziehungswissenschaftlichen Forschung zu einem erheblichen Qualitätssprung verholfen: Gewann sie ihre Befunde bislang zumeist durch Auswertung der veröffentlichten Selbstzeugnisse des Regimes, was notgedrungen eine Orientierung an dessen eigenen Ansprüchen nach sich zog, so konnte bzw. kann sie sich nunmehr der Praxis des DDR-Erziehungsalltags in seiner ganzen Breite zuwenden.

Handbuchdarstellungen und Forschungsschwerpunkte

Ein erstes überzeugendes Ergebnis dieses expandierenden Forschungsinteresses bildet die im Rahmen des von CHR. FÜHR und C. L. FURCK herausgegebenen „Handbuchs der deutschen Bildungsgeschichte" [11] 1998 fertiggestellte groß angelegte Rekonstruktion der Entwicklung in ihrem Gesamtverlauf zwischen 1945/49 und 1989/90. Diesem umfassenden Grundlagenwerk traten zeitgleich mehrere Veröffentlichungen zur Seite, die sich, zumeist in Form von Tagungs- und Sammelbänden, um die Präsentation erster Zwischenbilanzen bzw. Forschungstableaus einzelner bildungsgeschichtlicher Arbeitsgebiete und -schwerpunkte bemühten. Dies geschah besonders unter Bezugnahme auf die Themenfelder „Schule und Erziehung" [507: G. GEISSLER/U. WIEGMANN], „Pädagogik und Herrschaft" [508: DIESS.] sowie in dem Streben nach einer kontextbezogenen Zusammenschau von pädagogischer Theorie und Erziehungsalltag in der DDR [513: H.-H. KRÜGER/W. MAROTZKI; 509: S. HÄDER/H.-E. TENORTH], neuerdings auch in resümierender Analyse der rechtlichen und administrativen Grundlagen des DDR-Bildungssystems [503: H. DÖBERT]. Im Blick auf einzelne konkrete Untersuchungsgegenstände ergeben sich *drei* große Themenbereiche, denen sich die bildungshistorische Forschung – nach 1990 wie auch schon in den Jahren zuvor – schwerpunktmäßig zugewendet hat: (a) Schulgeschichte und Schulentwicklung im Osten Deutschlands seit 1945; (b) Entwicklung und Erscheinungsbild der pädagogischen Wissenschaften in der DDR; (c) vergleichende Analysen des Bildungssystems in Ost und West einschließlich der Anpassung des Ersteren an das Letztere im Gefolge des deutschen Vereinigungsprozesses nach 1989/90.

(a) Fragen und Probleme der Schulgeschichte und Schulentwicklung in der DDR sind seit den 1970er Jahren von der westdeutschen

Forschung intensiv diskutiert worden [für den Forschungsstand bis 1989/90 repräsentativ 494: O. ANWEILER, Schulpolitik und Schulsystem in der DDR]. Im Mittelpunkt steht dabei die Formierung des „sozialistischen Bildungssystems" in den 1950er Jahren, wobei auch den frühen Bemühungen um eine „Demokratisierung der deutschen Schule" während der sowjetischen Besatzungsherrschaft einige Aufmerksamkeit geschenkt worden ist. Hier trat das Spannungsfeld von umfassenden, auch auf interalliierter Ebene artikulierten schulpolitischen Erneuerungsansprüchen einerseits [428: K.-H. FÜSSL, Umerziehung; 519: B. ZYMEK, Historische Voraussetzungen] und erzwungener Orientierung am marxistisch-leninistischen Modell sowjetischer Prägung andererseits [505: G. GEISSLER, Einheitsschule] gesondert in den Blick. Einen weiteren Forschungsschwerpunkt bildet in diesem Rahmen die Rekonstruktion der Debatten um die mit der programmatischen Durchsetzung des Einheitsschulprinzips bzw. mit der Einführung des polytechnischen Unterrichts an den allgemeinbildenden Schulen der DDR 1958/59 in Gang gesetzten Entwicklungen, die zu einer erheblichen Aufwertung naturwissenschaftlich-technischer und mathematischer Ausbildungsinhalte auf Kosten der philologisch geprägten Fächer geführt hat [517: G. SCHREIER, Förderung und Auslese].

Schulpolitische Weichenstellungen 1945–1949

Während mit alledem die Anfangszeit der Schule in der SBZ/DDR im bildungshistorischen Diskurs präsent und unlängst in einer voluminösen Studie überzeugend resümiert worden ist, welche die Akten des „Ministeriums für Volksbildung" von 1945 bis 1962 umfassend auswertet [506: G. GEISSLER, Geschichte des Schulwesens], fehlen entsprechend detaillierte Analysen zur Schulpolitik und Schulgeschichte in der Ära Honecker. Dies gilt auch für Untersuchungen zur Rolle der Lehrerschaft [512: B. HOHLFELD, Neulehrer; 515: L. MERTENS, Bildungspolitische Transformation] und zur Sozialisation der Schülerjugend [514: U. MÄHLERT, Freie Deutsche Jugend].

Ära Honecker als Forschungsdesiderat

(b) Die Entwicklung des Schulwesens und des Bildungssystems in der DDR war begleitet von einer umfassenden erziehungswissenschaftlichen und pädagogisch-ideologischen Diskussion, deren Konturen von der historischen Bildungsforschung schon früh wahrgenommen [z.B. 498: S. BASKE (Hrsg.), Erziehungswissenschaftliche Disziplinen], historiographisch rekonstruiert [516: B. RANG, Pädagogische Geschichtsschreibung] und im Einzugsfeld marxistisch-leninistischen Wissenschaftsverständnisses hermeneutisch diskutiert wurden. Nach dem Zusammenbruch des Sozialismus begann eine rege Auseinandersetzung mit der DDR-Pädagogik, deren Wissenschaftsgeschichte mittlerweile in ersten bilanzierenden Sammelwerken [502: E. CLOER/R. WERNSTEDT

Pädagogik in der DDR

(Hrsg.), Pädagogik in der DDR], auch in gesamtdeutscher Perspektive [500: D. BENNER/J. SCHRIEWER/H.-E. TENORTH (Hrsg.), Deutsche Bildungsgeschichte], ebenso eingehende Erörterung gefunden hat wie die Summe der Langzeitfolgen ihrer immerhin 40-jährigen Wirkungsgeschichte [518: W. STEINHÖFEL, Spuren der DDR-Pädagogik]. Dabei sind erste Ansätze zu einer differenzierteren Sicht der nach außen stets als monolithisches Gebilde auftretenden und wahrgenommenen DDR-Pädagogik herausgearbeitet worden [501: D. BENNER/H. SLADEK, Vergessene Theoriekontoversen]. Frühere Erziehungswissenschaftler der DDR haben sich an der damit einsetzenden Aufarbeitung ihrer eigenen Geschichte intensiv beteiligt und den gesamtdeutschen Diskurs nachhaltig mitgeprägt [511: D. HOFFMANN/K. NEUMANN (Hrsg.), Erziehung und Erziehungswissenschaft in der BRD und der DDR, Bde. 1–3].

Vergleichende bildungsgeschichtliche Forschungen

(c) Zu den klassischen Themenfeldern bildungshistorischer Forschung im Westen zählte seit den 1970er Jahren der Systemvergleich zwischen dem zentralistisch geführten DDR-Schulsystem mit seinen ideologischen Vorgaben und Restriktionsmechanismen einerseits und dem gegliederten, föderalistisch und pluralistisch verfassten Schulwesen der Bundesrepublik andererseits. Ältere, d.h. zu Zeiten der deutschen Teilung erschienene Gesamtdarstellungen und Sammelbände haben sich in derart komparatistischer Perspektive vor allem mit Problemen der Bildungspolitik [510: A. HEARNDEN], der Bildungsreform [496: S. BASKE] und der allgemeinen Schulentwicklung [497: S. BASKE] beschäftigt. Unmittelbar vor 1989/90 resümierten zwei umfangreiche Sammel- bzw. Quellenbände zum „Vergleich von Bildung und Erziehung in der Bundesrepublik Deutschland und in der Deutschen Demokratischen Republik“ [495] sowie zur „Bildungspolitik in Deutschland 1945–1990“ [1] den diesbezüglich erreichten Diskussionsstand. Der zur Vereinigung Deutschlands führende Umbruch hat dann das Forschungsinteresse an derart vergleichenden Fragestellungen rasch erlahmen lassen und auf andere Gebiete gelenkt.

Transformationsprozesse nach 1989/90

Einen ersten Schwerpunkt bildet hier die Beschreibung des Transformationsprozesses von „Bildung und Schule“ [499: D. BENNER/H. MERKENS/F. SCHMIDT] bzw. „Bildung und Wissenschaft“ [504: H.-W. FUCHS] im Rahmen der Angleichung des östlichen an das westliche Erziehungsmodell nach 1990.

5.3 *Wissenschaft und Forschung*

Für die Entwicklung der Wissenschaften und der sie einhegenden wissenschafts- bzw. hochschulpolitischen Rahmenbedingungen in der DDR als mittlerweile abgeschlossenes Kapitel deutscher Bildungsgeschichte wurde bisher, anders als im Fall der Bundesrepublik, noch kein allgemein überzeugendes Periodisierungsschema mit allseits akzeptierten Zäsuren präsentiert. Allerdings gab es in den letzten Jahren verstärkt Versuche, Normwandlungen und Akzentverlagerungen im Wissenschaftsverständnis der SED-Führung zu diagnostizieren. A. MALYCHA [537: Das Verhältnis zwischen Wissenschaft und Politik] hat in diesem Sinne jüngst vermerkt, dass – nach einer Phase anfänglicher, über die deutschlandpolitischen Wendepunkte von 1947/49 hinaus zunächst noch andauernder Zurückhaltung – die Politisierung und Ideologisierung der Wissenschaften, verbunden mit einem massiven Verdrängungsschub „bürgerlicher" Professoren, definitiv erst 1952 seit der zweiten SED-Parteikonferenz einsetzte. Mit der 35. Plenartagung des Zentralkomitees 1958 kam es dann zur offensiven Umwandlung vor allem der Gesellschaftswissenschaften zu einem Faktor normativer sozialistischer Bewusstseinsbildung. Ältere Gesamtüberblicke [545: M. REXIN, Wissenschaftspolitik] und neuere Strukturstudien [J. KOCKA, in: 532, 435–459; 540: L. MERTENS/D. VOIGT (Hrsg.), DDR-Wissenschaft im Zwiespalt] betonen darüber hinaus das gesteigerte Interesse der DDR-Führung an allen Entwicklungstendenzen der modernen Wissenschaft in den 1960er Jahren und den damit verbundenen Anspruch der Staatspartei, „selbst die oberste wissenschaftliche Instanz in grundlegenden theoretischen Fragen zu sein" [537: A. MALYCHA, 15]. Inwieweit sich dieser Anspruch mit dem Bestreben der DDR-Wissenschaft vereinbaren ließ, Anschluss an internationale Standards zu erhalten, wurde jüngst in einem von D. HOFFMANN und K. MACRAKIS verantworteten Sammelband [528: Science under Socialism] perspektivenreich diskutiert und in einer methodisch anspruchsvollen Untersuchung von A. CH. TANDLER für den Zeitraum von 1955 bis 1971 [553: Geplante Zukunft, bes. 84–142] umfassend analysiert.

Entwicklungsphasen

Führungsanspruch der SED

Die Hochschulpolitik der SED im engeren Sinne ist von der westlichen Forschung in allen Phasen ihrer Entwicklung aufmerksam verfolgt worden. Aus den 1950er [542: M. MÜLLER/E. E. MÜLLER, „... stürmt die Festung Wissenschaft!"] und 1960er Jahren [546: E. RICHERT, „Sozialistische Universität"] existieren hierzu jeweils eigene, in ihren Wertungen allerdings stark zeitgebundene, d.h. die Frontstellungen des Kalten Krieges widerspiegelnde Darstellungen. Das neuere Forschungsinteresse [repräsentativer Überblick 522: J. CONNELLY, Humboldt im Staatsdienst] hat sich bisher vor allem lokalen bzw. regionalen Schwerpunkten zugewandt. Hier wiederum dominiert der Blick auf die Frühzeit, also auf die Jahre unmittelbarer sowjetischer Besatzungsherrschaft bis zur Gründung der DDR 1949. So ist vor allem die Hochschul-

Hochschulpolitik

politik in Sachsen [525: A. HARITONOW] und in Mecklenburg-Vorpommern [552: M. SELIS] im Rahmen eines den allgemeinen Sowjetisierungstendenzen in der frühen DDR geltenden Forschungsparadigmas Gegenstand universitätsgeschichtlicher Arbeiten gewesen. Auch die inhaltliche Ausrichtung des Studienbetriebs, insbesondere die parteioffiziellen Bestrebungen zum Abbau bürgerlicher Bildungsprivilegien und die Bemühungen um Formierung einer neuen, mit der SED verbundenen Führungselite, wie sie in der Installierung der „Arbeiter-und-Bauern-Fakultäten" zum Tragen kamen, wurden mittlerweile mehrfach erörtert [zuletzt 551: M. C. SCHNEIDER, Bildung für neue Eliten].

„Arbeiter-und-Bauern-Fakultäten"

Studienbetrieb

Hingegen steht die eingehende wissenschaftliche Beschäftigung mit den konkreten Modalitäten des Studienbetriebs an den Ausbildungsstätten der DDR noch am Anfang. Während sich das Erkenntnisinteresse älterer Untersuchungen vornehmlich auf die Rekrutierungsmechanismen und Ausleseverfahren des DDR-Hochschulwesens konzentrierte [so 547: I. RUDOLPH, Hochschulbildung], hat sich die Forschung nach der „Wende" verstärkt um eine Typologie des Verhaltens ostdeutscher Studenten im Hochschulalltag sowie um eine Rekonstruktion des jeweils vorhandenen affirmativen bzw. dissentierenden Potenzials unter den Studierenden bemüht [534: W. KRÖNIG/K.-D. MÜLLER, Anpassung, Widerstand, Verfolgung; 521: J. CONNELLY, East German Higher Education Policies]. Ansatzweise trat dabei auch schon die Beeinflussung des Studienbetriebs durch die Aktivitäten der „Staatssicherheit" in den Blick [523: R. ECKERT, Geheimdienst und Hochschulen]. Einzelne herausragende Universitäten bzw. deren exponierte Fachzweige erfuhren in diesem Zusammenhang besondere Beachtung, z. B. das von staatlichen Restriktionsmechanismen stark betroffene Studienfach der Evangelischen Theologie [535: D. LINKE, Theologiestudenten der Humboldt-Universität]. Neuerdings ist vor allem die Forschung zur ostdeutschen Professorenschaft in Gang gekommen. So hat sich R. JESSEN um die Darstellung professoraler Entscheidungsspielräume im Spannungsfeld zwischen parteioffiziellen Vorgaben einerseits sowie Möglichkeiten und Grenzen nonkonformen Verhaltens andererseits bemüht [529: Akademische Elite]. Darüber hinaus hat er den sozialen Transformationsprozess bürgerlich-akademischer Berufsmuster in Richtung einer ideologisierten und parteipolitisch disziplinierten „proletarischen Elite" innerhalb der Hochschullehrerschaft der Ulbricht-Ära nachgezeichnet [530: DERS., Diktatorischer Elitewechsel].

Außeruniversitäre Forschungsinstitute

Einen besonderen Schwerpunkt im Rahmen der Erforschung des Wechselverhältnisses von Wissenschaft und Politik in der DDR bildet die Analyse entsprechender staatlicher Steuerungsinstitutionen, von denen – für die Zeit bis 1962 – der 1957 gegründete „Forschungsrat der DDR" [554: M. WAGNER] sowie – für die Jahre von 1945 bis 1968 – die „Deutsche Akademie der Wissenschaften zu Berlin" [544: P. NÖTZOLDT] monographische Bearbeitungen erfahren haben [Forschungsbericht aus DDR-Perspektive in: ZfG, Sonderbd. 28 (1980), 770–793]. Die für das DDR-Wissenschaftsverständnis zentrale Frage nach dem sowjetischen Einfluss im ostdeutschen Hochschulwesen und das damit verbundene Ausmaß der Wissenschaftskooperation mit der UdSSR wurden ebenso thematisiert [538: S. MECK/L. MERTENS, Das Wissenschaftssystem der Sowjetunion] wie spezifische Problemfelder im DDR-Wissenschaftssystem, z.B. Aspekte der Elitenbildung [541: H. MEYER (Hrsg.), Intelligenz, Wissenschaft und Forschung], Rekrutierungsmechanismen für den akademischen Nachwuchs [547: I. RUDOLPH, Hochschulbildung] oder Modernisierungsdefizite [520: M. G. ASH, Wissenschaft, Politik und Modernität].

Vorbild Sowjetunion

Die Entwicklung der einzelnen Disziplinen im Wissenschaftssystem der DDR ist von der Forschung bisher unterschiedlich stark thematisiert worden. Intensive Erörterungen fand besonders die DDR-Geschichtswissenschaft. Das entspricht der zentralen Bedeutung, die diesem Fach als ideologischer Leitdisziplin im Rahmen der den Grundsätzen des historischen Materialismus verpflichteten SED-Parteidoktrin zukam. Den westlichen Forschungsstand bis 1989 spiegelt ein von A. FISCHER und G. HEYDEMANN vorgelegtes Sammelwerk [524: Geschichtswissenschaft in der DDR, Bde. 1–2], das sich besonders mit den materiellen Inhalten ostdeutscher Geschichtsschreibung auseinandersetzte und dabei noch eine vermittelnde, für eine partielle Rezeption der DDR-Historiographie plädierende Position bezog. Nach 1989/90 interessierten indes stärker die politisch-gesellschaftlichen Legitimationsfunktionen des Faches [erste Bilanzen 549: M. SABROW (Hrsg.), Verwaltete Vergangenheit; 550: DERS. (Hrsg.), Geschichte als Herrschaftsdiskurs]. I.-S. KOWALCZUK [533: Legitimation eines neuen Staates], U. NEUHÄUSSER-WESPY [543: Die SED und die Historie] und vor allem M. SABROW [548: Das Diktat des Konsenses, bes. 13–37, 442 ff.] haben in diesem Sinne die Herausbildung einer systemstabilisierenden „sozialistischen Geschichtswissenschaft" als „Konsenswissenschaft" [548: M. SABROW, 394] mit ihren institutionellen und forschungspraktischen Rahmenbedingungen bis in die 1960er Jahre nachgezeichnet. Auch zu Spezialfragen liegen mittlerweile erste Arbeiten vor, etwa zur Rolle der Remigranten (E. Engelberg, J. Kuczynski) bei der Etablierung einer spezifisch marxistisch-leninistischen Geschichtsforschung [531: M. KESSLER, Exilerfahrung].

Geschichtswissenschaft

Philosophie und Soziologie

Neben der Geschichtsforschung galten im DDR-Wissenschaftsverständnis vor allem Philosophie und Soziologie als Disziplinen mit hoher ideologischer Bindung an die Gesellschaftstheorie des Marxismus-Leninismus. Das westliche Forschungsinteresse hat sich daher den spezifischen Entwicklungstrends der marxistisch-leninistischen Philosophie- bzw. Soziologiegeschichtsschreibung schon früh gewidmet [536: P. CHR. LUDZ (Hrsg.), Studien und Materialien] und sowohl innovative Entwicklungspotenziale als auch nonkonforme Verhaltensmuster in beiden Disziplinen herausgearbeitet [z.B. 526: G. HERZBERG, Abhängigkeit und Verstrickung; 539: H.-J. MENDE/R. MOCEK (Hrsg.), Gestörte Vernunft].

Natur- und Technikwissenschaften

Andere, inhaltlich weniger stark auf das Paradigma des Marxismus-Leninismus bezogene Fachrichtungen hingegen sind erst ansatzweise ins Blickfeld der Forschung getreten. Wie eine perspektivenreiche und problemorientierte Annäherung an systemimmanente Besonderheiten der – vielfach für ideologiefern gehaltenen, gleichwohl jedoch in bestimmte politische Legitimationszwänge eingebundenen – Natur- und Technikwissenschaften der DDR aussehen kann, haben D. HOFFMANN und K. MACRAKIS in einem jüngst herausgegebenen Sammelband [527: Naturwissenschaft und Technik in der DDR] vorbildlich gezeigt. Von hier aus bieten sich dann auch Ansatzpunkte für die Aufarbeitung des Transformationsprozesses ostdeutscher Wissenschafts- und Universitätsstrukturen nach 1989/90 [vorläufige Bilanz 532: J. KOCKA/R. MAYNTZ (Hrsg.), Wissenschaft und Wiedervereinigung, bes. 435 ff., 461 ff.], dessen Modalitäten mittlerweile einen eigenen Aspekt der deutschen Wissenschafts- und Bildungsgeschichte im 20. Jahrhundert ausmachen.

„Wissenschaft und Wiedervereinigung“

III. Quellen und Literatur

Wenn nicht anders angegeben, entsprechen die Abkürzungen den Siglen der Historischen Zeitschrift.

AfK	Archiv für Kulturgeschichte
AGB	Archiv für Geschichte des Buchwesens
APuZ	Aus Politik und Zeitgeschichte
FH	Frankfurter Hefte
IASL	Internationales Archiv für Sozialgeschichte der Literatur
JbfU	Jahrbuch für Universitätsgeschichte
MKF	Mitteilungen aus der kulturwissenschaftlichen Forschung
PJb	Preußische Jahrbücher
PS	Politische Studien
ZÄAK	Zeitschrift für Ästhetik und Allgemeine Kunstwissenschaft
ZfPäd	Zeitschrift für Pädagogik
ZRGG	Zeitschrift für Religions- und Geistesgeschichte

A. Quellen

1. O. Anweiler/H.-J. Fuchs/M. Dorner/E. Petermann (Hrsg.), Bildungspolitik in Deutschland 1945–1990. Ein historisch-vergleichender Quellenband. Opladen 1992.
2. S. Baske (Hrsg.), Bildungspolitik in der DDR 1963–1976. Dokumente. Wiesbaden 1979.
3. Ders./M. Engelbert (Hrsg.), Zwei Jahrzehnte Bildungspolitik in der Sowjetzone Deutschlands. Dokumente, Bde. 1–2. Berlin 1966.
4. H.-J. Fuchs/E. Petermann (Hrsg.), Bildungspolitik in der DDR 1966–1990. Dokumente. Wiesbaden 1991.
5. G. Geissler/F. Blask/Th. Scholze, Schule: Streng vertraulich! Die Volksbildung der DDR in Dokumenten. Berlin 1996.
6. M. Heider/K. Thöns (Hrsg.), SED und Intellektuelle in der DDR der fünfziger Jahre. Kulturbundprotokolle. Köln 1990.
7. Monumenta Paedagogica. Dokumente zur Geschichte des

Schulwesens in der Deutschen Demokratischen Republik; Bd. 6,1 (Teil I: 1945–1955). Berlin (Ost) 1970; Bd. 7,1 (Teil II: 1956–1967/68). Berlin (Ost) 1969.

8. R. NEUHAUS (Hrsg.), Dokumente zur Gründung neuer Hochschulen 1960–1966. Wiesbaden 1968.

B. Literatur

1. Handbücher, Bibliographien und Lexika

9. Biographisches Handbuch der deutschsprachigen Emigration nach 1933, Bd. I: Politik, Wirtschaft und öffentliches Leben. Bearb. W. RÖDER/H. A. STRAUSS/D. M. SCHNEIDER/L. FORSYTH. München/New York/London/Paris 1980; Bd. II: 1/2: The Arts, Sciences, and Literature. Bearb. H. A. STRAUSS/W. RÖDER/H. CAPLAN/E. RADVANY/H. MÖLLER/D. M. SCHNEIDER. München u.a. 1983; Bd. III: Gesamtregister. Bearb. W. RÖDER/S. CLAUS/D. NIEDERLAND/B. SCHMIDT. München u.a. 1983.

10. Deutschsprachige Exilliteratur seit 1933, Bd. 1: Kalifornien. Hrsg. J. M. SPALEK/J. STRELKA. Bern/München 1976; Bd. 2: New York. Hrsg. J. M. SPALEK/J. STRELKA. Bern/München 1989; Bd. 3: USA. Hrsg. J. M. SPALEK/K. FEILCHENFELDT. Bern/München 1995; Bd. 4: Bibliographien. Schriftsteller, Publizisten und Literaturwissenschaftler in den USA. Hrsg. J. M. SPALEK/K. FEILCHENFELDT/S. H. HAWRYLCHAK. Bern/München 1994.

11. CHR. FÜHR/C.-L. FURCK (Hrsg.), Handbuch der deutschen Bildungsgeschichte, Bd. IV: 1870–1918. Von der Reichsgründung bis zum Ende des Ersten Weltkriegs. Hrsg. CHR. BERG. München 1991; Bd. V: 1918–1945. Die Weimarer Republik und die nationalsozialistische Diktatur. Hrsg. D. LANGEWIESCHE/H.-E. TENORTH. München 1989; Bd. VI: 1945 bis zur Gegenwart, Teilbd. 1: Bundesrepublik Deutschland; Teilbd. 2: Deutsche Demokratische Republik und neue Bundesländer. Hrsg. CHR. FÜHR/C.-L. FURCK. München 1998.

12. H. HAGEMANN/C.-D. KROHN, Biographisches Handbuch der deutschsprachigen wirtschaftswissenschaftlichen Emigration nach 1933, Bde. 1–2. München 1999.

13. J. HOPSTER/P. JOSTING, Literaturlenkung im „Dritten Reich“. Eine Bibliographie, Bde. 1–2. Hildesheim/Zürich/New York 1993 und 1994.

14. C.-D. KROHN/P. VON ZUR MÜHLEN/G. PAUL/L. WINKLER (Hrsg.), Handbuch der deutschen Emigration 1933–1945. In Verbindung mit der Gesellschaft für Exilforschung. Darmstadt 1998.
15. J.-F. LEONHARD/H.-W. LUDWIG/D. SCHWARZE/E. STRASSER (Hrsg.), Medienwissenschaft. Ein Handbuch zur Entwicklung der Medien und Kommunikationsformen, Bd. 1. Berlin/New York 1999.
16. L. MAAS, Handbuch der deutschen Exilpresse 1933–1945, Bd. 1: Bibliographie A-K. München 1976; Bd. 2: Bibliographie L-Z. München 1978; Bd. 3: Nachträge, Register, Anhang. München 1981; Bd. 4: Die Zeitung des deutschen Exils in Europa von 1933 bis 1939. München 1990.
17. F. TRAPP/W. MITTENZWEI/H. RISCHBIETER/H. SCHNEIDER (Hrsg.), Handbuch des deutschsprachigen Exiltheaters 1933–1945, Bde. 1–3. München 1998.
18. U. WENDLAND, Biographisches Handbuch deutschsprachiger Kunsthistoriker im Exil. Leben und Werk der unter dem Nationalsozialismus verfolgten und vertriebenen Wissenschaftler, Bde. 1–2. München 1999.

2. Epochenübergreifende Darstellungen

19. G. BOLLENBECK, Bildung und Kultur. Glanz und Elend eines deutschen Deutungsmusters. Frankfurt/M. 1994.
20. DERS., Tradition, Avantgarde, Reaktion. Deutsche Kontroversen um die kulturelle Moderne 1880–1945. Frankfurt/M. 1999.
21. R. BÖLLING, Sozialgeschichte der deutschen Lehrer. Ein Überblick von 1800 bis zur Gegenwart. Göttingen 1983.
22. B. VOM BROCKE/H. LAITKO (Hrsg.), Die Kaiser-Wilhelm-/Max-Planck-Gesellschaft und ihre Institute. Studien zu ihrer Geschichte: Das Harnack-Prinzip. Berlin/New York 1990.
23. DERS./R. VIERHAUS (Hrsg.), Forschung im Spannungsfeld von Politik und Gesellschaft. Geschichte und Struktur der Kaiser-Wilhelm-/Max-Planck-Gesellschaft. Aus Anlaß ihres 75jährigen Bestehens. Stuttgart 1990.
24. R. VOM BRUCH/E. HENNING (Hrsg.), Wissenschaftsfördernde Institutionen im Deutschland des 20. Jahrhunderts. Berlin 1999.
25. R. VOM BRUCH/B. KADERAS (Hrsg.), Wissenschaften und Wissenschaftspolitik. Bestandsaufnahmen zu Formationen, Brüchen und Kontinuitäten im Deutschland des 20. Jahrhunderts. Stuttgart 2002.

26. R. VOM BRUCH/R. A. MÜLLER (Hrsg.), Formen außerstaatlicher Wissenschaftsförderung im 19. und 20. Jahrhundert. Deutschland im europäischen Vergleich. Stuttgart 1990.
27. W. DURTH, Deutsche Architekten. Biographische Verflechtungen 1900–1970. München 1992 (EA 1986).
28. W. FISCHER/R. HOHLFELD/P. NÖTZOLD (Hrsg.), Die preußische Akademie der Wissenschaften zu Berlin 1914–1945. Berlin 1999.
29. CHR. FÜHR, Bildungsgeschichte und Bildungspolitik. Aufsätze und Vorträge. Köln/Weimar/Wien 1997.
30. H.-G. HERRLITZ/W. HOPF/H. TITZE, Deutsche Schulgeschichte von 1800 bis zur Gegenwart. Eine Einführung. Mit einem Kapitel über die DDR von E. CLOER. 2., erg. Aufl. Weinheim/München 1993.
31. M. KRAUL, Das deutsche Gymnasium 1780–1980. Frankfurt/M. 1984.
32. R.-U. KUNZE, Die Studienstiftung des deutschen Volkes 1925 bis heute. Zur Geschichte der Hochbegabten-Förderung in Deutschland. Berlin 2001.
33. W. B. LERG/R. STEININGER (Hrsg.), Rundfunk und Politik 1923–1973. Beiträge zur Rundfunkforschung. Berlin 1975.
34. P. LUNDGREEN/B. HORN/W. KROHN/G. KÜPPERS/R. PASLACK, Staatliche Forschung in Deutschland 1870–1980. Frankfurt/M./New York 1986.
35. K. MAASE, Grenzenloses Vergnügen. Der Aufstieg der Massenkultur 1850–1970. Frankfurt/M. 1997.
36. G. PETRAT, Schulerziehung. Ihre Sozialgeschichte in Deutschland bis 1945. München 1987.
37. F. PÖGGELER (Hrsg.), Handbuch der Erwachsenenbildung, Bd. 4: Geschichte der Erwachsenenbildung. Stuttgart 1975.
38. G. A. RITTER, Großforschung und Staat in Deutschland. Ein historischer Überblick. München 1992.
39. J. SCHLICH (Hrsg.), Intellektuelle in Deutschland im 20. Jahrhundert. Ein Forschungsreferat. Tübingen 2000.
40. W. SCHULZE, Der Stifterverband für die Deutsche Wissenschaft 1920–1995. Berlin 1995.

3. Wissenschaftsgeschichte einzelner Disziplinen

41. H. M. BAUMGARTNER/H.-M. SASS, Philosophie in Deutschland 1945–1975. Standpunkte, Entwicklungen, Literatur. 3. Aufl. Meisenheim 1980.

42. M. R. LEPSIUS (Hrsg.), Soziologie in Deutschland und in Österreich 1918–1945. Materialien zur Entwicklung, Emigration und Wirkungsgeschichte. Opladen 1981.
43. H. LÜTZELER, Kunsterfahrung und Kunstwissenschaft. Systematische und entwicklungsgeschichtliche Darstellung und Dokumentation des Umgangs mit der bildenden Kunst, Bde. 1–3. Freiburg/München 1975.
44. N. PAUL/TH. SCHLICH (Hrsg.), Medizingeschichte. Aufgaben, Probleme, Perspektiven. Frankfurt/M./New York 1998.
45. H. SCHNÄDELBACH, Philosophie in Deutschland 1831–1933. Frankfurt/M. 1983.
46. P. SCHÖTTLER (Hrsg.), Geschichtsschreibung als Legitimationswissenschaft 1918–1945. Frankfurt/M. 1997.
47. M. STOLLEIS, Geschichte des öffentlichen Rechts in Deutschland, Bd. 2: Staatsrechtslehre und Verwaltungswissenschaften 1800–1914. München 1992; Bd. 3: Staats- und Verwaltungswissenschaften in Republik und Diktatur 1914–1945. München 1999.
48. W. WEBER/L. ENGELSKIRCHEN, Streit um die Technikgeschichte in Deutschland 1945–1975. Münster/München 2000.

4. Kaiserreich 1900–1918

4.1 Kultur, Medien und Lebenswelten

49. E. BARLÖSIUS, Naturgemäße Lebensführung. Zur Geschichte der Lebensreform um die Jahrhundertwende. Frankfurt/M./New York 1997.
50. R. VOM BRUCH, Kaiser und Bürger. Wilhelminismus als Ausdruck kulturellen Umbruchs um 1900, in: L. KETTENACKER/A. BIRKE (Hrsg.), Bürgertum, Adel und Monarchie. Wandel der Lebensformen im Zeitalter des bürgerlichen Nationalismus. München 1989, 119–146.
51. V. DREHSEN/W. SPARN (Hrsg.), Vom Weltbildwandel zur Weltanschauungsanalyse. Krisenwahrnehmung und Krisenbewältigung um 1900. Berlin 1996.
52. P. U. HEIN, Die Brücke ins Geisterreich. Künstlerische Avantgarde zwischen Kulturkritik und Faschismus. Reinbek 1992.
53. G. HENSE, Kommunikationsobservanz in Wilhelminischer Zeit 1890–1914, in: H.-D. FISCHER (Hrsg.), Deutsche Kommunikationskontrolle des 15. bis 20. Jahrhunderts. München 1982, 153–184.

54. C. HEPP, Avantgarde. Moderne Kunst, Kulturpolitik und Reformbewegungen nach der Jahrhundertwende. München 1987.
55. G. HÜBINGER/W. J. MOMMSEN (Hrsg.), Intellektuelle im Deutschen Kaiserreich. Frankfurt/M. 1993.
56. TH. KOEBNER/R.-P. JANZ/F. TROMMLER (Hrsg.), „Mit uns zieht die neue Zeit". Der Mythos Jugend. Frankfurt/M. 1985.
57. E. KRAUS, Rudolf Mosse. Vom Weltkrieg zum Pressezaren, in: G. SCHULZ (Hrsg.), Geschäft mit Wort und Meinung. Medienunternehmer seit dem 18. Jahrhundert. München 1999, 77–100.
58. F.-L. KROLL, Preußischer Stil? Politik und Moral im Zeitalter Wilhelms II., in: DERS., Das geistige Preußen. Zur Ideengeschichte eines Staates. Paderborn/München/Wien/Zürich 2001, 201–217.
59. TH. KUCHENBUCH, Die Welt um 1900. Unterhaltungs- und Technikkultur. Stuttgart/Weimar 1992.
60. R. LENMAN, Die Kunst, die Macht und das Geld. Zur Kulturgeschichte des kaiserlichen Deutschland 1871–1918. Frankfurt/M./New York 1994.
61. K. MAASE/W. KASCHUBA (Hrsg.), Schund und Schönheit. Populäre Kultur um 1900. Köln/Wien 2001.
62. W. J. MOMMSEN, Der autoritäre Nationalstaat. Verfassung, Gesellschaft und Kultur des deutschen Kaiserreichs. Frankfurt/M. 1990.
63. DERS., Bürgerliche Kultur und künstlerische Avantgarde. Kultur und Politik im deutschen Kaiserreich 1870 bis 1918. Frankfurt/M./Berlin 1994.
64. DERS., Die Herausforderung der bürgerlichen Kultur durch die künstlerische Avantgarde. Zum Verhältnis von Kultur und Politik im Wilhelminischen Deutschland. München 1994.
65. F. SCHLAWE, Literarische Zeitschriften 1885–1910. Stuttgart 1961.
66. DERS., Literarische Zeitschriften 1910–1933. Stuttgart 1962.
67. ST. SEELING, Organisierte Interessen und öffentliche Kommunikation. Eine Analyse ihrer Beziehungen im Deutschen Kaiserreich 1871–1914. Opladen 1996.
68. B. SÖSEMANN, Theodor Wolff. Ein Leben mit der Zeitung. München 2000.
69. F. STERN, Kulturpessimismus als politische Gefahr. Eine Analyse nationaler Ideologie in Deutschland. Bern/Stuttgart 1963.
70. G. STÖBER, Pressepolitik als Notwendigkeit. Zum Verhältnis von Staat und Öffentlichkeit im wilhelminischen Deutschland 1890–1914. Stuttgart 2001.

71. O. GRAF ZU STOLBERG-WERNIGERODE, Die unentschiedene Generation. Deutschlands konservative Führungsschichten am Vorabend des Ersten Weltkrieges. München/Wien 1968.
72. K. VONDUNG (Hrsg.), Das wilhelminische Bildungsbürgertum. Zur Sozialgeschichte seiner Ideen. Göttingen 1976.
73. B. U. WELLER, Maximilian Harden und die „Zukunft“. Bremen 1970.

4.2 Wissenschaften und Universitäten

74. J. BLEKER (Hrsg.), Der Eintritt der Frauen. Zur Geschlechterfrage im akademischen Selbstverständnis und in der wissenschaftlichen Praxis am Anfang des 20. Jahrhunderts. Husum 1998.
75. B. VOM BROCKE, Kurt Breysig. Geschichtswissenschaft zwischen Historismus und Soziologie. Lübeck/Hamburg 1971.
76. DERS., Hochschul- und Wissenschaftspolitik in Preußen und im Deutschen Kaiserreich 1882–1907. Das „System Althoff“, in: P. BAUMGART (Hrsg.), Bildungspolitik in Preußen zur Zeit des Kaiserreichs. Stuttgart 1980, 9–118.
77. DERS., Die Entstehung der deutschen Forschungsuniversität, ihre Blüte und Krise um 1900, in: R. CHR. SCHWINGES (Hrsg.), Humboldt international. Der Export des deutschen Universitätsmodells im 19. und 20. Jahrhundert. Basel 2001, 367–401.
78. DERS. (Hrsg.), Wissenschaftsgeschichte und Wissenschaftspolitik im Industriezeitalter. Das „System Althoff“ in historischer Perspektive. Hildesheim 1991.
79. R. VOM BRUCH, Wissenschaft, Politik und öffentliche Meinung. Gelehrtenpolitik im Wilhelminischen Reich (1890–1914). Husum 1980.
80. DERS., Weltpolitik als Kulturmission. Auswärtige Kulturpolitik und Bildungsbürgertum in Deutschland am Vorabend des Ersten Weltkrieges. Paderborn/München/Wien/Zürich 1982.
81. DERS., Universitätsreform als soziale Bewegung. Zur Nichtordinarienfrage im späten deutschen Kaiserreich, in: GG 10 (1984), 72–91.
82. DERS./F. W. GRAF/G. HÜBINGER (Hrsg.), Kultur und Kulturwissenschaften um 1900, Bd. I: Krise der Moderne und Glaube an die Wissenschaft. Stuttgart 1989; Bd. II: Idealismus und Positivismus. Stuttgart 1997.
83. L. BURCHARDT, Wissenschaftspolitik im Wilhelminischen Deutschland. Vorgeschichte, Gründung und Aufbau der Kaiser-

Wilhelm-Gesellschaft zur Förderung der Wissenschaften. Göttingen 1975.

84. DERS., Deutsche Wissenschaftspolitik an der Jahrhundertwende. Versuch einer Zwischenbilanz, in: GWU 26 (1975), 271–289.
85. R. CHICKERING, Karl Lamprecht. A German Academic Life (1856–1915). Atlantic Highlands/New York 1993.
86. E. DEMM, Ein Liberaler in Kaiserreich und Republik. Der politische Weg Alfred Webers bis 1920. Boppard 1990.
87. H.-G. DRESCHER, Ernst Troeltsch. Leben und Werk. Göttingen 1991.
88. N. HAMMERSTEIN (Hrsg.), Deutsche Geschichtswissenschaft um 1900. Stuttgart 1988.
89. D. KRÜGER, Nationalökonomen im wilhelminischen Deutschland. Göttingen 1983.
90. FR. LENGER, Werner Sombart 1863–1941. Eine Biographie. München 1994.
91. K. LICHTBLAU, Kulturkrise und Soziologie um die Jahrhundertwende. Zur Genealogie der Kultursoziologie in Deutschland. Frankfurt/M. 1996.
92. H.-J. LIEBER, Kulturkritik und Lebensphilosophie. Studien zur deutschen Philosophie der Jahrhundertwende. Darmstadt 1974.
93. ST. MEINEKE, Friedrich Meinecke. Persönlichkeit und politisches Denken bis zum Ende des Ersten Weltkrieges. Berlin/New York 1995.
94. W. J. MOMMSEN, Max Weber und die deutsche Politik 1890–1920. 2. Aufl. Tübingen 1974.
95. W. PERPEET, Kulturphilosophie um die Jahrhundertwende, in: H. BRACKERT/F. WEFELMEYER (Hrsg.), Naturplan und Verfallskritik. Zu Begriff und Geschichte der Kultur. Frankfurt/M. 1984, 364–408.
96. F. R. PFETSCH, Zur Entwicklung der Wissenschaftspolitik in Deutschland 1750–1914. Berlin 1974.
97. ST. REBENICH, Theodor Mommsen und Adolf Harnack. Wissenschaft und Politik im Berlin des ausgehenden 19. Jahrhunderts. Mit einem Anhang: Edition und Kommentierung des Briefwechsels. Berlin/New York 1997.
98. F. K. RINGER, Die Gelehrten. Der Niedergang der deutschen Mandarine 1890–1933. Stuttgart 1983 (EA 1969).
99. DERS., Education and Society in Modern Europe. Bloomington u.a. 1979.

100. A. SACHSE, Friedrich Althoff und sein Werk. Berlin 1928.
101. M. SCHMEISER, Akademischer Hasard. Das Berufsschicksal des Professors und das Schicksal der deutschen Universität 1870 bis 1920. Eine verstehend soziologische Untersuchung. Stuttgart 1994.
102. J. J. SHEEHAN, The Career of Lujo Brentano. A Study of Liberalism and Social Reform in Imperial Germany. Chicago/London 1966.
103. J. THIELEN, Wilhelm Dilthey und die Entwicklung des geschichtlichen Denkens in Deutschland im ausgehenden 19. Jahrhundert. Würzburg 1999.

4.3 Bildung und Schule

104. J. C. ALBISETTI, Secondary School Reform in Imperial Germany. Princeton 1983.
105. U. BENDELE, Sozialdemokratische Schulpolitik und Pädagogik im wilhelminischen Deutschland (1890–1914). Eine sozialhistorisch-empirische Analyse. Frankfurt/M. 1979.
106. E. BLOCHMANN, Das „Frauenzimmer“ und die „Gelehrsamkeit“. Eine Studie über die Anfänge des Mädchenschulwesens in Deutschland. Heidelberg 1966.
107. K. H. JARAUSCH, Students, Society and Politics in Imperial Germany. The Rise of Academic Illiberalism. Princeton N.J. 1982.
108. DERS., The Transformation of Higher Learning, 1860–1930: Expansion, Diversification, Social Opening and Professionalization in England, Germany, Russia and the United States. Stuttgart 1983.
109. DERS., Die Krise des deutschen Bildungsbürgertums im ersten Drittel des 20. Jahrhunderts, in: J. KOCKA (Hrsg.), Bildungsbürgertum im 19. Jahrhundert, Teil IV: Politischer Einfluß und gesellschaftliche Formation. Stuttgart 1989, 180–205.
110. E. KLEINAU/C. OPITZ (Hrsg.), Geschichte der Mädchen- und Frauenbildung, Bd. 2: Vom Vormärz bis zur Gegenwart. Frankfurt/M./New York 1996.
111. M. LAMBERTI, State, Society and the Elementary School in Imperial Germany. New York u.a. 1989.
112. P. LUNDGREEN, Sozialgeschichte der deutschen Schule im Überblick, Teil I: 1770–1918. Göttingen 1980.
113. DERS., Zur Konstituierung des „Bildungsbürgertums“. Berufs- und Bildungsauslese der Akademiker in Preußen, in: W. CONZE/ J. KOCKA (Hrsg.), Bildungsbürgertum im 19. Jahrhundert, Teil I:

Bildungssystem und Professionalisierung in internationalen Vergleichen. Stuttgart 1985, 79–108.
114. Th. Nipperdey, Wie modern war das Kaiserreich? Das Beispiel der Schule. Opladen 1986.
115. F. Paulsen, Geschichte des gelehrten Unterrichts auf den deutschen Schulen und Universitäten vom Ausgang des Mittelalters bis zur Gegenwart. Mit besonderer Rücksicht auf den klassischen Unterricht, Bde. 1–2. 3. Aufl. Leipzig/Berlin 1921.
116. N. Schwarte, Schulpolitik und Pädagogik der deutschen Sozialdemokratie an der Wende vom 19. zum 20. Jahrhundert. Köln u.a. 1980.
117. G. Tornieporth, Studien zur Frauenbildung. Ein Beitrag zur historischen Analyse lebensweltorientierter Bildungskonzeptionen. Weinheim/Basel 1979.

4.4 Der „Kulturkrieg"

118. B. Besslich, Wege in den „Kulturkrieg". Zivilisationskritik in Deutschland 1890–1914. Darmstadt 2000.
119. B. vom Brocke, „Wissenschaft und Militarismus". Der Aufruf der 93 ‚An die Kulturwelt!' und der Zusammenbruch der internationalen Gelehrtenrepublik im Ersten Weltkrieg, in: W. M. Calder/H. Flashar/Th. Lindken (Hrsg.), Wilamowitz nach 50 Jahren. Darmstadt 1985, 649–719.
120. H. Ehrlicher, Die Kunst der Zerstörung. Gewaltphantasien und Manifestationspraktiken europäischer Avantgarden. Berlin 2001.
121. M. Eksteins, Tanz über Gräben. Die Geburt der Moderne und der Erste Weltkrieg. Reinbek 1990.
122. K. Flasch, Die geistige Mobilmachung. Die deutschen Intellektuellen und der Erste Weltkrieg. Ein Versuch. Berlin 2000.
123. H. Fries, Die große Katharsis. Der Erste Weltkrieg in der Sicht deutscher Dichter und Gelehrter, Bd. 1: Die Kriegsbegeisterung von 1914: Ursprünge – Denkweisen – Auflösung; Bd. 2: Euphorie – Entsetzen – Widerspruch: Die Schriftsteller 1914–1918. Konstanz 1994 und 1995.
124. K. Hammer, Deutsche Kriegstheologie 1870–1918. München 1974.
125. H. Joas, Die Klassiker der Soziologie und der Erste Weltkrieg, in: Ders./H. Steiner (Hrsg.), Machtpolitischer Realismus und pazifistische Utopie. Krieg und Frieden in der Geschichte der Sozialwissenschaften. Frankfurt/M. 1989, 179–210.

126. M. LLANQUE, Demokratisches Denken im Krieg. Die deutsche Debatte im Ersten Weltkrieg. Berlin 2000.
127. H. LÜBBE, Die philosophischen Ideen von 1914, in: DERS., Politische Philosophie in Deutschland. Studien zu ihrer Geschichte. Basel/Stuttgart 1963, 173–238.
128. W. J. MOMMSEN, Die „deutsche Idee der Freiheit", in: DERS., Bürgerliche Kultur und politische Ordnung. Künstler, Schriftsteller und Intellektuelle in der deutschen Geschichte 1830–1933. Frankfurt/M. 2000, 133–157.
129. DERS./E. MÜLLER-LUCKNER (Hrsg.), Kultur und Krieg. Die Rolle der Intellektuellen, Künstler und Schriftsteller im Ersten Weltkrieg. München 1996.
130. K. SCHWABE, Ursprung und Verbreitung des alldeutschen Annexionismus in der deutschen Professorenschaft im Ersten Weltkrieg, in: VfZ 14 (1966), 105–138.
131. DERS., Wissenschaft und Kriegsmoral. Die deutschen Hochschullehrer und die politischen Grundfragen des Ersten Weltkrieges. Göttingen 1969.
132. K. VON SEE, Die Ideen von 1789 und die Ideen von 1914. Völkisches Denken in Deutschland zwischen Französischer Revolution und Erstem Weltkrieg. Frankfurt/M. 1975.
133. U. SIEG, Jüdische Intellektuelle im Ersten Weltkrieg. Kriegserfahrungen, weltanschauliche Debatten und kulturelle Neuentwürfe. Berlin 2001.
134. J. UNGERN-STERNBERG VON PÜRKEL/W. VON UNGERN-STERNBERG, Der Aufruf „An die Kulturwelt!". Das Manifest der 93 und die Anfänge der Kriegspropaganda im Ersten Weltkrieg. Mit einer Dokumentation. Stuttgart 1996.
135. K. VONDUNG, Die Apokalypse in Deutschland. München 1988.
136. DERS. (Hrsg.), Kriegserlebnis. Der Erste Weltkrieg in der literarischen Gestaltung und symbolischen Deutung der Nationen. Göttingen 1980.

5. Weimarer Republik 1918–1933

5.1 Politik, Kultur und Medien

137. H. BAUSCH, Der Rundfunk im politischen Kräftespiel der Weimarer Republik 1923–1933. Tübingen 1956.
138. M. BRENNER, Jüdische Kultur in der Weimarer Republik. München 2000.

139. St. Breuer, Anatomie der Konservativen Revolution. Darmstadt 1993.
140. Ders., Ästhetischer Fundamentalismus. Stefan George und der deutsche Antimodernismus. Darmstadt 1995.
141. Ders., Ordnungen der Ungleichheit. Die deutsche Rechte im Widerstreit ihrer Ideen 1871–1945. Darmstadt 2001.
142. M. Eberle, Der Weltkrieg und die Künstler der Weimarer Republik. Dix, Grosz, Beckmann, Schlemmer. Stuttgart 1989.
143. W. Fähnders/M. Rector, Linksradikalismus und Literatur. Untersuchungen zur Geschichte der sozialistischen Literatur in der Weimarer Republik, Bde. 1–2. Reinbek 1974.
144. P. Gay, Die Republik der Außenseiter. Geist und Kultur in der Weimarer Zeit: 1918–1933. Frankfurt/M. 1970.
145. C. Groppe, Die Macht der Bildung. Das deutsche Bürgertum und der George-Kreis 1890–1933. Köln/Weimar/Wien 1997.
146. D. Harth/D. Schubert/R. M. Schmidt (Hrsg.), Pazifismus zwischen den Weltkriegen. Deutsche Schriftsteller und Künstler gegen Krieg und Militarismus 1918–1933. Heidelberg 1985.
147. U. Hass, Militante Pastorale. Zur Literatur der antimodernen Bewegungen im frühen 20. Jahrhundert. München 1993.
148. A. Heffen, Der Reichskunstwart – Kunstpolitik in den Jahren 1920–1933. Zu den Bemühungen um eine offizielle Reichskunstpolitik in der Weimarer Republik. Essen 1986.
149. Chr. M. Hein, Der „Bund proletarisch-revolutionärer Schriftsteller Deutschlands". Biographie eines kulturpolitischen Experiments in der Weimarer Republik. Münster/Berlin 1991.
150. J. Herf, Reactionary Modernism. Technology, Culture, and Politics in Weimar and the Third Reich. Cambridge/London/New York/La Rochelle/Melbourne/Sydney 1984.
151. J. Hermand/F. Trommler, Die Kultur der Weimarer Republik. Frankfurt/M. 1988 (EA 1978).
152. D. Hoffmann, Die Wiederkunft des Heiligen. Literatur und Religion zwischen den Weltkriegen. Paderborn/München/Wien/Zürich 1998.
153. B. Hüppauf (Hrsg.), Ansichten vom Krieg. Vergleichende Studien zum Ersten Weltkrieg in Literatur und Gesellschaft. Königstein/Ts. 1984.
154. N. Huse, „Neues Bauen" 1918 bis 1933. Moderne Architektur in der Weimarer Republik. 2. Aufl. Berlin 1985.
155. I. Jens, Dichter zwischen rechts und links. Die Geschichte der

Sektion für Dichtkunst an der Preußischen Akademie der Künste, dargestellt nach den Dokumenten. 2. Aufl. Köln 1994.

156. E. JOHN, Musikbolschewismus. Die Politisierung der Musik in Deutschland 1918–1938. Stuttgart/Weimar 1994.

157. K. KREILER, Die Schriftstellerrepublik. Zum Verhältnis von Literatur und Politik in der Münchner Räterepublik. Berlin 1978.

158. K. KREIMEIER, Die Ufa Story. Geschichte eines Filmkonzerns. München/Wien 1992.

159. K. A. KUCZYNSKI/P. SPRENGEL (Hrsg.), Gerhart Hauptmann – Autor des 20. Jahrhunderts. Würzburg 1991.

160. W. LAQUEUR, Weimar. Die Kultur der Republik. Frankfurt/M./ Berlin/Wien 1976.

161. W. B. LERG, Die Entstehung des Rundfunks in Deutschland. Herkunft und Entwicklung eines publizistischen Mittels. Frankfurt/ M. 1965.

162. DERS., Rundfunkpolitik in der Weimarer Republik. München 1980.

163. D. MAYER, Linksbürgerliches Denken. Untersuchungen zur Kunsttheorie, Gesellschaftsauffassung und Kulturpolitik in der Weimarer Republik (1919–1924). München 1981.

164. W. MITTENZWEI, Der Untergang einer Akademie oder Die Mentalität des ewigen Deutschen. Der Einfluß der nationalkonservativen Dichter an der Preußischen Akademie der Künste 1918 bis 1947. Berlin/Weimar 1992.

165. B. MILLER LANE, Architektur und Politik in Deutschland 1918–1945. Braunschweig 1986.

166. A. MOHLER, Die Konservative Revolution in Deutschland 1918–1932. Ein Handbuch. 3., erw. Aufl. Darmstadt 1989 (EA 1950).

167. H.-H. MÜLLER, Der Krieg und die Schriftsteller. Der Kriegsroman der Weimarer Republik. Stuttgart 1986.

168. K. PETERSEN, Literatur und Justiz in der Weimarer Republik. Stuttgart 1988.

169. DERS., Zensur in der Weimarer Republik. Stuttgart/Weimar 1995.

170. B. PETZINNA, Erziehung zum deutschen Lebensstil. Ursprung und Entwicklung des jungkonservativen „Ring“-Kreises 1918–1933. Berlin 2000.

171. Th. ROHKRÄMER, Eine andere Moderne? Zivilisationskritik, Natur und Technik in Deutschland 1880–1933. Paderborn/München/ Wien/Zürich 1999.

172. CHR. SCHÄR, Der Schlager und seine Tänze im Deutschland der 20er Jahre. Sozialgeschichtliche Aspekte zum Wandel in der

Musik- und Tanzkultur während der Weimarer Republik. Zürich 1991.

173. L. SCHÖNE, Neuigkeiten vom Mittelpunkt der Welt. Der Kampf ums Theater in der Weimarer Republik. Darmstadt 1994.
174. H. SIEFKEN, Thomas Manns „Dienst an der Zeit" in den Jahren 1918–1933, in: Thomas Mann Jahrbuch 10 (1997), 167–185.
175. K. SONTHEIMER, Antidemokratisches Denken in der Weimarer Republik. Die politischen Ideen des deutschen Nationalismus zwischen 1918 und 1933. München 1978 (EA 1962).
176. B. SÖSEMANN, Das Ende der Weimarer Republik in der Kritik demokratischer Publizisten. Theodor Wolff, Ernst Feder, Julius Elbau, Leopold Schwarzschild. Berlin 1976.
177. E. SUHR, Zwei Wege – ein Ziel. Tucholsky, Ossietzky und „Die Weltbühne". München 1986.
178. J. VERHEY, Der „Geist von 1914" und die Erfindung der Volksgemeinschaft. Hamburg 2000.
179. B. WEISBROD, Gewalt in der Politik. Zur politischen Kultur in Deutschland zwischen den beiden Weltkriegen, in: GWU 43 (1992), 391–404.
180. K. WEISSMANN, Die Konservative Revolution. Forschungsstand und Desiderata, in: C. VON SCHRENCK-NOTZING (Hrsg.), Stand und Probleme der Erforschung des Konservatismus. Berlin 2000, 119–139.
181. B. WEYERGRAF (Hrsg.), Literatur der Weimarer Republik. München 1995.

5.2 Wissenschaft, Forschung und Universitäten

182. W. BIALAS/G. G. IGGERS (Hrsg.), Intellektuelle in der Weimarer Republik. Frankfurt/M. 1996.
183. W. BIALAS/B. STENZEL (Hrsg.), Die Weimarer Republik zwischen Metropole und Provinz. Intellektuellendiskurse zur politischen Kultur. Weimar u.a. 1996.
184. H. P. BLEUEL, Deutsche Studenten auf dem Weg ins Dritte Reich. Ideologien – Programme – Aktionen 1918–1935. Gütersloh 1967.
185. H. DÖRING, Der Weimarer Kreis. Studien zum politischen Bewußtsein verfassungstreuer Hochschullehrer in der Weimarer Republik. Meisenheim am Glan 1975.
186. B. FAULENBACH, Ideologie des deutschen Weges. Die deutsche Geschichte in der Historiographie zwischen Kaiserreich und Nationalsozialismus. München 1980.

187. M. GANGL/G. RAULET (Hrsg.), Intellektuellendiskurse in der Weimarer Republik. Zur politischen Kultur einer Gemengelage. Frankfurt/M. 1994.
188. N. HAMMERSTEIN, Die Deutsche Forschungsgemeinschaft in der Weimarer Republik und im Dritten Reich. Wissenschaftspolitik in Republik und Diktatur 1920–1945. München 1999.
189. J. L. HEILBRON, The Dilemmas of an Upright Man. Max Planck and the Fortunes of German Science. With a New Afterword. Cambrigde/Mass. 2000.
190. D. HOEGES, Kontroverse am Abgrund: Ernst Robert Curtius und Karl Mannheim. Intellektuelle und „freischwebende Intelligenz" in der Weimarer Republik. Frankfurt/M. 1994.
191. M. H. KATER, Studentenschaft und Rechtsradikalismus in Deutschland 1918–1933. Eine sozialgeschichtliche Studie zur Bildungskrise in der Weimarer Republik. Hamburg 1975.
192. A. KOENEN, Der Fall Carl Schmitt. Sein Aufstieg zum „Kronjuristen des Dritten Reiches". Darmstadt 1995.
193. CHR. KÖNIG/E. LÄMMERT (Hrsg.), Literaturwissenschaft und Geistesgeschichte 1910 bis 1925. Frankfurt/M. 1993.
194. C.-D. KROHN, Wirtschaftstheorien als politische Interessen. Die akademische Nationalökonomie in Deutschland 1918–1933. Frankfurt/M./New York 1981.
195. J. KURUCZ, Struktur und Funktion der Intelligenz während der Weimarer Republik. Köln 1967.
196. U. LINSE, Hochschulrevolution. Zur Ideologie und Praxis sozialistischer deutscher Studentengruppen während der deutschen Revolutionszeit 1918/19, in: AfS 14 (1974), 1–114.
197. D. LOSURDO, Die Gemeinschaft, der Tod, das Abendland. Heidegger und die Kriegsideologie. Stuttgart/Weimar 1995.
198. U. MARSCH, Notgemeinschaft der Deutschen Wissenschaft. Gründung und frühe Geschichte 1920–1925. Frankfurt/M./New York/Berlin 1994.
199. G. MÜLLER, Weltpolitische Bildung und akademische Reformen. Carl Heinrich Beckers Wissenschafts- und Hochschulpolitik 1908–1930. Köln/Weimar/Wien 1991.
200. W. NEUGEBAUER, Hans Rothfels als politischer Historiker der Zwischenkriegszeit, in: P. DREWEK/K.-P. HORN/CHR. KERSTING/H.-E. TENORTH (Hrsg.), Ambivalenzen der Pädagogik. Zur Bildungsgeschichte der Aufklärung und des 20. Jahrhunderts. Weinheim 1995, 169–183.

201. W. SCHLUCHTER, Entscheidung für den sozialen Rechtsstaat. Hermann Heller und die staatstheoretische Diskussion in der Weimarer Republik. Köln 1968.
202. N. J. SCHÜRGERS, Politische Philosophie in der Weimarer Republik. Staatsverständnis zwischen Führerdemokratie und bürokratischem Sozialismus. Stuttgart 1989.
203. J. SCHWARZ, Studenten in der Weimarer Republik. Die deutsche Studentenschaft in der Zeit von 1918 bis 1923 und ihre Stellung zur Politik. Berlin 1971.
204. M. SZÖLLÖSI-JANZE, Fritz Haber: 1868–1934. Eine Biographie. München 1998.
205. K. THIESSENHUSEN, Politische Kommentare deutscher Historiker zur Revolution und Neuordnung 1918/19, in: APuZ B 45 (1969), 3–63.
206. CHR. TILITZKI, Philosophie und Politik. Die deutsche Universitätsphilosophie in der Weimarer Republik und im Dritten Reich, Bde. 1–2. Berlin 2001.
207. K. TOEPNER, Gelehrte Politiker und politisierende Gelehrte. Die Revolution von 1918 im Urteil deutscher Hochschullehrer. Göttingen/Zürich/Frankfurt/M. 1970.
208. CHR. WEISZ, Geschichtsauffassung und politisches Denken Münchener Historiker der Weimarer Zeit. Konrad Beyerle, Max Bücher, Michael Doeberl, Erich Marcks, Karl Alexander von Müller, Hermann Oncken. Berlin 1970.
209. R. WIGGERSHAUS, Die Frankfurter Schule. Geschichte, Theoretische Entwicklung, politische Bedeutung. München/Wien 1986.

5.3 Bildung und Schule

210. H. BECKER/G. KLUCHERT, Die Bildung der Nation. Schule, Gesellschaft und Politik vom Kaiserreich zur Republik. Stuttgart 1993.
211. R. BÖLLING, Volksschullehrer und Politik. Der Deutsche Lehrerverein 1918–1933. Göttingen 1978.
212. CHR. FÜHR, Zur Schulpolitik der Weimarer Republik. Die Zusammenarbeit von Reich und Ländern im Reichsschulausschuß 1919–1933 und im Ausschuß für das Unterrichtswesen 1924–1933. Darstellung und Quellen. Weinheim/Berlin/Basel 1970.
213. DERS., Schulpolitik im Spannungsfeld zwischen Reich und Ländern. Das Scheitern der Schulreform in der Weimarer Republik, in: APuZ B 42 (1970).
214. G. GRÜNTHAL, Reichsschulgesetz und Zentrumspartei in der Weimarer Republik. Düsseldorf 1968.

215. D. LANGEWIESCHE, „Freizeit“ und „Massenbildung“. Zur Ideologie und Praxis der Volksbildung in der Weimarer Republik, in: G. HUCK (Hrsg.), Sozialgeschichte der Freizeit. Wuppertal 1980, 223–247.
216. A. LESCHINSKY, Volksschule zwischen Ausbau und Auszehrung. Schwierigkeiten bei der Steuerung der Schulentwicklung seit den zwanziger Jahren, in: VfZ 30 (1982), 27–81.
217. S. F. MÜLLER, Die höhere Schule Preußens in der Weimarer Republik. Zum Einfluß von Parteien, Verbänden und Verwaltung auf die Schul- und Lehrplanreform 1919–1925. 2. Aufl. Köln u.a. 1985.
218. J. OLBRICH (Hrsg.), Arbeiterbildung in der Weimarer Republik. Konzeption und Praxis. Braunschweig 1977.
219. N. REICHLING, Akademische Arbeiterbildung in der Weimarer Republik. Münster 1983.
220. W. SCHEIBE, Die reformpädagogische Bewegung 1900–1932. Eine einführende Darstellung. 10., erw. Aufl. Weinheim/Basel 1994 (EA 1969).
221. H. SIENKNECHT, Der Einheitsschulgedanke. Geschichtliche Entwicklung und gegenwärtige Problematik. Weinheim/Berlin 1968.
222. H.-E. TENORTH, Zur deutschen Bildungsgeschichte 1918–1945. Probleme, Analysen und politisch-pädagogische Perspektiven. Köln/Wien 1985.
223. R. WEBER, Die Neuordnung der preußischen Volksschullehrerbildung in der Weimarer Republik. Zur Entstehung und gesellschaftlichen Bedeutung der Pädagogischen Akademien. Köln/Wien 1984.
224. W. VAN DER WILL/R. BURNS, Arbeiterkulturbewegung in der Weimarer Republik. Eine historisch-theoretische Analyse der kulturellen Bestrebungen der sozialdemokratisch organisierten Arbeiterschaft. Frankfurt/M./Berlin/Wien 1982.
225. W. W. WITTWER, Die sozialdemokratische Schulpolitik in der Weimarer Republik. Ein Beitrag zur politischen Schulgeschichte im Reich und in Preußen. Berlin 1980.

6. Nationalsozialismus 1933–1945

6.1 Kultur, Kulturpolitik und Lebenswirklichkeit

226. K. BACKES, Hitler und die bildenden Künste. Kulturverständnis und Kulturpolitik im Dritten Reich. Köln 1988.

227. J.-P. Barbian, Literaturpolitik im „Dritten Reich“. Institutionen, Kompetenzen, Betätigungsfelder. Überarbeitete und aktualisierte Ausgabe. München 1995.
228. R. Bollmus, Das Amt Rosenberg und seine Gegner. Studien zum Machtkampf im nationalsozialistischen Herrschaftssystem. Stuttgart 1970.
229. F. Borsi, Die monumentale Ordnung. Architektur in Europa 1929–1939. Stuttgart 1987.
230. H. Brenner, Die Kunstpolitik des Nationalsozialismus. Reinbek 1963.
231. Dies., Ende einer bürgerlichen Kunst-Institution. Die politische Formierung der Preußischen Akademie der Künste ab 1933. Stuttgart 1972.
232. Chr. Caemmerer/W. Delabar (Hrsg.), Dichtung im Dritten Reich? Zur Literatur in Deutschland 1933–1945. Opladen 1996.
233. W. Delabar/H. Denkler/E. Schütz (Hrsg.), Banalität mit Stil. Zur Widersprüchlichkeit der Literaturproduktion im Nationalsozialismus. Bern/Berlin/Frankfurt/M./New York/Paris/Wien 1999.
234. F. Denk, Die Zensur der Nachgeborenen. Zur regimekritischen Literatur im Dritten Reich. Weilheim 1995.
235. Ders., Regimekritische Literatur im Dritten Reich. Eine Problemskizze, in: F.-L. Kroll (Hrsg.), Wort und Dichtung als Zufluchtsstätte in schwerer Zeit. Berlin 1996, 11–33.
236. H. Denkler/K. Prümm (Hrsg.), Die deutsche Literatur im Dritten Reich. Themen – Traditionen – Wirkungen. Stuttgart 1976.
237. A. Diller, Die Rundfunkpolitik im Dritten Reich. München 1980.
238. W. Durth/W. Nerdinger (Hrsg.), Architektur und Städtebau der 30er und 40er Jahre. Ergebnisse der Fachtagung in München 26.–28. November 1993 des Deutschen Nationalkomitees für Denkmalschutz. Bonn 1994.
239. M. Durzak (Hrsg.), Die deutsche Exilliteratur 1933–1945. Stuttgart 1973.
240. Th. Eicher/B. Panse/H. Rischbieter, Theater im „Dritten Reich“. Seelze-Velber 2000.
241. E. Fischer, Der „Schutzverband deutscher Schriftsteller“ 1909–1933, in: AGB 21 (1980), 1–666.
242. S. Friedländer/J. Rüsen (Hrsg.), Richard Wagner im Dritten Reich. München 2000.
243. Ph. Gassert, Amerika im Dritten Reich. Ideologie, Propaganda und Volksmeinung 1933–1945. Stuttgart 1997.

244. G. GILLESSEN, Auf verlorenem Posten. Die „Frankfurter Zeitung“ im „Dritten Reich“. Berlin 1986.
245. S. GRAEB-KÖNNEKER, Autochthone Modernität. Eine Untersuchung der vom Nationalsozialismus geförderten Literatur. Opladen 1996.
246. W. HAFTMANN, Verfemte Kunst. Bildende Künstler der inneren und äußeren Emigration in der Zeit des Nationalsozialismus. Köln 1986.
247. H.-W. HEISTER/H.-G. KLEIN (Hrsg.), Musik und Musikpolitik im faschistischen Deutschland. Frankfurt/M. 1984.
248. M. HINZ, Massenkult und Todessymbolik in der nationalsozialistischen Architektur. Köln 1984.
249. M. H. KATER, Das „Ahnenerbe“ der SS 1935–1945. Ein Beitrag zur Kulturpolitik des Dritten Reiches. 3. Aufl. München 2001 (EA 1974).
250. DERS., Different Drummers. Jazz in the Culture of Nazi Germany. New York/Oxford 1992.
251. DERS., Die mißbrauchte Muse. Musiker im Dritten Reich. München/Wien 1998.
252. U.-K. KETELSEN, Völkisch-nationale und nationalsozialistische Literatur in Deutschland 1890–1945. Stuttgart 1976.
253. DERS., Literatur und Drittes Reich. Schernfeld 1992.
254. F.-L. KROLL (Hrsg.), Deutsche Autoren des Ostens als Gegner und Opfer des Nationalsozialismus. Beiträge zur Widerstandsproblematik. Berlin 2000.
255. F.-L. KROLL (Hrsg.), Die totalitäre Erfahrung. Deutsche Literatur und Drittes Reich. Berlin 2003.
256. S. LOKATIS, Hanseatische Verlagsanstalt. Politisches Buchmarketing im „Dritten Reich“, in: AGB 38 (1992), 1–189.
257. M. MALLMANN, „Das Innere Reich“. Analyse einer konservativen Zeitschrift im Dritten Reich. Bonn 1978.
258. R. MERKER, Die bildenden Künste im Nationalsozialismus. Kulturideologie – Kulturpolitik – Kulturproduktion. Köln 1983.
259. M. MEYER, The Politics of Music in the Third Reich. New York/Bern/Frankfurt/M./Paris 1991.
260. H. MÖLLER, Exodus der Kultur. Schriftsteller, Wissenschaftler und Künstler in der Emigration nach 1933. München 1984.
261. J. PETROPOULOS, Art as Politics in the Third Reich. Chapel Hill 1996.
262. D. PIKE, Deutsche Schriftsteller im sowjetischen Exil 1933–1945. Frankfurt/M. 1981.

263. F. K. PRIEBERG, Musik im NS-Staat. Frankfurt/M. 1982.
264. P. REICHEL, Der schöne Schein des Dritten Reiches. Faszination und Gewalt des Faschismus. München/Wien 1991.
265. E. RENTSCHLER, The Ministry of Illusion. Nazi Cinema and its Afterlife. Cambridge/London 1996.
266. H. D. SCHÄFER, Das gespaltene Bewußtsein. Deutsche Kultur und Lebenswirklichkeit 1933–1945. München 1981.
267. R. SCHNELL, Literarische innere Emigration 1933–1945. Stuttgart 1976.
268. G. SCHOLDT, Autoren über Hitler. Deutschsprachige Schriftsteller 1919–1945 und ihr Bild vom „Führer". Bonn 1993.
269. H. SPIEKER, Totalitäre Architektur. Feststellungen und Bekenntnisse, Programme und Ergebnisse, Bauten und Entwürfe, Einzel- und Prachtprojekte. Stuttgart 1981.
270. D. STROTHMANN, Nationalsozialistische Literaturpolitik. Ein Beitrag zur Publizistik im Dritten Reich. 4. Aufl. Bonn 1985 (EA 1960).
271. J. THIES, Architekt der Weltherrschaft. Die „Endziele" Hitlers. Düsseldorf 1976.
272. K. VONDUNG, Völkisch-nationale und nationalsozialistische Literaturtheorie. München 1973.
273. H.-A. WALTER, Deutsche Exilliteratur 1933–1950, Bd. 1: Bedrohung und Verfolgung bis 1933. Darmstadt/Neuwied 1972; Bd. 2: Europäisches Appeasement und überseeische Asylpraxis. Stuttgart 1984; Bd. 3: Internierung, Flucht und Lebensbedingungen im Zweiten Weltkrieg. Stuttgart 1988; Bd. 4: Exilpresse. Stuttgart 1978.
274. M. WALTER, Hitler in der Oper. Deutsches Musikleben 1919–1945. Stuttgart/Weimar 2000.
275. K. WINKER, Fernsehen unterm Hakenkreuz. Organisation – Programm – Personal. Köln/Weimar/Wien 1994.

6.2 Wissenschaften und Universitäten

276. A. D. BEYERCHEN, Wissenschaftler unter Hitler. Physiker im Dritten Reich. Frankfurt/M. 1982.
277. M. BURLEIGH, Germany turns Eastwards. A Study of Ostforschung in the Third Reich. Cambridge 1988.
278. P. CHROUST, Gießener Universität und Faschismus. Studenten und Hochschullehrer 1918–1945, Bde. 1–2. Münster/New York 1994.
279. U. DEICHMANN, Biologen unter Hitler. Vertreibung, Karrieren, Forschung. Frankfurt/M. 1992.

280. Die deutsche Universität im Dritten Reich. Eine Vorlesungsreihe der Universität München. München 1966.
281. M. FAHLBUSCH, Wissenschaft im Dienst der nationalsozialistischen Politik? Die „Volksdeutschen Forschungsgemeinschaften" von 1931–1945. Baden-Baden 1999.
282. A. FAUST, Studenten und Nationalsozialismus in der Weimarer Republik. Der Nationalsozialistische Deutsche Studentenbund, Bde. 1–2. Düsseldorf 1973.
283. A. FLITNER (Hrsg.), Deutsches Geistesleben und Nationalsozialismus. Eine Vortragsreihe der Universität Tübingen. Tübingen 1965.
284. U. GEUTER, Die Professionalisierung der deutschen Psychologie im Nationalsozialismus. Frankfurt/M. 1984.
285. C. F. GRAUMANN (Hrsg.), Psychologie im Nationalsozialismus. Berlin/Heidelberg/New York/Tokio 1985.
286. M. GRÜTTNER, Studenten im Dritten Reich. Paderborn/München/Wien/Zürich 1995.
287. I. HAAR, Historiker im Nationalsozialismus. Deutsche Geschichtswissenschaft und der „Volkstumskampf" im Osten. Göttingen 2000.
288. F.-R. HAUSMANN, „Deutsche Geisteswissenschaft" im Zweiten Weltkrieg. Die „Aktion Ritterbusch" (1940–1945). Dresden/München 1998.
289. H. HEIBER, Walter Frank und sein Reichsinstitut für Geschichte des neuen Deutschland. Stuttgart 1966.
290. DERS., Universität unterm Hakenkreuz, Teil I: Der Professor im Dritten Reich. München 1991; Teil II: Die Kapitulation der Hohen Schulen. München 1992 und 1994.
291. H.-P. HÖPFNER, Die Universität Bonn im Dritten Reich. Akademische Biographien unter nationalsozialistischer Herrschaft. Bonn 1999.
292. H. JANSSEN, Nationalökonomie und Nationalsozialismus. Die deutsche Volkswirtschaftslehre in den dreißiger Jahren. Marburg 1998.
293. E. JOHN/B. MARTIN/M. MÜCK/H. OTT (Hrsg.), Die Freiburger Universität in der Zeit des Nationalsozialismus. Freiburg/Würzburg 1991.
294. R. KLAUSNITZER, Blaue Blume unterm Hakenkreuz. Die Rezeption der deutschen literarischen Romantik im Dritten Reich. Paderborn/München/Wien/Zürich 1999.
295. C. KLINGEMANN, Soziologie im Dritten Reich. Baden-Baden 1996.

296. U. KOHL, Die Präsidenten der Kaiser-Wilhelm-Gesellschaft im Nationalsozialismus. Max Planck, Carl Bosch und Albert Vögler zwischen Wissenschaft und Macht. Stuttgart 2002.
297. E. KRAUSE/L. HUBER/H. FISCHER (Hrsg.), Hochschulalltag im „Dritten Reich". Die Hamburger Universität 1933–1945, Bde. 1–3. Berlin/Hamburg 1991.
298. M. KRÖGER/R. THIMME, Die Geschichtsbilder des Historikers Karl Dietrich Erdmann. Vom Dritten Reich zur Bundesrepublik. München 1996.
299. V. LOSEMANN, Nationalsozialismus und Antike. Studien zur Entwicklung des Faches Alte Geschichte 1933–1945. Hamburg 1977.
300. H. MEHRTENS, Angewandte Mathematik und Anwendungen der Mathematik im nationalsozialistischen Deutschland, in: GG 12 (1986), 317–347.
301. DERS./ST. RICHTER (Hrsg.), Naturwissenschaft, Technik und NS-Ideologie. Beiträge zur Wissenschaftsgeschichte des Dritten Reichs. Frankfurt/M. 1980.
302. CHR. MEINEL/P. VOSSWINCKEL (Hrsg.), Medizin, Naturwissenschaft, Technik und Nationalsozialismus. Kontinuitäten und Diskontinuitäten. Stuttgart 1994.
303. K. MICHELS, Transplantierte Kunstwissenschaft. Deutschsprachige Kunstgeschichte im amerikanischen Exil. Berlin 1999.
304. Nationalsozialismus und die deutsche Universität. Universitätstage 1966. Berlin 1966.
305. W. OBERKROME, Volksgeschichte. Methodische Innovation und völkische Ideologisierung in der deutschen Geschichtswissenschaft 1918–1945. Göttingen 1993.
306. S. PAPCKE, Deutsche Soziologie im Exil. Gegenwartsdiagnose und Epochenkritik 1933–1945. Frankfurt/M./New York 1993.
307. O. RAMMSTEDT, Deutsche Soziologie 1933–1945. Die Normalität einer Anpassung. Frankfurt/M. 1986.
308. M. RENNEBERG/M. WALKER (Hrsg.), Science, Technology and National Socialism. Cambridge 1994.
309. P. L. ROSE, Heisenberg und das Atombombenprojekt der Nazis. Zürich/München 1998.
310. K. SCHÖNWÄLDER, Historiker und Politik. Geschichtswissenschaft im Nationalsozialismus. Frankfurt/M./New York 1992.
311. W. SCHULZE/O. G. OEXLE (Hrsg.), Deutsche Historiker im Nationalsozialismus. Frankfurt/M. 1999.
312. E. SEIDLER (Hrsg.), Die Elite der Nation im Dritten Reich. Das

Verhältnis von Akademien und ihrem wissenschaftlichen Umfeld zum Nationalsozialismus. Leipzig/Berlin/Heidelberg 1995.
313. H. SEIER, Der Rektor als Führer. Zur Hochschulpolitik des Reichserziehungsministeriums 1934–1945, in: VfZ 12 (1964), 105–146.
314. DERS., Die Hochschullehrerschaft im Dritten Reich, in: K. SCHWABE (Hrsg.), Deutsche Hochschullehrer als Elite 1815–1945. Boppard 1988, 247–295.
315. A. SÖLLNER, Deutsche Politikwissenschaftler in der Emigration. Studien zu ihrer Akkulturation und Wirkungsgeschichte. Opladen 1996.
316. A. SZABÓ, Vertreibung, Rückkehr, Wiedergutmachung. Göttinger Hochschullehrer im Schatten des Nationalsozialismus. Göttingen 2000.
317. J. TRÖGER (Hrsg.), Hochschule und Wissenschaft im Dritten Reich. Frankfurt/M./New York 1984.
318. M. WALKER, Die Uranmaschine. Mythos und Wirklichkeit der deutschen Atombombe. Berlin 1990.
319. R. G. S. WEBER, Die deutschen Corps im Dritten Reich. Köln 1998.
320. P. WEINGART/J. KROLL/K. BAYERTZ, Rasse, Blut und Gene. Geschichte der Eugenik und Rassenhygiene in Deutschland. Frankfurt/M. 1988.
321. K. F. WERNER, Das NS-Geschichtsbild und die deutsche Geschichtswissenschaft. Stuttgart 1967.
322. U. WIGGERSHAUS-MÜLLER, Nationalsozialismus und Geschichtswissenschaft. Die Geschichte der Historischen Zeitschrift und des Historischen Jahrbuchs 1933–1945. Hamburg 1998.
323. U. WOLF, Litteris et Patriae. Das Janusgesicht der Historie. Stuttgart 1996.

6.3 Bildung, Schule und Unterricht

324. R. EILERS, Die nationalsozialistische Schulpolitik. Eine Studie zur Funktion der Erziehung im totalitären Staat. Köln/Opladen 1963.
325. H. GIES, Geschichtsunterricht unter der Diktatur Hitlers. Köln/Weimar/Wien 1992.
326. M. HEINEMANN (Hrsg.), Erziehung und Schulung im Dritten Reich, Bd. 1: Kindergarten, Schule, Jugend, Berufserziehung. Stuttgart 1980; Bd. 2: Hochschule, Erwachsenenbildung. Stuttgart 1980.
327. N. HOPSTER/U. NASSEN, Literatur und Erziehung im Nationalsozialismus. Deutschunterricht als Körperkultur. Paderborn/München/Wien/Zürich 1983.

328. M. H. KATER, Hitlerjugend und Schule im Dritten Reich, in: HZ 228 (1979), 572–623.
329. W. KEIM, Erziehung unter der Nazi-Diktatur, Bd. 1: Antidemokratische Potentiale, Machtantritt und Machtdurchsetzung. Darmstadt 1995; Bd. 2: Kriegsvorbereitung, Krieg und Holocaust. Darmstadt 1997.
330. DERS. (Hrsg.), Pädagogen und Pädagogik im Nationalsozialismus – ein unerledigtes Problem der Erziehungswissenschaft. Frankfurt/M./Bern 1991.
331. M. KLEWITZ, Lehrersein im Dritten Reich. Analysen lebensgeschichtlicher Erzählungen zum beruflichen Selbstverständnis. Weinheim/München 1987.
332. K. LINGELBACH, Erziehung und Erziehungstheorie im nationalsozialistischen Deutschland. Weinheim 1970.
333. A. NAHT, Studienratskarriere im Dritten Reich. Frankfurt/M. 1988.
334. D. ORLOW, Die Adolf-Hitler-Schulen, in: VfZ 13 (1965), 272–284.
335. B. SCHNEIDER, Die Höhere Schule im Nationalsozialismus. Zur Ideologisierung von Bildung und Erziehung. Köln 2000.
336. H. SCHOLTZ, Die „NS-Ordensburgen“, in: VfZ 15 (1967), 269–298.
337. DERS., Nationalsozialistische Ausleseschulen. Internatsschulen als Herrschaftsmittel des Führerstaates. Göttingen 1979.
338. DERS., Erziehung und Unterricht unterm Hakenkreuz. Göttingen 1985.
339. H.-E. TENORTH, Deutsche Erziehungswissenschaft 1930 bis 1945. Aspekte ihres Strukturwandels, in: ZfPäd 32 (1986), 299–321.
340. DERS., Wissenschaftliche Pädagogik im nationalsozialistischen Deutschland. Zum Stand ihrer Erforschung, in: U. HERRMANN/J. OELKERS (Hrsg.), Pädagogik und Nationalsozialismus. Weinheim/Basel 1989, 53–84.

7. Bundesrepublik Deutschland 1945/49–1990

7.1 Kultur, Politik und Gesellschaft

341. H. BAUSCH, Rundfunkpolitik nach 1945, Bde. 1–2. München 1980.
342. W. BENZ (Hrsg.), Die Geschichte der Bundesrepublik, Bd. 4: Kultur. Neuausgabe. Frankfurt/M. 1989.
343. K. BRIEGLEB, 1968. Literatur in der antiautoritären Bewegung. Frankfurt/M. 1992.

344. DERS./S. WEIGEL (Hrsg.), Gegenwartsliteratur seit 1968. München 1992.

345. G. CLEMENS, Britische Kulturpolitik in Deutschland 1945–1949. Literatur, Film, Musik und Theater. Stuttgart 1997.

346. DIES. (Hrsg.), Kulturpolitik im besetzten Deutschland 1945–1949. Stuttgart 1994.

347. M. DURZAK (Hrsg.), Die deutsche Literatur der Gegenwart. Aspekte und Tendenzen. Stuttgart 1971.

348. L. FISCHER (Hrsg.), Literatur in der Bundesrepublik Deutschland bis 1967. München 1986.

349. H. GEHRING, Amerikanische Literaturpolitik in Deutschland 1945–1953. Ein Aspekt des Re-Education-Programmes. Stuttgart 1976.

350. G. GIESEN, Die Intellektuellen und die Nation. Eine deutsche Achsenzeit. Frankfurt/M. 1993.

351. I. GILCHER-HOLTEY, Die 68er Bewegung. Deutschland – Westeuropa – USA. München 2001.

352. DIES. (Hrsg.), 1968. Vom Ereignis zum Gegenstand der Geschichtswissenschaft. Göttingen 1998.

353. H. GLASER, Kulturgeschichte der Bundesrepublik Deutschland, Bd. 1: Zwischen Kapitulation und Währungsreform 1945–1948. München 1985; Bd. 2: Zwischen Grundgesetz und Großer Koalition 1949–1967. München 1986; Bd. 3: Zwischen Protest und Anpassung 1968–1989. München 1989.

354. M. HEIN-KREMER, Die amerikanische Kulturoffensive. Gründung und Entwicklung der amerikanischen Information Centers in Westdeutschland und West-Berlin 1945–1955. Köln u.a. 1996.

355. G. HENSEL, Das Theater der siebziger Jahre. Kommentar, Kritik, Polemik. Stuttgart 1980.

356. J. HERMAND, Kultur im Wiederaufbau. Die Bundesrepublik Deutschland 1945–1965. München 1986.

357. DERS., Die Kultur der Bundesrepublik Deutschland 1965 bis 1985. Frankfurt/M./Berlin 1990.

358. DERS./H. PEITSCH/K. R. SCHERPE (Hrsg.), Nachkriegsliteratur in Westdeutschland 1945–49. Berlin 1982.

359. K. H. JARAUSCH/H. SIEGRIST (Hrsg.), Amerikanisierung und Sowjetisierung in Deutschland 1945–1970. Frankfurt/M./New York 1997.

360. R. KADEREIT, Karl Jaspers und die Bundesrepublik Deutschland. Politische Gedanken eines Philosophen. Paderborn/München/Wien/Zürich 1999.

361. F. KNIPPING/J. LE RIDER (Hrsg.), Frankreichs Kulturpolitik in Deutschland 1945–1950. Ein Tübinger Symposion. 19. und 20. September 1985. Tübingen 1987.

362. J. KOCH, Golo Mann und die deutsche Geschichte. Eine intellektuelle Biographie. Paderborn/München/Wien/Zürich 1997.

363. H. KÖRNER (Hrsg.), „Flächenland". Die abstrakte Malerei im frühen Nachkriegsdeutschland und in der jungen Bundesrepublik. Tübingen/Basel 1996.

364. K. KOSZYK, Pressepolitik für Deutsche 1945–1949. Geschichte der deutschen Presse, Teil IV. Berlin 1986.

365. W. KRAUSHAAR, 1968 als Mythos, Chiffre und Zäsur. Hamburg 2000.

366. M. KRAUSS, Nachkriegskultur in München. Münchner städtische Kulturpolitik 1945–1954. München 1985.

367. H. KREUZER/CHR. THOMSEN (Hrsg.), Geschichte des Fernsehens in der Bundesrepublik Deutschland, Bd. 1: Institution, Technik und Programm. Rahmenaspekte der Programmgeschichte des Fernsehens. Hrsg. K. HICKETHIER. München 1993; Bd. 2: Das Fernsehen und die Künste. Hrsg. H. SCHANZE/B. ZIMMERMANN. München 1994; Bd. 3: Informations- und Dokumentarsendungen. Hrsg. P. LUDES/H. SCHUMACHER/P. ZIMMERMANN. München 1994; Bd. 4: Unterhaltung, Werbung und Zielgruppenprogramme. Hrsg. H. D. ERLINGER/H.-F. FOLTIN. München 1994; Bd. 5: „Vom Autor zum Nutzer": Handlungsrollen im Fernsehen. Hrsg. W. FAULSTICH. München 1994.

368. F. KRÖLL, Gruppe 47. Stuttgart 1979.

369. F.-L. KROLL, Kriegsende und Neubeginn am Rhein. Zur Entwicklung des Bonner Kulturlebens in der Besatzungszeit 1945–1948, in: Bonner Geschichtsblätter 41 (1991), 35–69.

370. D. VAN LAAK, Gespräche in der Sicherheit des Schweigens. Carl Schmitt in der politischen Geistesgeschichte der frühen Bundesrepublik. Berlin 1993.

371. B. LANGE, Joseph Beuys – Richtkräfte einer neuen Gesellschaft. Der Mythos vom Künstler als Gesellschaftsreformer. Berlin 1999.

372. I. LAURIEN, Politisch-kulturelle Zeitschriften in den Westzonen 1945–1949. Ein Beitrag zur politischen Kultur der Nachkriegszeit. Frankfurt/M. u. a. 1991.

373. K. Maase, Bravo Amerika. Erkundungen zur Jugendkultur in den fünfziger Jahren. Hamburg 1992.
374. P. Mertz, Das gerettete Theater. Die deutsche Bühne im Wiederaufbau. Weinheim/Berlin 1990.
375. H. L. Müller, Die literarische Republik. Westdeutsche Schriftsteller und die Politik. Weinheim/Basel 1982.
376. J.-W. Müller, Another Country. German Intellectuals, Unification and National Identity. New Haven/London 2000.
377. J. Petsch/W. Petsch, Bundesrepublik – eine neue Heimat? Städtebau und Architektur nach '45. Berlin 1983.
378. H. G. Pflaum/H. H. Prinzler, Film in der Bundesrepublik. Erweiterte Neuausgabe. München 1993.
379. A. Schildt, Moderne Zeiten. Freizeit, Massenmedien und „Zeitgeist" in der Bundesrepublik der 50er Jahre. Hamburg 1995.
380. Ders., Zwischen Abendland und Amerika. Studien zur westdeutschen Ideenlandschaft der 50er Jahre. München 1999.
381. Ders./A. Sywottek (Hrsg.), Modernisierung im Wiederaufbau. Die westdeutsche Gesellschaft der 50er Jahre. Bonn 1993.
382. W. Schivelbusch, Vor dem Vorhang. Das geistige Berlin. München/Wien 1995.
383. W. G. Sebald (Hrsg.), A Radical Stage. Theatre in Germany in the 1970s and 1980s. Oxford 1988.
384. K. Sontheimer, Das Elend unserer Intellektuellen. Linke Theorie in der Bundesrepublik Deutschland. Hamburg 1976.
385. Ders., Zeitenwende? Die Bundesrepublik Deutschland zwischen alter und alternativer Politik. Hamburg 1983.
386. Ders., So war Deutschland nie. Anmerkungen zur politischen Kultur der Bundesrepublik. München 1999.
387. Cl. Wachter, Kultur in Nürnberg 1945–1950. Kulturpolitik, kulturelles Leben und Bild der Stadt zwischen dem Ende der NS-Diktatur und der Prosperität der fünfziger Jahre. Neustadt/Aisch 1999.
388. V. Wehdeking, Die deutsche Einheit und die Schriftsteller. Literarische Verarbeitung der Wende seit 1989. Stuttgart 1995.
389. St. Zauner, Erziehung und Kulturmission. Frankreichs Bildungspolitik in Deutschland 1945–1949. München 1994.

7.2 Wissenschaft, Lehre und Forschung

390. Cl. Albrecht/G. C. Behrmann/M. Bock/H. Homann/F. H. Tenbruck, Die intellektuelle Gründung der Bundesrepublik. Eine Wirkungsgeschichte der Frankfurter Schule. Frankfurt/M./New York 1999.

391. M. G. Ash, Verordnete Umbrüche – Konstruierte Kontinuitäten. Zur Entnazifizierung von Wissenschaftlern und Wissenschaften nach 1945, in: ZfG 43 (1995), 903–923.
392. W. Bleek, Geschichte der Politikwissenschaft in Deutschland. München 2001.
393. W. Brezinka, Erziehung und Kulturrevolution. Die Pädagogik der Neuen Linken. München/Basel 1974.
394. I. Dahmer/W. Klafki (Hrsg.), Geisteswissenschaftliche Pädagogik am Ausgang ihrer Epoche. Weinheim 1968.
395. R. J. Evans, Im Schatten Hitlers? Historikerstreit und Vergangenheitsbewältigung in der Bundesrepublik. Frankfurt/M. 1991.
396. N. Frei, Vergangenheitspolitik. Die Anfänge der Bundesrepublik und die NS-Vergangenheit. 2. Aufl. München 1997.
397. G. Göhler/B. Zeuner (Hrsg.), Kontinuitäten und Brüche in der deutschen Politikwissenschaft. Baden-Baden 1991.
398. J. Herf, Zweierlei Erinnerung. Die NS-Vergangenheit im geteilten Deutschland. Berlin 1998.
399. Th. Herz/M. Schwab-Trapp, Umkämpfte Vergangenheit. Diskurse über den Nationalsozialismus seit 1945. Opladen 1997.
400. Chr. Hoffmann, Stunden Null? Vergangenheitsbewältigung in Deutschland 1945 und 1989. Bonn/Berlin 1992.
401. D. Hoffmann, Kritische Erziehungswissenschaft. Stuttgart 1978.
402. R. Hohls/K. H. Jarausch (Hrsg.), Versäumte Fragen. Deutsche Historiker im Schatten des Nationalsozialismus. Stuttgart 2000.
403. K. Hornung, Hans Rothfels und die Nationalitätenfragen in Ostmitteleuropa 1926–1934. Bonn 2001.
404. W. Jäger, Historische Forschung und politische Kultur in Deutschland. Die Debatte 1914–1980 über den Ausbruch des 1. Weltkrieges. Göttingen 1984.
405. St. Kailitz, Die politische Deutungskultur im Spiegel des „Historikerstreits“: What's right? What's left? Wiesbaden 2001.
406. M. Kittel, Die Legende von der „Zweiten Schuld“. Vergangenheitsbewältigung in der Ära Adenauer. Berlin/Frankfurt/M. 1993.
407. M. Krauss, Heimkehr in ein fremdes Land. Geschichte der Remigration nach 1945. München 2001.
408. C.-D. Krohn/P. von zur Mühlen (Hrsg.), Rückkehr und Aufbau nach 1945. Deutsche Remigranten im öffentlichen Leben Nachkriegsdeutschlands. Marburg 1997.
409. F.-L. Kroll, Geistesgeschichte in interdisziplinärer Sicht. Der Historiker Hans-Joachim Schoeps, in: Ders., Das geistige Preu-

ßen. Zur Ideengeschichte eines Staates. Paderborn/München/Wien/Zürich 1999, 219–240.

410. D.-J. LÖWISCH, Erziehung und Kritische Theorie. Kritische Pädagogik zwischen theoretischem Anspruch und gesellschaftlicher Realität. München 1974.

411. G. LÜSCHEN (Hrsg.), Deutsche Soziologie seit 1945. Entwicklungsrichtungen und Praxisbezug. Opladen 1979.

412. A. MOHR, Politikwissenschaft als Alternative. Stationen einer wissenschaftlichen Disziplin auf dem Wege zu ihrer Selbständigkeit in der Bundesrepublik Deutschland 1945–1965. Bochum 1988.

413. H. MÖLLER/U. WENGST (Hrsg.), 50 Jahre Institut für Zeitgeschichte. Eine Bilanz. München 1999.

414. TH. NOETZEL/H. K. RUPP (Hrsg.), Macht, Freiheit, Demokratie, Bd. 1: Anfänge der westdeutschen Politikwissenschaft. Marburg 1991; Bd. 2: Die Zweite Generation der westdeutschen Politikwissenschaft. Biographische Annäherungen. Marburg 1994.

415. W. P. PEHLE/P. SILLEM (Hrsg.), Wissenschaft im geteilten Deutschland. Restauration oder Neubeginn nach 1945? Frankfurt/M. 1992.

416. A. SCHILDT, Reise zurück aus der Zukunft. Beiträge von intellektuellen USA-Remigranten zur atlantischen Allianz, zum westdeutschen Amerikabild und zur „Amerikanisierung“ in den fünfziger Jahren, in: Exilforschung 9 (1991), 25–45.

417. R. SCHRÖDER, Die Bewältigung des Dritten Reiches durch die Rechtsgeschichte, in: H. MOHNHAUPT (Hrsg.), Rechtsgeschichte in den beiden deutschen Staaten. Beispiele, Parallelen, Positionen. Frankfurt/M. 1991.

418. E. SCHULIN (Hrsg.), Deutsche Geschichtswissenschaft nach dem Zweiten Weltkrieg (1945–1965). München 1989.

419. W. SCHULZE, Deutsche Geschichtswissenschaft nach 1945. München 1989.

420. TH. STAMM, Zwischen Staat und Selbstverwaltung. Die deutsche Forschung im Wiederaufbau 1945–1965. Köln 1981.

421. R. UHLE, Geisteswissenschaftliche Pädagogik und kritische Erziehungswissenschaft. München 1976.

422. J. WEYER, Westdeutsche Soziologie 1945–1960. Deutsche Kontinuitäten und nordamerikanischer Einfluß. Berlin 1984.

7.3 Bildung und Erziehung

423. H. BECKER/R. DAHRENDORF/P. GLOTZ/H. MAIER, Die Bildungsreform – eine Bilanz. Stuttgart 1976.

424. K.-E. BUNGENSTAB, Umerziehung zur Demokratie? Re-education-Politik im Bildungswesen der US-Zone 1945–1949. Düsseldorf 1970.

425. M. FELL, Mündig durch Bildung. Zur Geschichte katholischer Erwachsenenbildung in der Bundesrepublik Deutschland zwischen 1945 und 1975. München 1983.

426. H.-W. FUCHS/K.-P. PÖSCHL, Reform oder Restauration? Eine vergleichende Analyse der schulpolitischen Konzepte und Maßnahmen der Besatzungsmächte 1945–1949. München 1986.

427. CHR. FÜHR, Deutsches Bildungswesen seit 1945. Grundzüge und Probleme. Neuwied/Berlin 1997.

428. K.-H. FÜSSL, Die Umerziehung der Deutschen. Jugend und Schule unter den Siegermächten des Zweiten Weltkriegs 1945–1955. 2. Aufl. Paderborn/München/Wien/Zürich 1994.

429. W. GAGEL, Geschichte der politischen Bildung in der Bundesrepublik Deutschland 1945–1989. Zwölf Lektionen. Opladen 1994.

430. M. HALBRITTER, Schulreformpolitik in der britischen Zone von 1945 bis 1949. Weinheim/Basel 1979.

431. M. HEINEMANN (Hrsg.), Umerziehung und Wiederaufbau. Die Bildungspolitik der Besatzungsmächte in Deutschland und Österreich. Stuttgart 1981.

432. H. HERMANNS/U. TEICHLER/H. WASSER (Hrsg.), Integrierte Hochschulmodelle. Erfahrungen aus 3 Ländern. Frankfurt/M./New York 1982.

433. K. HÜFNER/J. NEUMANN, Konjunkturen der Bildungspolitik in der Bundesrepublik Deutschland, Bd. 1: Der Aufschwung (1960–1967). Stuttgart 1977.

434. K. HÜFNER/J. NEUMANN/H. KÖHLER/G. PFEFFER, Hochkonjunktur und Flaute. Bildungspolitik in der Bundesrepublik Deutschland 1967–1980. Stuttgart 1986.

435. W. KLAFKI, Die fünfziger Jahre – eine Phase schulorganisatorischer Restauration. Zur Schulpolitik und Schulentwicklung im ersten Jahrzehnt der Bundesrepublik, in: D. BÄNSCH (Hrsg.), Die fünfziger Jahre. Beiträge zur Politik und Kultur. Tübingen 1985, 131–162.

436. F.-L. KROLL, Kultur, Bildung und Wissenschaft im geteilten Deutschland 1949–1989, in: AfK 85 (2003).

437. W. KRÖNIG/K. D. MÜLLER, Nachkriegssemester. Studium in Kriegs- und Nachkriegszeiten. Stuttgart 1990.
438. S. LÖNNENDONKER (Hrsg.), Linksintellektueller Aufbruch zwischen „Kulturrevolution“ und „Kultureller Zerstörung“. Der SDS in der Nachkriegsgeschichte (1946–1969). Opladen 1998.
439. B. METTLER, Demokratisierung und Kalter Krieg. Zur amerikanischen Informations- und Rundfunkpolitik in Westdeutschland 1945–1949. Berlin 1975.
440. CHR. OEHLER, Hochschulentwicklung in der Bundesrepublik Deutschland. Frankfurt/M./New York 1989.
441. G. PAKSCHIES, Umerziehung in der Britischen Zone 1945–1949. Untersuchungen zur britischen Re-education-Politik. 2. Aufl. Köln/Wien 1984.
442. F. PINGEL, Wissenschaft, Bildung und Demokratie – der gescheiterte Versuch einer Universitätsreform, in: J. FOSCHEPOTH (Hrsg.), Die britische Deutschland- und Besatzungspolitik 1945–1949. Paderborn 1985, 183–211.
443. K.-S. RICHTER-REICHENBACH, Bildungstheorie und ästhetische Erziehung heute. Darmstadt 1983.
444. A. RUGE-SCHATZ, Umerziehung und Schulpolitik in der französischen Besatzungszone 1945–1949. Frankfurt/M./Bern/Las Vegas 1977.

8. Deutsche Demokratische Republik 1945/49–1990

8.1 Kultur und Politik

445. G. AGDE (Hrsg.), Kahlschlag. Das 11. Plenum des ZK der SED 1965. Studien und Dokumente. 2. Aufl. Berlin 2000.
446. S. BARCK/M. LANGERMANN/S. LOKATIS, „Jedes Buch ein Abenteuer“. Zensur-System und literarische Öffentlichkeiten in der DDR bis Ende der sechziger Jahre. Berlin 1997.
447. TH. BEUTELSCHMIDT, Sozialistische Audiovision. Zur Geschichte der Medienkultur in der DDR. Potsdam 1995.
448. K. VON BEYME, Der Wiederaufbau. Architektur und Städtebaupolitik in beiden deutschen Staaten. München 1987.
449. M. DAMUS, Malerei der DDR. Funktionen der bildenden Kunst im Realen Sozialismus. Reinbek 1991.
450. G. DIETRICH, Politik und Kultur in der Sowjetischen Besatzungszone Deutschlands (SBZ) 1945–1949. Mit einem Dokumentenanhang. Bern/Berlin/Frankfurt/M./New York/Paris/Wien 1993.

451. DERS., Zwei Linien in der Kulturpolitik? Diskussionen in der SED-Führung 1947/48, in: J. CERNY (Hrsg.), Brüche, Krisen, Wendepunkte. Neubefragung von DDR-Geschichte, Leipzig/Jena/Berlin 1990, 44–51.
452. L. DRALLE, Von der Sowjetunion lernen... Zur Geschichte der Gesellschaft für Deutsch-Sowjetische Freundschaft. Berlin 1993.
453. W. DURTH/J. DÜWEL/N. GUTSCHOW, Architektur und Städtebau der DDR, Bd. 1: Ostkreuz. Personen, Pläne, Perspektiven; Bd. 2: Aufbau. Städte, Themen, Dokumente. 2. Aufl. Frankfurt/M./New York 1999.
454. W. EMMERICH, Kleine Literaturgeschichte der DDR. Erweiterte Neuausgabe. Berlin 2000.
455. G. ERBE, Die verfemte Moderne. Die Auseinandersetzung mit dem „Modernismus“ in Kulturpolitik, Literaturwissenschaft und Literatur in der DDR. Opladen 1993.
456. R. GESERICK, 40 Jahre Presse, Rundfunk und Kommunikationspolitik in der DDR. München 1989.
457. U. GOESCHEN, Vom sozialistischen Realismus zur Kunst im Sozialismus. Die Rezeption der Moderne in Kunst und Kunstwissenschaft der DDR. Berlin 2001.
458. V. GRANSOW, Kulturpolitik in der DDR. Berlin 1975.
459. DERS., Zwei Kulturalisierungen in der Politik, in: MKF 19 (1996), 47–53.
460. J.-R. GROTH, Widersprüche. Literatur und Politik in der DDR 1949–1989. Zusammenhänge, Werke, Dokumente. 2. Aufl. Frankfurt/M. u.a. 1996.
461. A. GRUNENBERG, Aufbruch der inneren Mauer. Politik und Kultur in der DDR 1971–1990. Bremen 1990.
462. A. HARTMANN/W. EGGELING, Sowjetische Präsenz im kulturellen Leben der SBZ und frühen DDR 1945–1953. Berlin 1998.
463. M. HEIDER, Politik – Kultur – Kulturbund. Zur Gründungs- und Frühgeschichte des Kulturbundes zur demokratischen Erneuerung Deutschlands 1945–1954 in der SBZ/DDR. Köln 1993.
464. U. HEUKENKAMP, Ein Erbe für die Friedenswissenschaft. Das Konzept der kulturellen Erneuerung in der SBZ (1945–1949), in: DIES. (Hrsg.), Unerwünschte Erfahrung. Kriegsliteratur und Zensur in der DDR. Berlin/Weimar 1990, 9–71.
465. G. HOLZWEISSIG, Die schärfste Waffe der Partei. Eine Mediengeschichte der DDR. Köln/Weimar/Wien 2002.
466. B. IHME-TUCHEL, Die frühe Schriftstellerpolitik der SED und das „Desaster der interpretierenden Klasse“, in: H. TIMMERMANN

(Hrsg.), Die DDR in Deutschland. Ein Rückblick auf 50 Jahre. Berlin 2001, 711–730.

467. M. Jäger, Kultur und Politik in der DDR 1945–1990. Neuaufl. Köln 1995.
468. L. Lang, Malerei und Graphik in der DDR (1945–1983). Leipzig 1986.
469. B. Lindner, Verstellter, offener Blick. Eine Rezeptionsgeschichte bildender Kunst im Osten Deutschlands 1945–1995. Köln/Weimar/Wien 1998.
470. S. Lokatis, Antifaschistische Literaturpolitik und Zensur in der frühen DDR, in: C. Keller (Hrsg.), Die Nacht hat zwölf Stunden. Berlin 1996, 85–202.
471. H. Meier, Der Kulturbund im politischen System der DDR in den siebziger Jahren. Berlin 2000.
472. W. Mittenzwei, Die Intellektuellen. Literatur und Politik in Ostdeutschland 1945–2000. Leipzig 2001.
473. Y.-G. Mix, DDR-Literatur und Zensur in der Honecker-Ära (1971–1989). Teil 1, in: IASL 23 (1998), 156–198.
474. D. Mühlberg, Die DDR als Gegenstand kulturhistorischer Forschung, in: MKF 16 (1993), 7–85.
475. G. Muschter/R. Thomas (Hrsg.), Jenseits der Staatskultur. Traditionen autonomer Kunst in der DDR. München/Wien 1992.
476. D. Pike, The Politics of Culture in Soviet-Occupied Germany, 1945–1949. Stanford 1992.
477. M. Rauhut, Beat in der Grauzone. DDR-Rock 1964 bis 1972. Politik und Alltag. Berlin 1993.
478. M. Sabrow, Der Konkurs der Konsensdiktatur: Überlegungen zum inneren Zerfall der DDR aus kulturgeschichtlicher Perspektive, in: K. Jarausch/M. Sabrow (Hrsg.), Weg in den Untergang. Der innere Zerfall der DDR. Göttingen 1999, 83–116.
479. A. Sachs, Erfindung und Rezeption von Mythen in der Malerei der DDR. Analysen. Berlin 1994.
480. A. von Saldern/I. Marssolek (Hrsg.), Zuhören und Gehörtwerden II. Radio in der DDR der fünfziger Jahre. Zwischen Lenkung und Ablenkung. Tübingen 1998.
481. A. Schätzke, Zwischen Bauhaus und Stalinallee. Architekturdiskussion im östlichen Deutschland 1945–1955. Braunschweig/Wiesbaden 1991.
482. Ders., Rückkehr aus dem Exil. Bildende Künstler und Architekten in der SBZ und frühen DDR. Berlin 1999.

483. A. SCHILDT, Zwei Staaten – eine Hörfunk- und Fernsehnation. Überlegungen zur Bedeutung der elektronischen Massenmedien in der Geschichte der Kommunikation zwischen der Bundesrepublik und der DDR, in: A. BAUERKÄMPER/M. SABROW/B. STÖVER (Hrsg.), Doppelte Zeitgeschichte. Deutsch-deutsche Beziehungen 1945–1990. Bonn 1998, 58–71.

484. J. STREISAND, Kulturgeschichte der DDR. Studien zu ihren historischen Grundlagen und ihren Entwicklungsetappen. Berlin (Ost) 1981.

485. P. STRUNK, Zensur und Zensoren. Medienkontrolle und Propagandapolitik unter sowjetischer Besatzungsherrschaft in Deutschland. Berlin 1997.

486. K. THOMAS, Die Malerei in der DDR 1949–1979. Köln 1980.

487. R. THOMAS, Kulturpolitik und Künstlerbewußtsein seit dem VIII. Parteitag der SED, in: G.-J. GLAESSNER (Hrsg.), Die DDR in der Ära Honecker. Politik – Kultur – Gesellschaft. Opladen 1988, 589–608.

488. TH. TOPFSTEDT, Städtebau in der DDR 1955–1971. Leipzig 1988.

489. J. WALTHER, Sicherungsbereich Literatur. Schriftsteller und Staatssicherheit in der Deutschen Demokratischen Republik. Berlin 1996.

490. J. WEHNER, Kulturpolitik und Volksfront. Ein Beitrag zur Geschichte der Sowjetischen Besatzungszone Deutschlands 1945–1949, Bde. 1–2. Frankfurt/M./Bern/New York/Paris 1992.

491. E. WICHNER/H. WIESNER, „Literaturentwicklungsprozesse“. Die Zensur der Literatur in der DDR. Frankfurt/M. 1993.

492. F. WOLFF, Glasnost erst kurz vor Sendeschluss. Die letzten Jahre des DDR-Fernsehens (1985–1989/90). Köln/Weimar/Wien 2002.

493. H. D. ZIMMERMANN, Literaturbetrieb Ost-West. Die Spaltung der deutschen Literatur von 1948 bis 1998. Stuttgart/Berlin/Köln 2000.

8.2 Bildungspolitik und Schulwesen

494. O. ANWEILER, Schulpolitik und Schulsystem in der DDR. Opladen 1988.

495. DERS./W. MITTER/H. PEISERT/H.-P. SCHÄFER/W. STRATENWERTH (Hrsg.), Vergleich von Bildung und Erziehung in der Bundesrepublik Deutschland und in der Deutschen Demokratischen Republik. Köln 1990.

496. S. BASKE (Hrsg.), Bildungsreformen in der Bundesrepublik Deutschland und in der Deutschen Demokratischen Republik. Er-

gebnisse und Probleme vergleichender Untersuchungen. Heidelberg 1981.
497. DERS. (Hrsg.), Bildungspolitische und pädagogische Probleme der Schulentwicklung in der Bundesrepublik Deutschland und der Deutschen Demokratischen Republik. Berlin 1984.
498. DERS. (Hrsg.), Erziehungswissenschaftliche Disziplinen und Forschungsschwerpunkte in der DDR. Berlin 1986.
499. D. BENNER/H. MERKENS/F. SCHMIDT, Bildung und Schule im Transformationsprozeß von SBZ, DDR und neuen Ländern. Untersuchungen zu Kontinuität und Wandel. Berlin 1996.
500. D. BENNER/J. SCHRIEWER/H.-E. TENORTH (Hrsg.), Deutsche Bildungsgeschichte seit 1945. Erziehungsverhältnisse und pädagogische Reflexion in SBZ und DDR, Westzonen und Bundesrepublik. Berlin 1993.
501. D. BENNER/H. SLADEK, Vergessene Theoriekontroversen in der Pädagogik der SBZ und DDR. Weinheim 1998.
502. E. CLOER/R. WERNSTEDT (Hrsg.), Pädagogik in der DDR. Eröffnung einer notwendigen Bilanzierung. Weinheim 1994.
503. H. DÖBERT, Das Bildungswesen der DDR in Stichworten. Inhaltliche und administrative Sachverhalte und ihre Rechtsgrundlagen. Neuwied 1995.
504. H.-W. FUCHS, Bildung und Wissenschaft seit der Wende. Zur Transformation des ostdeutschen Bildungssystems. Opladen 1997.
505. G. GEISSLER, Die Konstituierung der Einheitsschule in der Sowjetischen Besatzungszone im interzonalen Kontext, in: Pädagogik und Schulalltag 48 (1993), 489–500.
506. DERS., Geschichte des Schulwesens in der Sowjetischen Besatzungszone und in der Deutschen Demokratischen Republik 1945 bis 1962. Frankfurt/M./Berlin/Bern 2000.
507. DERS./U. WIEGMANN, Schule und Erziehung in der DDR. Studien und Dokumente. Neuwied 1995.
508. DIESS., Pädagogik und Herrschaft in der DDR. Die parteilichen, geheimdienstlichen und vormilitärischen Erziehungsverhältnisse. Frankfurt/M. 1996.
509. S. HÄDER/H.-E. TENORTH (Hrsg.), Bildungsgeschichte einer Diktatur. Bildung und Erziehung in SBZ und DDR im historisch-gesellschaftlichen Kontext. Weinheim 1997.
510. A. HEARNDEN, Bildungspolitik in der BRD und DDR. Düsseldorf 1973.
511. D. HOFFMANN/K. NEUMANN (Hrsg.), Erziehung und Erziehungs-

wissenschaft in der BRD und der DDR, Bd. 1: Die Teilung der Pädagogik (1945–1965). Weinheim 1994; Bd. 2: Divergenzen und Konvergenzen (1965–1989). Weinheim 1995; Bd. 3: Die Vereinigung der Pädagogiken (1989–1995). Weinheim 1996.

512. B. Hohlfeld, Die Neulehrer in der SBZ/DDR 1945 bis 1953. Ihre Rolle bei der Umgestaltung von Gesellschaft und Staat. Weinheim 1992.

513. H.-H. Krüger/W. Marotzki (Hrsg.), Pädagogik und Erziehungsalltag in der DDR. Zwischen Systemvorgaben und Pluralität. Opladen 1994.

514. U. Mählert, Die Freie Deutsche Jugend 1945–1949. Von den „Antifaschistischen Jugendausschüssen“ zur SED-Massenorganisation: Die Erfassung der Jugend in der Sowjetischen Besatzungszone. Paderborn u.a. 1995.

515. L. Mertens, Bildungspolitische Transformation. Die Neulehrer in der SBZ/DDR, in: Ders. (Hrsg.), Machtokkupation und Systemimplosion. Anfang und Ende der DDR – zehn Jahre danach. Dieter Voigt zum 65. Geburtstag. Berlin 2001, 99–147.

516. B. Rang, Pädagogische Geschichtsschreibung in der DDR. Entwicklung und Entwicklungsbedingungen der pädagogischen Historiographie 1945–1965. Frankfurt/M. 1982.

517. G. Schreier, Förderung und Auslese im Einheitsschulsystem. Debatten und Weichenstellungen in der SBZ/DDR 1946 bis 1989. Köln 1996.

518. W. Steinhöfel (Hrsg.), Spuren der DDR-Pädagogik. Weinheim 1993.

519. B. Zymek, Historische Voraussetzungen und strukturelle Gemeinsamkeiten der Schulentwicklung in Ost- und Westdeutschland nach dem Zweiten Weltkrieg, in: ZfPäd 38 (1992), 941–962.

8.3 Wissenschaftspolitik und Universitäten

520. M. G. Ash, Wissenschaft, Politik und Modernität in der DDR – Ansätze zu einer Neubetrachtung, in: K. Weisemann/P. Kröner/R. Toellner (Hrsg.), Wissenschaft und Politik – Genetik und Humangenetik in der DDR (1949–1989). Münster 1997, 1–25.

521. J. Connelly, East German Higher Education Policies and Student Resistance, 1945–1948, in: CEH 28 (1995), 259–298.

522. Ders., Humboldt im Staatsdienst. Ostdeutsche Universitäten 1945–1989, in: M. G. Ash (Hrsg.), Mythos Humboldt. Vergangenheit und Zukunft der deutschen Universitäten. Wien/Köln/Weimar 1999, 80–104.

523. R. ECKERT, Geheimdienst und Hochschulen in der DDR, in: K. H. JARAUSCH/M. MIDDELL (Hrsg.), Nach dem Erdbeben. Leipzig 1994, 304–338.
524. A. FISCHER/G. HEYDEMANN (Hrsg.), Geschichtswissenschaft in der DDR, Bd. 1: Historische Entwicklung, Theoriediskussion und Geschichtsdidaktik. Berlin 1988; Bd. 2: Vor- und Frühgeschichte bis Neueste Geschichte. Berlin 1990.
525. A. HARITONOW, Sowjetische Hochschulpolitik in Sachsen 1945–1949. Weimar 1995.
526. G. HERZBERG, Abhängigkeit und Verstrickung. Studien zur DDR-Philosophie. Berlin 1996.
527. D. HOFFMANN/K. MACRAKIS (Hrsg.), Naturwissenschaft und Technik in der DDR. Berlin 1997.
528. DIESS., Science under Socialism: East Germany in Comparative Perspective. Cambridge 1999.
529. R. JESSEN, Akademische Elite und Kommunistische Diktatur. Die ostdeutsche Hochschullehrerschaft in der Ulbricht-Ära. Göttingen 1999.
530. DERS., Diktatorischer Elitewechsel und universitäre Milieus. Hochschullehrer in der SBZ/DDR (1945–1967), in: GG 24 (1998), 24–54.
531. M. KESSLER, Exilerfahrung in Wissenschaft und Politik. Remigrierte Historiker in der frühen DDR. Köln/Weimar/Wien 2001.
532. J. KOCKA/R. MAYNTZ (Hrsg.), Wissenschaft und Wiedervereinigung. Disziplinen im Umbruch. Berlin 1998.
533. I.-S. KOWALCZUK, Legitimation eines neuen Staates. Parteiarbeit an der historischen Front. Geschichtswissenschaft in der SBZ/DDR 1945 bis 1961. Berlin 1997.
534. W. KRÖNIG/K.-D. MÜLLER, Anpassung, Widerstand, Verfolgung. Hochschule und Studenten in der SBZ und DDR 1945–1961. Köln 1994.
535. D. LINKE, Theologiestudenten der Humboldt-Universität. Zwischen Hörsaal und Anklagebank. Neukirchen 1994.
536. P. CHR. LUDZ (Hrsg.), Studien und Materialien zur Soziologie der DDR. Köln/Opladen 1964.
537. A. MALYCHA, Das Verhältnis zwischen Wissenschaft und Politik in der SBZ/DDR von 1945 bis 1961, in: ApuZ B 30–31 (2001), 14–21.
538. S. MECK/L. MERTENS, Das Wissenschaftssystem der Sowjetunion und seine Vorbildfunktion für die DDR, in: F. D. VOIGT (Hrsg.), Elite in Wissenschaft und Politik. Empirische Untersuchungen und theoretische Ansätze. Berlin 1987, 175–210.

539. H.-J. MENDE/R. MOCEK (Hrsg.), Gestörte Vernunft? Gedanken zu einer Standortbestimmung der DDR-Philosophie. Berlin 1996.
540. L. MERTENS/D. VOIGT (Hrsg.), DDR-Wissenschaft im Zwiespalt zwischen Forschung und Staatssicherheit. Berlin 1995.
541. H. MEYER (Hrsg.), Intelligenz, Wissenschaft und Forschung in der DDR. Berlin/New York 1990.
542. M. MÜLLER/E. E. MÜLLER, „. . .stürmt die Festung Wissenschaft!". Die Sowjetisierung der mitteldeutschen Universitäten seit 1945. Berlin 1953.
543. U. NEUHÄUSSER-WESPY, Die SED und die Historie. Die Etablierung der marxistisch-leninistischen Geschichtswissenschaft der DDR in den fünfziger und sechziger Jahren. Bonn 1996.
544. P. NÖTZOLDT, Wolfgang Steinitz und die Deutsche Akademie der Wissenschaften zu Berlin. Zur politischen Geschichte der Institution (1945–1968). Phil. Diss. Berlin 1998.
545. M. REXIN, Die Entwicklung der Wissenschaftspolitik in der DDR, in: P. CHR. LUDZ (Hrsg.), Wissenschaft und Gesellschaft in der DDR. München 1971, 78–121.
546. E. RICHERT, „Sozialistische Universität". Die Hochschulpolitik der SED. Berlin 1967.
547. I. RUDOLPH, Hochschulbildung in der gesellschaftspolitischen Strategie der SED, in: G.-J. GLAESSNER (Hrsg.), Die DDR in der Ära Honecker. Politik – Kultur – Gesellschaft. Opladen 1988, 544–562.
548. M. SABROW, Das Diktat des Konsenses. Geschichtswissenschaft in der DDR 1949–1969. München 2001.
549. DERS. (Hrsg.), Verwaltete Vergangenheit. Geschichtskultur und Herrschaftslegitimation in der DDR. Leipzig 1997.
550. DERS. (Hrsg.), Geschichte als Herrschaftsdiskurs. Der Umgang mit der Vergangenheit in der DDR. Köln/Weimar/Wien 2000.
551. M. C. SCHNEIDER, Bildung für neue Eliten. Die Gründung der Arbeiter-und-Bauern-Fakultäten. Dresden 1998.
552. M. SELIS, „Auftrag: Die planmäßige ideologische Umgestaltung der Universitäten". Staatliche Hochschulpolitik im Lande Mecklenburg-Vorpommern 1945–1950. Schwerin 1996.
553. A. CH. TANDLER, Geplante Zukunft. Wissenschaftler und Wissenschaftspolitik in der DDR 1955–1971. Freiberg 2000.
554. M. WAGNER, Der Forschungsrat der DDR. Im Spannungsfeld von Sachkompetenz und Ideologieanspruch. 1954 – April 1962. Oec. Diss. Berlin 1992.

Abkürzungsverzeichnis

ADN	Allgemeiner Deutscher Nachrichtendienst
AG	Aktiengesellschaft
ARD	Arbeitsgemeinschaft der öffentlich-rechtlichen Rundfunkanstalten Deutschlands
ASTA	Allgemeine Studentenausschüsse
BRD	Bundesrepublik Deutschland
DDR	Deutsche Demokratische Republik
DEFA	Deutsche Film Aktiengesellschaft
EOS	Erweiterte Allgemeinbildende Polytechnische Oberschule
e.V.	eingetragener Verein
FDJ	Freie Deutsche Jugend
KPD	Kommunistische Partei Deutschlands
ML	Marxismus-Leninismus
NS	Nationalsozialismus
NSDAP	Nationalsozialistische Deutsche Arbeiterpartei
POS	Polytechnische Oberschule
SBZ	Sowjetische Besatzungszone
SED	Sozialistische Einheitspartei Deutschlands
SMAD	Sowjetische Militäradministration in Deutschland
SPD	Sozialdemokratische Partei Deutschlands
SS	Schutzstaffel
UfA	Universum-Film Aktiengesellschaft
UdSSR	Union der sozialistischen Sowjetrepubliken
USA	United States of America
ZDF	Zweites Deutsches Fernsehen
ZK der SED	Zentralkomitee der Sozialistischen Einheitspartei Deutschlands

Register

1. Personenregister

2. Autorenregister

3. Orts- und Sachregister

Enzyklopädie deutscher Geschichte

Themen und Autoren

Mittelalter

Agrarwirtschaft, Agrarverfassung und ländliche Gesellschaft im Mittelalter (Werner Rösener) 1992. EdG 13 Adel, Rittertum und Ministerialität im Mittelalter (Werner Hechberger) Die Stadt im Mittelalter (Michael Matheus) Armut im Mittelalter (Otto Gerhard Oexle) Geschlechtergeschichte des Mittelalters (Hedwig Röckelein) **Die Juden im mittelalterlichen Reich (Michael Toch) 2. Aufl 2003. EdG 44**	Gesellschaft
Wirtschaftlicher Wandel und Wirtschaftspolitik im Mittelalter (Michael Rothmann)	Wirtschaft
Wissen als soziales System im Frühen und Hochmittelalter (Johannes Fried) Die geistige Kultur im späteren Mittelalter (Johannes Helmrath) **Die ritterlich-höfische Kultur des Mittelalters (Werner Paravicini) 2. Aufl. 1999. EdG 32**	Kultur, Alltag, Mentalitäten
Die mittelalterliche Kirche (Michael Borgolte) 1992. EdG 17 Religiöse Bewegungen im Mittelalter (N. N.) Formen der Frömmigkeit im Mittelalter (Arnold Angenendt)	Religion und Kirche
Die Germanen (Walter Pohl) 2000. EDG 57 Die Slawen in der deutschen Geschichte des Mittelalters (Thomas Wünsch) **Das römische Erbe und das Merowingerreich (Reinhold Kaiser) 2. Aufl. 1997. EdG 26** Das Karolingerreich (Bernd Schneidmüller) **Die Entstehung des Deutschen Reiches (Joachim Ehlers) 2. Aufl. 1998. EdG 31** **Königtum und Königsherrschaft im 10. und 11. Jahrhundert (Egon Boshof) 2. Aufl. 1997. EdG 27** **Der Investiturstreit (Wilfried Hartmann) 2. Aufl. 1996. EdG 21** **König und Fürsten, Kaiser und Papst nach dem Wormser Konkordat (Bernhard Schimmelpfennig) 1996. EdG 37** **Deutschland und seine Nachbarn 1200–1500 (Dieter Berg) 1996. EdG 40** Die kirchliche Krise des Spätmittelalters (Heribert Müller) **König, Reich und Reichsreform im Spätmittelalter (Karl-Friedrich Krieger) 1992. EdG 14** **Fürstliche Herrschaft und Territorien im späten Mittelalter (Ernst Schubert) 1996. EdG 35**	Politik, Staat, Verfassung

Frühe Neuzeit

Bevölkerungsgeschichte und historische Demographie 1500–1800 (Christian Pfister) 1994. EdG 28 Umweltgeschichte der Frühen Neuzeit (Christian Pfister)	Gesellschaft

Bauern zwischen Bauernkrieg und Dreißigjährigem Krieg (André Holenstein) 1996. EdG 38
Bauern 1648–1806 (Werner Troßbach) 1992. EdG 19
Adel in der Frühen Neuzeit (Rudolf Endres) 1993. EdG 18
Der Fürstenhof in der Frühen Neuzeit (Rainer A. Müller) 1995. EdG 33
Die Stadt in der Frühen Neuzeit (Heinz Schilling) 1993. EdG 24
Armut, Unterschichten, Randgruppen in der Frühen Neuzeit (Wolfgang von Hippel) 1995. EdG 34
Unruhen in der ständischen Gesellschaft 1300–1800 (Peter Blickle) 1988. EdG 1
Frauen- und Geschlechtergeschichte 1500–1800 (Heide Wunder)
Die Juden in Deutschland vom 16. bis zum Ende des 18. Jahrhunderts (J. Friedrich Battenberg) 2001. EdG 60

Wirtschaft

Die deutsche Wirtschaft im 16. Jahrhundert (Franz Mathis) 1992. EdG 11
Die Entwicklung der Wirtschaft im Zeitalter des Merkantilismus 1620–1800 (Rainer Gömmel) 1998. EdG 46
Landwirtschaft in der Frühen Neuzeit (Walter Achilles) 1991. EdG 10
Gewerbe in der Frühen Neuzeit (Wilfried Reininghaus) 1990. EdG 3
Kommunikation, Handel, Geld und Banken in der Frühen Neuzeit (Michael North) 2000. EdG 59

Kultur, Alltag, Mentalitäten

Medien in der Frühen Neuzeit (Stephan Füssel)
Bildung und Wissenschaft vom 15. bis zum 17. Jahrhundert (Notker Hammerstein) 2003. EdG 64
Bildung und Wissenschaft in der Frühen Neuzeit 1650–1800 (Anton Schindling) 2. Aufl. 1999. EdG 30
Die Aufklärung (Winfried Müller) 2002. EdG 61
Lebenswelt und Kultur des Bürgertums in der Frühen Neuzeit (Bernd Roeck) 1991. EdG 9
Lebenswelt und Kultur der unterständischen Schichten in der Frühen Neuzeit (Robert von Friedeburg) 2002. EdG 62

Religion und Kirche

Die Reformation. Voraussetzungen und Durchsetzung (Olaf Mörke)
Konfessionalisierung im 16. Jahrhundert (Heinrich Richard Schmidt) 1992. EdG 12
Kirche, Staat und Gesellschaft im 17. und 18. Jahrhundert (Michael Maurer) 1999. EdG 51
Religiöse Bewegungen in der Frühen Neuzeit (Hans-Jürgen Goertz) 1993. EdG 20

Politik, Staat und Verfassung

Das Reich in der Frühen Neuzeit (Helmut Neuhaus) 2. Aufl. 2003. EdG 42
Landesherrschaft, Territorien und Staat in der Frühen Neuzeit (Joachim Bahlcke)
Die Landständische Verfassung (Kersten Krüger) 2003. EdG 67
Vom aufgeklärten Reformstaat zum bürokratischen Staatsabsolutismus (Walter Demel) 1993. EdG 23
Militärgeschichte des späten Mittelalters und der Frühen Neuzeit (Bernhard Kroener)

Staatensystem, internationale Beziehungen

Das Reich im Kampf um die Hegemonie in Europa 1521–1648 (Alfred Kohler) 1990. EdG 6
Altes Reich und europäische Staatenwelt 1648–1806 (Heinz Duchhardt) 1990. EdG 4

19. und 20. Jahrhundert

Gesellschaft

Demographie des 19. und 20. Jahrhunderts (Josef Ehmer)
Umweltgeschichte des 19. und 20. Jahrhunderts (N.N.)
Adel im 19. und 20. Jahrhundert (Heinz Reif) 1999. EdG 55
Geschichte der Familie im 19. und 20. Jahrhundert (Andreas Gestrich) 1998. EdG 50
Urbanisierung im 19. und 20. Jahrhundert (Klaus Tenfelde)
Soziale Schichtung, soziale Mobilität und sozialer Protest im 19. und 20. Jahrhundert (N.N.)
Von der ständischen zur bürgerlichen Gesellschaft (Lothar Gall) 1993. EdG 25
Die Angestellten seit dem 19. Jahrhundert (Günter Schulz) 2000. EdG 54
Die Arbeiterschaft im 19. und 20. Jahrhundert (Gerhard Schildt) 1996. EdG 36
Frauen- und Geschlechtergeschichte im 19. und 20. Jahrhundert (Karen Hagemann)
Die Juden in Deutschland 1780–1918 (Shulamit Volkov) 2. Aufl. 2000. EdG 16
Die Juden in Deutschland 1914–1945 (Moshe Zimmermann) 1997. EdG 43

Wirtschaft

Die Industrielle Revolution in Deutschland (Hans-Werner Hahn) 1998. EdG 49
Die deutsche Wirtschaft im 20. Jahrhundert (Wilfried Feldenkirchen) 1998. EdG 47
Agrarwirtschaft und ländliche Gesellschaft im 19. Jahrhundert (Stefan Brakensiek)
Agrarwirtschaft und ländliche Gesellschaft im 20. Jahrhundert (Ulrich Kluge)
Gewerbe und Industrie im 19. und 20. Jahrhundert (Toni Pierenkemper) 1994. EdG 29
Handel und Verkehr im 19. Jahrhundert (Karl Heinrich Kaufhold)
Handel und Verkehr im 20. Jahrhundert (Christopher Kopper) 2002. EdG 63
Banken und Versicherungen im 19. und 20. Jahrhundert (Eckhard Wandel) 1998. EdG 45
Staat und Wirtschaft im 19. Jahrhundert (bis 1914) (Rudolf Boch)
Staat und Wirtschaft im 20. Jahrhundert (Gerold Ambrosius) 1990. EdG 7

Kultur, Alltag und Mentalitäten

Kultur, Bildung und Wissenschaft im 19. Jahrhundert (Hans-Christof Kraus)
Kultur, Bildung und Wissenschaft im 20. Jahrhundert (Frank-Lothar Kroll) 2003. EdG 65
Lebenswelt und Kultur des Bürgertums im 19. und 20. Jahrhundert (Andreas Schulz)
Lebenswelt und Kultur der unterbürgerlichen Schichten im 19. und 20. Jahrhundert (Wolfgang Kaschuba) 1990. EdG 5

Religion und Kirche

Formen der Frömmigkeit in einer sich säkularisierenden Gesellschaft (Karl Egon Lönne)
Kirche, Politik und Gesellschaft im 19. Jahrhundert (Gerhard Besier) 1998. EdG 48
Kirche, Politik und Gesellschaft im 20. Jahrhundert (Gerhard Besier) 2000. EdG 56

Politik, Staat, Verfassung

Der Deutsche Bund und das politische System der Restauration 1815–1866 (Jürgen Müller)
Verfassungsstaat und Nationsbildung 1815–1871 (Elisabeth Fehrenbach) 1992. EdG 22

Politik im deutschen Kaiserreich (Hans-Peter Ullmann) 1999. EdG 52
Die Weimarer Republik. Politik und Gesellschaft (Andreas Wirsching) 2000. EdG 58
Nationalsozialistische Herrschaft (Ulrich von Hehl) 2. Auflage 2001. EdG 39
Die Bundesrepublik Deutschland. Verfassung, Parlament und Parteien (Adolf M. Birke) 1996. EdG 41
Militärgeschichte des 19. und 20. Jahrhunderts (Ralf Pröve)
Die Sozialgeschichte der Bundesrepublik Deutschland (Axel Schildt)
Die Sozialgeschichte der Deutschen Demokratischen Republik (Arnd Bauerkämper)
Die Innenpolitik der DDR (Günther Heydemann) 2003. EdG 66

Staatensystem, internationale Beziehungen

Die deutsche Frage und das europäische Staatensystem 1815–1871 (Anselm Doering-Manteuffel) 2. Aufl. 2001. EdG 15
Deutsche Außenpolitik 1871–1918 (Klaus Hildebrand) 2. Aufl. 1994. EdG 2
Die Außenpolitik der Weimarer Republik (Gottfried Niedhart) 1999. EdG 53
Die Außenpolitik des Dritten Reiches (Marie-Luise Recker) 1990. EdG 8
Die Außenpolitik der Bundesrepublik Deutschland (Hermann Graml)
Die Außenpolitik der Deutschen Demokratischen Republik (Joachim Scholtyseck)

Hervorgehobene Titel sind bereits erschienen.

Stand: (April 2003)